やわらかアカデミズム・〈わかる〉シリーズ

よくわかる
障害者福祉

第7版

小澤 温 編

ミネルヴァ書房

第７版の刊行にあたって

2003年の初版刊行以降，障害者福祉をめぐる制度および社会状況は大きな変革期を迎えています。特に，2006年の国連「障害者の権利に関する条約」（以下，障害者権利条約）の成立といった国際状況は，国内の制度改革に大きな影響を与えました。さらに，2009年に設置された「障がい者制度改革推進会議」においては，障害者権利条約の批准と国内法の整備，障害者基本法の抜本的な改正，障害者差別禁止法，障害者自立支援法に代わる新法などの案件の検討が付託され，2010年から2012年まで審議が行われました。その結果，2011年に障害者基本法の改正，2012年に障害者自立支援法に代わる障害者の日常生活及び社会生活を総合的に支援するための法律（以下，障害者総合支援法）の成立，2013年に障害者総合支援法の施行がなされました。さらに，2013年には，障害を理由とする差別の解消の推進に関する法律（以下，障害者差別解消法）の成立（施行は2016年度），障害者雇用促進法の改正（施行は2016年度），精神保健福祉法の改正があり，2014年には障害者権利条約の批准がなされ，日本においても正式に条約が発効しました。

第７版では，この間の経過を踏まえて，2016年度から施行された障害者総合支援法の改正と2014年に批准した障害者権利条約を特に意識をして，修正を加えました。さらに，今後は共生社会を意識した障害福祉分野を超えた制度の改革も予定されています。そのため，今後も制度改正に応じて，必要に応じて段階的に補っていく予定です。その他，障害福祉に関連する法制度も改正されている事柄が数多くあり，現時点で補足できる範囲で補いました。同時に，第６版までの構成を一部改訂する必要があり，全体構成を見直して新規項目の追加，必要に応じて，これまでの項目の見直しを行いました。

今後も障害者福祉制度は大きく変わっていきます。読者の皆さんには，『障害者白書』，『厚生労働白書』などの最新版に注意しながら情報の更新をお願いしたいと思います。第７版は，障害者福祉制度の改革と社会福祉士の新たな養成カリキュラムの検討の中で，構成の見直しを含めて時間がかかり困難な作業でしたが，ミネルヴァ書房編集部の北坂恭子さんのおかげで，この度，刊行することができました。心から感謝します。

2020年１月

小澤　温

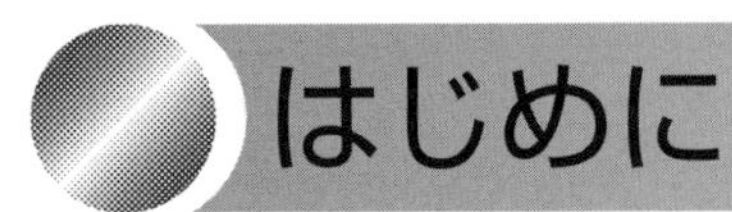

はじめに

この本は，大学に入学して初めて「障害者福祉論」を学ぶ学生に，基本的な知識を身につけてもらうことと，障害者福祉に興味をもってもらうことの２つの目的を念頭に作成しました。

みなさんは，「障害者福祉」について，どのようなイメージを抱いているでしょうか。車いすの方がスポーツや仕事や芸術に打ち込むテレビ番組やマスコミの報道を通して，前向きですがすがしいイメージを抱いている方もいるでしょう。また，家族や親戚や知人に障害のある方がいて，さまざまな苦労を目のあたりにして，つらさや苦しさをイメージする方もいるでしょう。中には，ご自身が障害をもって苦労したり，努力して克服したりしている方もいるでしょう。

このように，人によって抱いているさまざまなイメージがありますが，この本では，障害者福祉をめぐるさまざまな問題や課題に焦点をあてて，障害者福祉の現象面だけではなく，障害者福祉の本質を考察するきっかけを提供したいと思います。

さらに，この本では，読者の学習意欲を高めたいために，目次構成は従来の障害者福祉の教科書の組み立てとは大幅に変えて，問題・課題中心にしました。したがって，どの章から，どの項目からでも読むことが可能になっています。ぜひ，興味のある章や項目からお読み下さい。また，それぞれの章や項目ではお互いに関係しているところを示していますので，入り口は興味のある項目から読み始めても，最終的には，全項目を読み通せるように工夫しています。

この本を通して，障害者福祉を学ぶ学生として，さらに，社会福祉全体に関心を深めて，学習意欲を高める契機になるならば，執筆者一同大きな喜びです。

この本は，出版に向けて貴重な助言と励ましをくださったミネルヴァ書房編集部の寺内一郎さんのおかげで，この度出版することができました。心から感謝いたします。

小澤　温

もくじ

Ⅳ 地域生活支援について考える

Ⅴ 自立生活と就労支援について考える

Ⅵ 家族支援について考える

VII 環境，社会意識について考える

VIII 政策・制度，計画づくりについて考える

やわらかアカデミズム・〈わかる〉シリーズ

よくわかる
障害者福祉
第7版

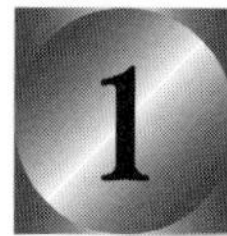

サービス提供者中心から サービス利用者中心への転換

障害者福祉の思想の全体像

障害者福祉の対象者はどう変化してきたのでしょうか。障害者福祉の流れをおおまかに示すと，あわれみ，慈悲の対象から保護，教育，訓練の対象へ，さらに，自立していく主体，それを推進していく環境改善への移行という流れでとらえることができます。そして，その根底を流れている変化としてサービス提供者中心からサービス利用者中心への変化があると思います。この流れの節目の鍵を握る思想があります。最近の社会福祉基礎構造改革も，これまでの社会福祉制度を見直し，サービス提供者中心からサービス利用者中心への転換がいわれています。

ここでは本書で扱う障害者思想の全体像を理解するために簡単な図Ⅰ－1を示しました。この図では，この章で取り上げる思想（考え方）を，障害者自身に関わる主体に着目した考え方，障害者を取り巻く環境に着目した考え方，障害者への支援の評価視点，の3点から整理をしました。障害者自身に関わる主体に着目した考え方としては，アドボカシー，人権，エンパワメント，自己決定，発達保障があります。障害者を取り巻く環境に着目した考え方としては，インクルージョン，機会平等があります。障害者への支援の評価視点としては，QOL（クオリティ・オブ・ライフ），生活モデルがあります。

図Ⅰ－1では，リハビリテーションは主体に着目した考え方から環境に着目した考え方（社会リハビリテーション）へと変化が生じていった思想として位置づけました。逆に，ノーマライゼーションは環境に着目した考え方から主体のエンパワメント，自立に着目した考え方へと変化していった思想として位置づけました。

主体に着目した考え	環境に着目した考え	サービスの評価に関する考え
アドボカシー 障害者の人権 エンパワメント 自己決定 発達保障	インクルージョン 機会平等・機会均等	QOL 生活モデル
←――――――	ノーマライゼーション	
リハビリテーション ――――→	社会リハビリテーション	

図Ⅰ－1　Ⅰで扱う障害者福祉の思想の全体像

出所：筆者作成。

2 思想を学ぶ意義

たくさんある社会思想の中で，アドボカシー，QOL，インクルージョン，エンパワメント，機会平等，人権，ノーマライゼーション，リハビリテーション，自己決定，発達保障，社会モデルを取り上げた理由は，障害者福祉の思想の歴史を考える上で，これらの考え方は，第二次世界大戦後，国際障害者年を経て今日に至る障害者福祉政策の変遷の背景をよく表しているからです。また，これらの考え方は多くの論点を含んでいるので，これらの考え方を学ぶことによって，障害者福祉の基本的な考え方を身につけることができます。

3 障害者福祉政策の変遷と思想

第二次世界大戦後，わが国の障害者福祉政策の変遷を簡単にまとめると，次の3つの時期に分けることができます。基本的人権の保障としての障害者福祉制度（1945年から1980年前後まで），自立支援，社会参加支援としての障害者福祉制度（1980年から2000年前後まで），サービス消費者としての権利保障（2000年以降，現在に至るまで），の3つの時期です。もちろん，この区分は簡略化のために，荒い分け方ですが，その時々の制度の特徴を端的に表していると思います。

基本的人権保障としての障害者福祉制度は，特に，生存権保障（人間はだれでも人間にふさわしい生活を営む権利を有し，そのために必要な権利を国家が保障しなければならないこと）に基盤を置いた障害者福祉制度です。児童福祉法（1947年制定），身体障害者福祉法（1949年制定），知的障害者福祉法（1960年制定）などの法律が具体的に制定されました。

自立支援，社会参加支援としての障害者福祉制度は，ノーマライゼーションと国際障害者年（1981年）の「完全参加と平等」の考え方の影響を強く受けます。身体障害者福祉法の改正（1984年）では，法律の理念に「自立と社会経済活動への参加」を明示しました。また，障害者基本法（1993年，心身障害者対策基本法の改正）の理念や基本的な考え方にも大きな影響を与えました。さらに，障害者基本法は2004年と2011年に改正され，2011年の改正は，「障害者の権利に関する条約」を意識したものになりました。

サービス消費者としての権利保障では，これまでの障害者福祉制度の基盤である措置制度（行政権限によるサービス提供の決定権）に代わって，利用制度（障害者自身がサービス利用者としてサービスを選択・決定できる制度）を導入することになりました。この全体の改革は社会福祉基礎構造改革と呼ばれています。具体的には，社会福祉法（2000年，社会福祉事業法の改正），身体障害者福祉法の改正（2000年），知的障害者福祉法の改正（2000年），障害者自立支援法（2005年成立），障害者総合支援法（2012年成立）などの法律に大きな影響を与えました。

（小澤　温）

参考文献

佐藤久夫・小澤温『障害者福祉の世界』（第4版補訂版）有斐閣，2013年。
障害の見方，考え方，障害者福祉の理念と制度の歴史，制度の概説，国際的な障害者福祉の動向など，初学者向けに幅広くコンパクトにまとめている。

アドボカシーの意味と方法

アドボカシーの意味と分類

アドボカシーは障害者福祉では欠くことのできない重要な考えです。アドボカシーは多様な概念を含んだ言葉なので，一つの定義で言い表すことはむずかしいですが，通常，障害者福祉では，障害者の権利の擁護および代弁する活動として理解されています。特に，知的障害者や精神障害者，認知症の高齢者などでは，障害のために自分で権利を主張しにくいことが多いので，これらの障害者にとってアドボカシーは非常に重要な支援活動です。

アドボカシーの分類の代表的なものには，ケースアドボカシー，クラスアドボカシーの２つに分ける考え方とセルフ・アドボカシー，市民アドボカシー，法的アドボカシーの３つに分ける考え方とがあります。

2 アドボカシーの内容

❍ケースアドボカシーとクラスアドボカシー

ケースアドボカシーとは，個々の障害者の権利擁護活動であり，行政機関や福祉サービスの提供機関と権利保障のために，ソーシャルワーカーなどが障害者の代理に交渉する活動です。クラスアドボカシーとは，障害者施策やサービスプログラム，制度の改善のために，障害者の代理として運動する活動です。

❍セルフ・アドボカシー

セルフ・アドボカシーとは，障害者自身（団体でもよい）が自分たちの権利を自ら主張し，行動することです。この場合の権利は，法的な権利よりはニーズや利益と言い換えることもできる点で幅広い意味があります。障害者団体は程度の差はあれ，いずれもセルフ・アドボカシーを行う団体として位置づけることができます。その点で，障害者団体の活動は障害者福祉でもっとも基盤的なアドボカシー活動といえます。

❍市民アドボカシー

市民アドボカシーとは，障害者からもサービス提供者からも独立した第三者的な市民が行うアドボカシー活動として理解することができます。ただし，障害者と独立しているという意味は，障害者団体のメンバーや関係者ではないという意味であって，障害者の権利を擁護する点では障害者側に立った立場ということはできます。市民アドボカシー活動の代表的なものは施設オンブズマン[1]

▶1 「オンブズパーソン」ということもある。
⇨Ⅷ-10 参照。

活動をあげることができます。施設オンブズマン活動は施設から独立した第三者的な市民（団体）が施設のサービス内容を点検し，サービス利用者（その多くは施設入所者）の権利が侵害されていないか，質の高いサービスが提供されているかについて点検をする取り組みです。

❍法的なアドボカシー

法的なアドボカシーとは，弁護士などの法律の専門家が障害者との契約に基づいて法的な権利が侵害されていないかチェックするなどの権利擁護活動を行うこととして理解できます。ここでは，法律における権利に限定されるため活動の範囲は限定されたものになりますが，法的な権利に関しては，裁判を通して主張することができるので，きわめて強制力の強い権利擁護活動という特徴をもっています。現実のアドボカシー活動は，これらの要素が混じっているので，このように明確に分けることはできません。しかし，これらの特徴を理解しながらアドボカシーは単なる障害者の権利擁護活動だけではなく，障害者福祉における自立支援の重要な手段であることを理解することが大切です。

3 アドボカシー活動の方法

先にふれたように，アドボカシーの分類はいろいろありますが，アドボカシーの方法は，大きく２つの種類に分けられます。

一つは，個々の障害者の権利を守り，また，回復するために，既存の制度の運用，解釈を最大限に利用しながら権利擁護を行う活動です。福祉行政は元来制度の運用，解釈を狭く，限定的にとらえることが多いので，制度の運用，解釈を障害者の生活（生活上のニーズ）の実態に即して，幅広く，柔軟に解釈をすることによって，個々の障害者の権利を擁護します。この方法は，社会福祉士や弁護士などの法・制度の専門職によってなされることが多くみられます。行政に対する不服申し立てや福祉サービスに関する苦情処理制度などが具体的に利用されます。

もう一つは，既存の制度の不備，または，未整備な状況によって，障害者の権利保障に支障を生み出している場合，制度の改正や新たな法・制度の制定などを行うことによって権利擁護をする活動です。この方法は，政治的なロビー活動，訴訟などの法廷活動，障害者計画やまちづくりなどの行政計画への参画，などの社会運動によって行われることが多いので，障害者団体の運動や市民団体の運動が重要な役割を果たします。

わが国では，既存の制度の改正や新たな法・制度の制定などを行うことによって権利擁護をする活動がまだ弱く，障害者差別解消法の制定や欠格事項の見直しがなかなか進展しにくい状況がみられます。このため，アドボカシー活動には，一般市民，市民団体への啓発活動や障害者自身の権利理解などの啓発，教育活動が非常に重要になります。　（小澤　温）

参考文献

ベイトマン，N.／西尾祐吾監訳『アドボカシーの理論と実際――社会福祉における代弁と擁護』八千代出版，1998年。
アドボカシーとは何かについて詳しく述べられている本。また，アドボカシーの技能として，面接，主張，交渉，自己管理などの事項について具体的に説明されており，ソーシャルワーカーなどの実践家に有用な本である。

ウィリアムズ，P.・シュルツ，B.／中園康夫監訳『セルフ・アドボカシーの起源とその本質』星雲社，1999年。
アメリカおよびイギリスにおける知的障害者のセルフ・アドボカシーの歴史とその展開について，詳しく書かれている本。セルフ・アドボカシーとは何かについて学ぶにはわかりやすい本である。

3 QOL：サービス評価の新たなものさし

1 QOL が注目される背景と QOL の構造

保健，医療，福祉領域に共通にみられる重要なキーワードとして QOL（Quality of Life）があげられます。QOL の定義はその文脈や状況によりさまざまな意味をもっていますが，生命，生活，人生の質などと訳されます。

従来，医学領域ではどれくらい延命できたのかという生命の量が，治療においては評価すべき結果でした。しかし，慢性疾患やがんなどの増加により，治癒や延命よりもいかに快適に充実して生きるのかという生命，生活の質の向上に治療などの目標が考慮されるようになってきました。また，医療の現場において情報開示や医療における自己決定の尊重など，患者の視点にたった評価[1]の重要性が考えられるようになってきました。このような背景から，保健・医療で QOL が注目されるようになりました。

障害者リハビリテーション領域では，上田敏[2]が「ADL（Activities of Daily Living：日常生活動作）から QOL へのリハビリテーションの目標の転換」を提唱しました。より重度な障害者であって，特に有益な職業的，社会的役割を果たすことができない場合でも自己決定権を堅持しているかぎり，たとえ全面的な介助を受けていても，人格的に自立しているのだという新しい思想の影響がそこにあります。最大限の ADL 自立を追求することが必ずしも障害者本人の最良の利益となるとは限らないという ADL 重視に対する批判から，リハビリテーションの究極的な目標は，QOL に向かいました。ただし，これは ADL を軽視するものではなく，QOL 向上のための ADL 技法の探求・開発があるとしています。

QOL の構造は，上田敏[3]によると，客観的，主観的 QOL の２つに分けられ，さらに客観的 QOL は，①生命の質：生物レベル，②生活の質：個人レベル，③人生の質：社会レベル，の３つに分けられ，この３つは相互に独立ではなく，障害の構造の場合と同様に相互に規定しあうと説明しています（図Ⅰ-2）。客観的 QOL は量的，物質的で具体的には，経済面での収入，生活環境，社会生活遂行のための手段や道具の所有状況などがあげられます。主観的 QOL は質的，情緒的，認知的で，幸福感，満足度，自尊心，自己肯定感などが含まれます。以上のように，概念は包括的で多義的なのが特徴であり，評価もさまざまなものが開発されています。

▶1　福原俊一「いまなぜ QOL か——患者立脚型アウトカムとしての位置づけ」池上直己・福原俊一・下妻晃二郎・池田俊也編『臨床のための QOL 評価ハンドブック』医学書院，2001年，３頁。

▶2　上田敏『リハビリテーション医学の世界』三輪書店，1992年，149～157頁。

▶3　▶2と同じ。

このようにQOLは本来の治療や援助，あるいはサービスを提供する目的の再考を促します。そして，患者・障害者・サービス利用者の視点による評価が重視されています。つまり第三者が評価しうる量的・客観的なものだけではなく，本人が認識しているニーズや生活状況への満足度，自己決定権のように個人の価値観や主観を尊重する評価が重要な位置づけをもつようになりました。

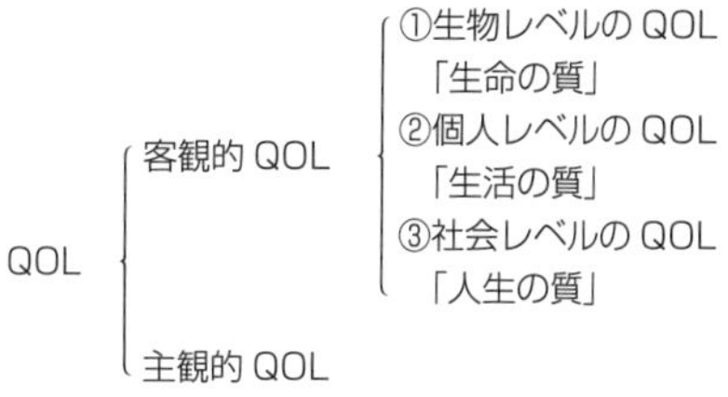

QOL
- 客観的 QOL
  - ①生物レベルの QOL「生命の質」
  - ②個人レベルの QOL「生活の質」
  - ③社会レベルの QOL「人生の質」
- 主観的 QOL

図I-2 QOLの構造

出所：上田敏『リハビリテーション医学の世界』三輪書店，1992年，151頁。

2 福祉サービスの評価の必要性とQOL

障害児・者の福祉サービスメニューが増え，利用者がサービスを選択し，契約するようになりました。措置から契約へという転換は，専門家優位の関係ではなく，利用者の視点の重視および利用者尊重をふまえた評価の必要性が高まり，QOLがその評価基準として注目されるようになりました。

利用者の立場では，良質なサービスの選択に有用な資料や基準が必要となります。それには，支援実践（インプット）の効果（アウトカム）を検証し，エビデンスの蓄積をしていきます。そのエビデンスから支援の質を高める方策の検討ができます。また，制度や政策的な面では，限られた財源や資源を有効に使用し，目標が達成されているのか，という評価も必要になってきます。

さて，QOLを評価する指標の構造は，主に客観的側面，主観的側面の柱があります。生活領域全体を把握するために，複数の生活の下位領域ごとの概念構成や，包括的にとらえる全体的生活満足感などの指標があります。◁4

では，評価における留意点や課題ですが，まず，使用する尺度や指標の選択や開発が重要です。人権や自己決定，エンパワメント，自立などの概念は障害者のQOLの構成要素において，重要な意味をもつ場合がありますが，一般住民とのQOLの比較を目的にした場合，その重要度が低くなります。また，福祉サービスの質を評価する場合に，評価目的や評価実施や対象者の負担感を考慮すると，簡便で標準化された評価指標が必要です。2つめは，主観的評価を重視しすぎる弊害です。客観的評価が低くても主観的に包括的生活満足度などが高い，という結果の場合，客観的生活状況を改善する必要はないのでしょうか。3つめは，本人が能力的に意思表示困難な障害がある場合に主観的評価が可能かという課題です。身近な支援者が代理回答をするという方法もあります。評価の目的に鑑みて，評価の指標，手法や配慮方法が妥当なものなのか，慎重な検討が必要です。

（清水由香）

▶4　QOLを評価するための尺度には，疾患，障害に特異的なものと，さまざまな疾患，障害に応用可能なものがある。一般を対象としたもので代表的な評価尺度は *WHO Quality of Life*（田崎美弥子・中根允文訳『WHO　QOL短縮版とその手引き』金子書房，1997年）などがある。

参考文献

フェイヤーズ，P.M.・マッキン，D.／福原俊一・数間恵子監訳『QOL評価学』中山書店，2005年。

4 インクルージョン：インテグレーションを越えて

1 なぜインクルージョンなのか

1960年代後半頃よりノーマライゼーションの原理が世界的に広まるとともに，**インテグレーション（統合）**[1]という理念が生まれ，主に教育分野において統合教育の実践がなされてきました。近年，インテグレーションについて，社会変革がなされないまま，単に通常学級の場に置くだけになっているなどの批判がされるようになりました。その限界をのりこえ，障害を含めさまざまな違いを認め合い，あるがままに受け入れ，ともに生きる社会を創造しようと，インクルージョン（inclusion）という新たな理念が教育や福祉の分野で提起されています。さらに，**障害者権利条約**[2]によって障害者を包容する教育制度等を確保するよう謳われています。

▶1　**インテグレーション**
障害者や被差別少数者を一般社会に受け入れ，ともに暮らすという考え方。お互いの尊厳を認め合い，共通の基本的な価値と権利を認め合うという人と人との関係がベースとなっている。

▶2　**障害者権利条約**
⇨ I -13 参照。

❍インテグレーションとその限界

わが国の統合教育の実態を分析すると，①行事などのときに**特別支援学校**[3]と交流するタイプ，②通常の学校の中に特別支援学級があり，授業は別に行い，その他の時間をともに過ごすタイプ，③通常学級の中で１日をともに過ごすタイプ

▶3　**特別支援学校**
2006年に成立した「学校教育法等の一部改正する法律」により，盲学校，聾学校，養護学校が特別支援学校に，障害児学級の名称が特別支援学級に変更された。
⇨ IV -13 参照。

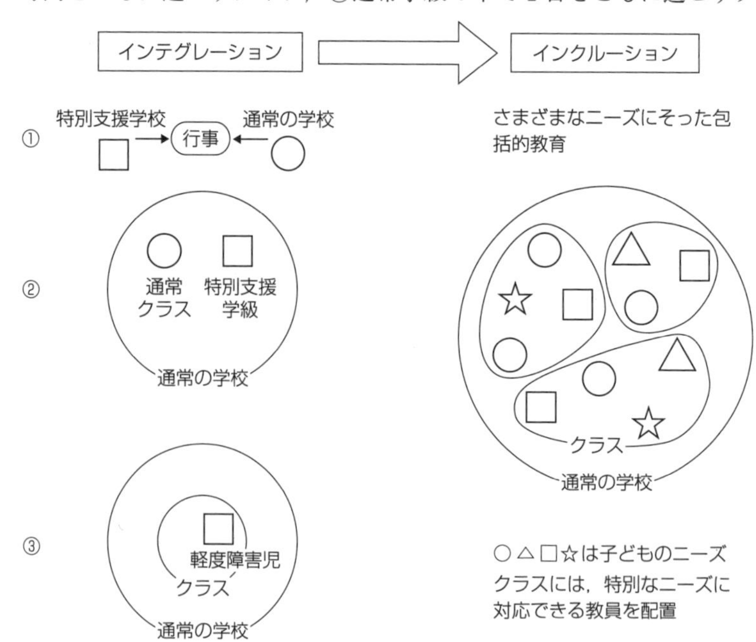

図 I −3　インテグレーションの３つのタイプとインクルージョン

出所：筆者作成。

の3つに分けられます。いずれもお互いの良さや違いを理解し合うことも人間関係の形成も充分にできず，③では家族などの介助が求められることがあります。また，重度障害や聴覚障害，視覚障害の場合，学ぶ場所は特別支援学校（養護学校や盲学校，聾学校）に限られるなど教育システムの問題がありました（図I－3）。

❍インクルージョンとは

インクルージョンは，欧米での教育実践が基礎となり，国連の「特別なニーズ教育に関する**サラマンカ声明**[4]と行動大綱」（1994年）によって結実しました。この「サラマンカ声明」には，すべての子どもが独自の性格，関心，能力，および学習ニーズをもっており，こうした幅の広い性格やニーズを考慮して，教育システムが作られ，教育プログラムが実施されるべきであること。また，特別な教育ニーズをもつ人々は，そのニーズに見合った教育を行えるような子ども中心の普通学校にアクセスすること，**インクルーシブ**[5]（inclusive）な方向性をもつ普通学校こそが，差別的な態度とたたかい，喜んで受け入れられる地域を創り，インクルーシブな社会を建設し，万人のための教育を達成するためのもっとも効果的な手段であること，などが謳われています。

2 インクルージョンの具体化と課題

国内でもインクルージョンの具体化を試みる学校が増えてきました。そこでは，さまざまな障害があっても地域の小学校や中学校の同じ教室（クラス）の中で授業もクラス活動も行い，ともに学び成長できるようにしています。授業は，通常の授業を行う教員と特別なニーズに対応する教員とが力を合わせて進め，すべての子どもの学習保障をめざしています。インテグレーションと大きく違うのは，教室の中にベッドを置き，長時間座位が困難な子も同じように授業が受けられるようにしていることです。また，体育も同じ時間と場所でその子の個性（障害の特性）に合わせた内容で行われ，一緒に走ったり泥んこになったりして体を動かします。学校の設備はバリアフリーにし，エレベーターの設置や廊下を車いすで遊べるように広げるなどの配慮がなされています。このような環境の中で，子どもたちは自然と仲良くなり，教室移動や給食の準備なども一緒に行っています。しかし，このような実践を行っている学校は，まだ少ないのが現状です。その原因の一つとして，現在の教育システムが分離教育を前提にしており，**就学指導**[6]という形で，小学校や中学校の入学時に特別なニーズをもつ子どもたちは，特別支援学校への選択をせまられるからなのです。近年になって，インクルージョンへと発展させるために，教育システムの改革やインクルージョンを進めるための財政支援，教育環境やサポートシステムの整備などインクルーシブ教育システムの構築がなされはじめました。特別な教育ニーズをもった子どもの教育に関わる教員養成などの取り組みも進んでいます。

（和泉とみ代）

▶4　**サラマンカ声明**
スペインのサラマンカで開催された「特別ニーズ教育世界会議」で採択された宣言。この会議には92の政府と25の政府間組織の代表が参加した。

▶5　**インクルーシブな教育**
個々の違いや抱える困難さとは関係なく，すべての子どもを普通学級に在籍させて教育すること。先進的取り組みをしていると思われるアメリカでは通常学級内での教育や支援をベースにおきつつ，障害児がもつ特別なニーズに応じてより柔軟な場の選択ができるようプログラムが組まれている。

▶6　**就学指導**
学校教育法施行令第22条の3に盲・聾・養護学校に就学すべき児童生徒の障害の程度に関する基準が定められている。2003年4月から学校教育法の一部改正が実施され，障害の程度の基準緩和と就学手続が柔軟になった。現在，この基準にそって就学先を決めるように指導が行われている。

参考文献

安藤房治『インクルーシブ教育の真実――アメリカ障害児教育リポート』学苑社，2001年。
1998年から翌年にかけて多くの学校を訪問し，インクルーシブ教育の実情を調査した成果が述べられている。

エンパワメント：パワレスな状態からエンパワーへ

1 エンパワメントとは

エンパワメントとは，社会的に不利な状態におかれた個人や集団が主体的に力を獲得していくという考え方であり，政治学や看護学，教育学などさまざまな領域で重視されています。社会福祉分野においては，1976年にソロモン（Solomon, B.）が『黒人のエンパワメント――抑圧された共同社会でのソーシャルワーク』を発表して以来，ソーシャルワークの実践目標として注目されてきました。その後，エンパワメントは**伝統的ソーシャルワーク**[1]への批判や自立生活運動の展開のなかで，重要なキーワードとして位置づけられ，現在ではエイズ患者に対するソーシャルワーク実践にもその視点が活用されています。

▷1　**伝統的ソーシャルワーク**
ここでは，医学モデルに立脚したソーシャルワークのことを指している。クライエントは治療される対象であり，援助者―クライエントの関係は支配関係になる。

2 エンパワメントの考え方

エンパワメントの定義については，論者によって多少違いがみられますが，「力のない状態にある，また，なんらかの理由で力を奪われている，つまりパワーの欠如状態にある個人や集団が，そのパワーの欠如要因を克服し，心理的な力や社会的・政治的な力を主体的に獲得していく過程やその帰結」とみることができます。具体的には，日常生活上の問題を抱え，援助や介護を受けるなど，自分の生活が他人によってコントロールされてきたパワーレスな状態にある人々が，生活上の障壁をあらゆる手段を用いて除去し，自分の生活を自分でコントロールする力を得ていく段階やコントロールできるようになった状態とみることができます。図式化すると図Ｉ-４のようになります。

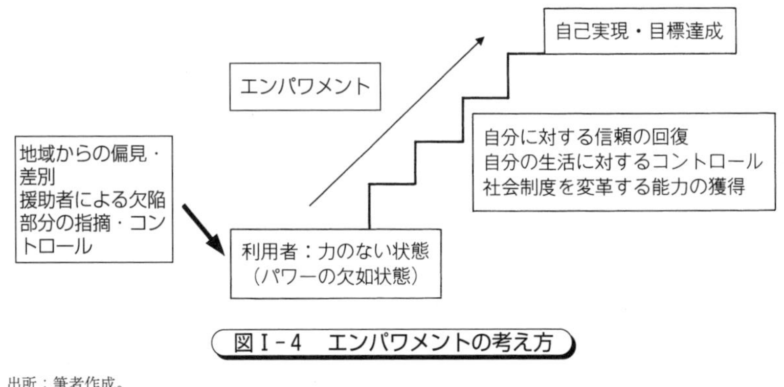

図Ｉ-４　エンパワメントの考え方

出所：筆者作成。

次にエンパワメントの視点についてですが，エンパワメントは**医学モデル**[2]とは違い，利用者のもつ健康な部分や**強さ**[3]といった側面を強調していくことが大きな特徴としてあげられます。また，援助者の役割は，利用者に対して単に力を与えることや利用者のもつ問題を解決するのではなく，利用者が主人公となって自分自身にある力を発見したり，その力を伸ばしていくことを側面的に支えるパートナーとしてみることができます。

3 エンパワメントの方法

エンパワメントの方法について，精神障害者に対するソーシャルワーク実践を例に示してみます。従来，多くのソーシャルワーカーは，精神障害者に対する支援のなかで，幻覚や妄想があるといった点や，コミュニケーションがうまくとれない，極度に神経質である，無気力状態であるといった利用者の問題部分に焦点を当て，問題部分や問題行動に対する治療や矯正という形で援助を行ってきました。エンパワメントを促進する支援では，すべての人は潜在的な能力をもっているという価値に基づき，利用者の健康な部分や長所となる部分を利用者との対話を通して探り当てていきます。「将来的には働きたい」とか「コンピューター関係に興味があり，パソコンの資格をとりたい」といった利用者の意欲や希望について把握すること，また極度に神経質である部分については，「正確性を必要とするきめ細かな仕事に適している」というように問題とは別側面からの把握を行い，それを最大限に発揮できる方法（たとえば，コンピューターの精密部品の点検作業をまかせるなど）によって支援を行っていきます。そのなかで，利用者は，「できる」ということを実感し，自分に対する自信を得ることによって，生活上の障壁を除去していく力を獲得していきます。

4 エンパワメントの課題

エンパワメント支援として，強さのアセスメントや本人中心支援計画の作成など具体的方法や技術が研究されていますが，それらを可能にするための支援環境（現場への理念の浸透やマンパワーの充実等）の整備も重要です。

障がい者制度改革推進会議総合福祉部会が2011年にまとめた骨格提言の「相談支援」の項目において，障害者たちの交流の場や障害者本人による自立生活プログラム（ILP），ピア・カウンセリング等の提供を目的としたエンパワメント支援事業の実施が示されています。ピアサポートを中心とした内容ですが事業としてエンパワメント支援を位置づけようとした点は評価できます。

しかしながら2012年に成立した障害者総合支援法ではエンパワメント支援事業が位置づけられませんでした。今後エンパワメント支援を推進していくためには，制度的保障も検討課題であると考えます。（榎本悠孝）

▶2 **医学モデル**
病気や障害といった利用者の否定的な側面を強調し，援助者がそれらを治療する「調査一診断一治療」といった医学的な手法に基づいて援助を展開するモデルのこと。
詳しくは，⇨I-12参照。

▶3 **強さ（ストレングス）**
支配関係の伴う従来の医学モデルへの批判として，「強さ活用の視点（strengths perspective）」が考え出された。このアプローチでは，クライエントの健康な部分や長所，できている部分に焦点を当てて援助を行う。ここでの「強さ」とは，利用者のもっている意欲や希望，長所のことを指している。

6 機会平等：どうして機会が開かれないのか

1 能力主義に基づく機会平等

就学や就労などには，入学試験や入社試験が行われ，競争とそれに基づいた選抜が行われます。大学の入学試験では，大学での教育に適した学力をもつ人を，入社試験では，業務を遂行するのに必要な能力を多くもっている人を採用しようとします。必要とされる「能力」によってのみ評価される方式が機会平等であり，私たちは日常的にそれが正しいことだと感じています。反対に，「能力」以外の基準，たとえば性別，人種，民族，経済力，親の地位や家柄などで選抜することは不公平であり，差別であると感じます。男女雇用機会均等法が制定されたのも，同等かそれ以上の「能力」があるにもかかわらず女性だからという理由で採用されないという状況をなくすことを目的とするものでした。

2 障害者にとっての能力

性別，人種，家柄などの差異を能力とは無関係であると誰もが思うことは容易ですが，障害をめぐる差別は，「能力」のみを基準にして選ぶ，ということだけでは解決できない問題があります。ADL の自立が，その業務や学業を行うための前提となる「必要な能力」の一部として考えられてきたからです。

また，入社試験において，特別に障害者の受験や入社を禁止していないとしても，点字による試験が準備されなければ，視覚障害者は実際に試験を受けることもできません。建物がバリアフリーになっていなければ，車いす利用者は通勤できないでしょう。実際に会社で業務を行う際に直接必要となる能力を十分にもっていても，周囲の環境が整わないために，参加が阻まれている場合は多くあります。たとえばフリーランスで仕事をする女性は，大学卒業前の就職活動時に面接者から「君の能力は欲しいが，身体はいらない」と言われたというエピソードを紹介しています[▷1]。面と向かって問われたときに，障害者差別を肯定する人は多くないと考えられますが，現在の社会には，このような事実上の差別が多くあります。

▷1　小島直子『口からうんちが出るように手術してください』コモンズ，2000年。

3 機会平等を阻むもの

このような差別は，ADL の自立を要件にすること，そしてADL の自立を障害者個人の責任と考える限り，なくならないでしょう。一方，障害は，環境との相互作用によって生じることが広く知られるようになってきました。たとえば，足が不自由であっても，車いすを用い，バリアフリーの環境があれば，歩けないことは障害とはなりません。しかし，現状の社会は健常者を中心に作られてきており，健常者にとって使いやすい，便利な形を追求してきました。結果として，障害者は現在の環境では，多くの障害をもたざるをえません。それを敢えて法律によって変えることを定めた国も増えつつあります。たとえば，アメリカでは，障害をもつアメリカ人法（Americans with Disabilities Act, ADA）を定め，「職務にともなう本質的な機能を遂行できる障害者を障害ゆえに差別してはならない」と明文化しました[2]。障害者が働けるようにバリアフリーにすること，視覚や聴覚，手足が不自由な場合にはそれを補う補助具やアシスタントを，雇用主が準備することが義務づけられています[3]。そして，日本においても，2013年6月に成立し，2016年4月から施行された障害者差別解消法で，差別の禁止と合理的配慮の提供が明記されました。また，同じく2016年4月から施行された改正障害者雇用促進法[4]においても，差別の禁止と合理的配慮の提供について定められています。

▶2 立岩真也『私的所有論』勁草書房，1997年，325頁。

▶3 ⇨I-13参照。

▶4 2016（平成28）年4月より，改正障害者雇用促進法が施行されました。（http://www.mhlw.go.jp/stf/seisakunitsuite/bunya/koyou_roudou/koyou/shougaishakoyou/shougaisha_h25/index.html）

4 今後の課題：能力主義による機会平等の限界

障害者差別解消法や改正障害者雇用促進法が施行されるに伴い，より平等な機会が開かれることが期待されています。しかし，一つは，現状では障害者は教育や社会参加の機会が極端に少ないため，潜在的な力を発見し，伸ばすことができないという問題は残ります。そのため，同じ試験を受けて勝ち抜くことはきわめて難しくなります。この現状から同じ機会ではなく，同じ結果を保障する「結果平等」が必要だ，という主張もあります。

もう一つは，現在の企業や公官庁の組織が当然と考えている「能力」の基準から見ると，求める職務ができない障害者もたくさんいることです[5]。これは，本当に「能力がない」のでしょうか。単に健常者の価値観でのみ，能力をはかっているだけなのかもしれないのです。たとえば，障害者スタッフがいることによって，その組織（企業や公官庁）がもっと働きやすい職場になる，または，より価値のあるサービスや製品を生み出す可能性は考えられないでしょうか。

▶5 寺田純一「落ちこぼれからみたADA」八代英太・冨安芳和編『ADAの衝撃』学苑社，1991年。

日本は少子高齢化が進み，労働人口，総人口が減少する社会となりました。デジタル技術の発達により，在宅でのリモートワークが普及したり，文書の読み上げ機能や音声認識技術が向上したことなどにより，障害による移動やコミュニケーション上の困難が軽減・解消されうる時代にもなってきています。より多くの人の力を活かせる社会への転換が求められているといえるでしょう。この機に，改めて今まで当然とされてきた健常者中心の価値観を問い直し，障害者，健常者を含むすべての社会成員が参加できる社会のあり方とその方法について考えを進める時期に来ていると考えられます。（八巻知香子）

障害者の人権：蹂躙してきた歴史と反省

障害者の人権の内容

障害者の人権に関しては，国連の「知的障害者の権利宣言」(1971年)，「障害者の権利宣言」(1975年)，「障害者の権利に関する条約」(2006年) が重要です。

知的障害者の権利宣言では，国連憲章において宣言された人権，基本的自由，平和，人間の尊厳，社会的正義などの原則を再確認し，知的障害者がさまざまな活動分野で能力を発揮することを支援するために各国に対して国内的，国際的行動を要請することを目的としています。具体的な権利としては，人間としての平等，適切な医療，教育，訓練，リハビリテーションを受ける権利，経済的保障と就労の権利，地域の社会活動への参加権，差別，搾取などの不当な取り扱いからの保護，があります。

障害者の権利宣言では，同様に国連憲章において宣言された人権，基本的自由，平和，人間の尊厳，社会的正義などの原則を再確認し，各国に対して権利保障のための国内的，国際的行動を要請することを目的としました。**障害者の権利に関する条約**[1]では，これまでの宣言で示されている事柄を，条約として明確化し，権利保障をより実効的なものにする点で重要です。特に，障害者の権利が行使できない環境にある時に，その環境改善をはかっていく「合理的配慮」の考え方が重視されています。

▷1　**障害者の権利に関する条約**
2006年に国連総会で採択され，2014年にはわが国も，条約に批准をした。
⇨ I-13 参照。

2　優生思想と社会防衛思想

このような権利条約に至るまでの歴史は，障害者にとって厳しいものでした。特に，優生思想と社会防衛思想は現在に至るまで障害者の人権問題を考える上で大きな影響を落としています。

優生思想とは，障害に関連する遺伝要因を重視して，遺伝子のうち優良とされているものを増加して，劣等とされているものを減少させる優生学に基盤を置いた思想です。優生思想を具体化した[2]ものは，不妊手術，婚姻の禁止，出生前診断などがあげられます。

社会防衛思想とは多数の国民を守るために少数の障害者や病者が排除されるのは当然であるという考えで，公衆衛生対策の中でも感染症対策や精神障害者対策に受け入れられてきた歴史があります。感染症対策では，らい予防法，伝染病予防法，エイズ予防法などの法制度に影響を与えています。らい予防法は

▷2　旧優生保護法（1948～1996年）に存在した旧優生保護法は，優生思想の具体化したものとして考えられる。この法の下で不妊手術を強いられた知的障害のある女性に対して，2019年の仙台地方裁判所の判決でこの法の違憲を認めた。

1996年に廃止されました。伝染病予防法とエイズ予防法は**感染症の予防及び感染症の患者に対する医療に関する法律**[3]（1998年）に統合されました。らい予防法の問題では，予防や治療に関する隔離の有効性の医学的根拠がきわめて乏しくなっても，制度としての隔離，収容政策が近年まで存続したことです。この問題では，専門家を含んだ国民意識の中に社会防衛思想がいかに深く根づいていたかを物語っています。

3 精神保健福祉制度と人権

精神保健福祉制度の歴史は，精神障害者の人権確立の歴史といっても過言でありません。わが国最初の精神保健制度は精神病者監護法（1900年）ですが，この法では監置方法として私宅監置（自宅の中に閉じこめておくこと）を認めていたので，医療対応の面ではきわめて不十分でした。1919年の精神病院法では，公的な責任として公立精神病院を設置する方向がだされましたが，主に財政的な理由で公立精神病院の設置は進みませんでした。

この私宅監置を最終的に廃止したのは1950年の精神衛生法でした。この法の主な特徴は，精神科病院の設置を都道府県に義務づけたこと，病気の予防，健康増進の考えから精神衛生相談，訪問指導の規定の導入，精神衛生審議会の設置などがあげられます。この後，国は精神科病院設置を促進する施策を整備し，戦前の精神科病院の著しい不足から一気に精神科病院設立ブームを生み出すことになります。1960年代以降，わが国の精神保健福祉は，措置入院（都道府県知事の命令による入院）や同意入院（家族・親族などの同意による入院）といった本人の自由意志によらない入院が大半を占める状況や精神科特例による人件費を抑えた医療の推進，営利目的の精神科病院経営などの新しい弊害を生み出し始めました。1984年の**宇都宮病院事件**[4]を契機に，精神保健法に改正（1987年）されました。

精神保健法は入院医療から地域ケアを中心とした精神保健施策の展開という考えに基盤を置いており，本人の意思（同意）による入院，社会復帰施設の創設など，これまでの法律よりも人権や社会復帰に配慮した法律でした。1993年に障害者基本法より，これまで主に医療の対象だった精神障害者が明確に障害者福祉の対象として位置づけられ，身体障害者や知的障害者と同水準の福祉施策を整備する根拠が与えられました。1995年の精神保健及び精神障害者福祉に関する法律（精神保健福祉法）により，法の目的に「自立と社会参加促進」といった障害者福祉の理念に共通する考えを導入したこと，障害者手帳制度を導入したこと，市町村の役割を明示したこと，医療保護入院の告知義務の徹底化など，さらに精神障害者の人権を重視したものになりました。2013年の改正では，**保護者制度**[5]が廃止され，医療保護入院の同意者の変更がなされました。

（小澤　温）

▶3　**感染症の予防及び感染症の患者に対する医療に関する法律**
感染症をめぐる社会状況の変化に伴って，「伝染病予防法」「性病予防法」「エイズ予防法」を改定し，1998年に制定された。この法律では，感染症を危険性の高い順に1～5類に分けて，それぞれ届け出などの対策を定めている。

▶4　**宇都宮病院事件**
⇨ III-4 の注4参照。

▶5　**保護者制度**
⇨ VI-3 参照。

参考文献

藤田真一編『証言・日本人の過ち　ハンセン病を生きて――森元美代治・美恵子は語る』人間と歴史社，1996年。
ハンセン病患者であった森元夫妻の証言をもとにしながら，わが国の隔離政策の誤り，一般の人だけでなく専門家の差別意識の問題をリアルに描いている。

ノーマライゼーション：障害者福祉を突き動かしてきた思想

1 ノーマライゼーションのなりたち

❍生みの親：バンク-ミケルセン

ノーマライゼーションの理念がはじめて提唱されたのは1953年のことです。デンマークにおいて1951年に結成された「知的障害者親の会」は，収容施設や生活条件，教育などの改革を求める要望書を社会省に提出しました。当時，社会省にいたバンク-ミケルセン（Bank-Mikkelsen, N. E.）は，1959年の精神遅滞者ケア法に「ノーマルな生活状態にできるだけ近い生活を作り出すこと」を目的に定め，「親の会」の願いの多くを盛り込みました。この法律の制定以降，ノーマライゼーションの理念は北欧諸国に広まり，知的障害をもつ人々のための処遇改善の取り組みがなされるようになりました。

❍育ての親：ニィリエ

同じ頃に，スウェーデン知的障害児童・青少年・成人連盟（FUB）において，知的障害をもつ人たちやその親とともに約10年間にわたって活動していたニィリエ（Nirje, B.）が，理念であったノーマライゼーションをどこの国でも具体化できるよう原理として定義しました。**ノーマライゼーションの原理**[◁1]は，アメリカ大統領諮問委員会の依頼に応えて執筆された報告書『知的障害者のための施設サービスの変遷』（1969年）の「ノーマライゼーションの原理とその人間的処遇との関わり合い」という論文の中で「ノーマライゼーションの原理とは，社会の主流となっている規範や形態にできるだけ近い，日常生活の条件を知的障害者が得られるようにすることを意味している」と定義されました。さらに，原理の８つの要素（１日のノーマルなリズム，ノーマルな生活上の日課，１年のノーマルなリズム，ライフサイクルを通じてのノーマルな発達的経験，知的障害者本人の選択や願いの尊重，自然な形で男女がともに住むこと，ノーマルな経済水準，ノーマルな環境水準）を実現しなければならないことを明らかにしました。ノーマライゼーションの原理は「施設を解体し，地域で暮らすこと」という見方がありますが，それだけではなく，障害をもつ人々の生活条件や生活形態をよりよいものに変え，生活の質を高めていくことを意味しているのです。

❍適応・体系化：ヴォルフェンスベルガー

このころ，アメリカで研究活動を行っていたヴォルフェンスベルガー（Wolfensberger, W.）はノーマライゼーションの原理を北アメリカと対人処遇一

▷1　**ニィリエのノーマライゼーションの原理**
1969年に定義された後，80年代に生じたノーマライゼーションへの批判や誤解に対応するため，85年と93年に変更を加え，以下のように定義されている。
「ノーマライゼーションの原理は知的障害者やその他の障害をもつ全ての人が，彼らがいる地域社会や文化の中でごく普通の生活環境や生活方法にできる限り近い，もしくは全く同じ生活形態や毎日の生活状況を得られるように，権利を行使するということを意味している。」

参考文献

花村春樹『ノーマリゼーションの父　N・E・バンク-ミケルセン——その生涯と思想』ミネルヴァ書房，1998年。
バンク-ミケルセンの人柄や活動，講演などが平易な言葉で詳細に描かれている。

ニィリエ，B.／河東田博ら訳編『ノーマライゼーションの原理——普遍化と社会変革を求めて』現代書館，2000年（増補改訂版）。
ニィリエの主要著書のほとんどが所収されている。社会福祉の発展や対人サービスのあり方を考えるうえで欠かすことのできないノーマライゼーションの真の理解につながる著書である。

般に広く適用できるようにするために，1972年，理論的に体系化するとともに再構成を行いました。さらに，社会に対する知的障害をもつ人たちのイメージを高めるためにPASS（「サービスシステムのプログラム分析」）やPASSING（「サービスシステムのノーマライゼーションの目標の実行プログラム」）を作成し，1983年には，ノーマライゼーションの原理にかわる新しい学術用語として，社会的役割の価値付与（Social Role Valorization）を提起しました。

2 障害者福祉への影響

このように，ノーマライゼーションの原理は，バンク-ミケルセン，ニィリエ，ヴォルフェンスベルガーの3人によって発展させられ，対人処遇の根本原理として，知的障害のみならず他のさまざまな障害（身体障害，精神障害，視聴覚障害）をもつ人々やマイノリティー（黒人，被差別少数民族，女性，被差別少数者）に具体化され，世界各国に大きな影響を与えてきたのです。

ノーマライゼーションの原理が定義され，スウェーデンでの知的障害者の権利が法的に認められた時期，国際的にも知的障害者の法的な権利に関する関心が高まりました。ノーマライゼーションの理念は，1967年，知的障害者国際連盟（ILSMH）によって開かれた「知的障害者に関する法律の実態」に関する国際シンポジウムに反映され，知的障害者の人権を法的に保障するための基礎が築かれました。この時に出された見解は，国連の知的障害者の一般的特別な権利宣言（1968年）の土台となりました。さらに，1971年に出された国連の知的障害者の権利宣言に，「人間の価値と尊厳に基づき，知的障害者の権利を保護し，あらゆる分野においてその能力を発揮し得るよう援助し，可能な限り通常の生活に彼らを受け入れることを促進する」ことが謳われ，その理念は，国連の障害者の権利宣言（1975年）に結実しました。また，知的障害や身体障害をもつ本人たちからも権利を主張する動きが活発になり，ピープル・ファーストや自立生活運動が生まれました。

1981年には，ノーマライゼーションを具体的に行動として取り組むことができるよう「完全参加と平等」をテーマにした国際障害者年が定められ，翌年，**障害者に関する世界行動計画**[2]を採択し，1983年から10年間を「国連・障害者の十年」と定めました。これらの取り組みをとおして，世界各国で障害をもつ人々の権利拡大と具体的な施策の発展がはかられました。1993年には，国連総会で**障害者の機会均等化のための標準規則**[3]が採択され，ノーマライゼーションの最終的達成にむけての取り組みに力をそそぐことが確認されました。さらに2006年には，国連障害者権利条約が採択される等，ノーマライゼーションは，世界各国の障害者福祉のあり方と社会変革をおしすすめる原動力となっています。わが国においても障害者のみならず高齢者など様々な困難をもつ人々の処遇改善をおしすすめる力となっています。（和泉とみ代）

▶2 **障害者に関する世界行動計画**
障害の予防，リハビリテーションならびに障害者の社会生活と社会の発展への「完全参加と平等」を各国の開発計画の中に具体的方策として含めることを定めた。

▶3 **障害者の機会均等化のための標準規則**（The Standard Rules on the Equalization of Opportunities for Persons with Disabi-lities）
国連障害者の10年で得られた経験に基づいて策定された。障害をもつ人が社会の市民として，その他の人々と同じ権利と義務を確保するために，福祉，教育，雇用等22項目について障害者施策実施の指針を示している。

参考文献
ヴォルフェンスベルガー，W.／中園康夫ら編訳『ノーマリゼーション――社会福祉サービスの本質』学苑社，1982年。
本書は，1972年にカナダで出版された *The Principle of Normalization in Human Services* 6版（1979年）の全訳である。国際障害者年制定の1年後に翻訳された本書は，わが国にノーマライゼーションの思想を広める重要な役割を果たした。

リハビリテーションの発展と限界

1 リハビリテーションの意味

「リハビリテーション」は，語源的には，私たちがイメージしている医療の領域にのみ限定して使う言葉ではなく，「一度失った地位，特権，財産，名誉などを回復すること」の意味が含まれています。

リハビリテーションを医療の分野の言葉として定着させる上で，第一次世界大戦の戦傷者に対しての社会復帰活動の果たした役割は大きく，さらに，第二次世界大戦での戦傷者に対する疾病・障害管理や社会復帰活動は決定的に重要な役割を果たしました。この医療の分野におけるリハビリテーションの導入は，戦傷者の社会復帰対策から生じ，多くの成果をもたらしましたが，戦傷者の場合は，年齢が若く，肢体不自由を中心とした運動機能に障害をもつことが多いので，運動機能回復訓練を中心に進められる傾向がみられました。このことは，この言葉の本来もつ人間としての尊厳を考える意味を後退させ，運動機能回復訓練として狭くとらえる傾向を助長してきました。

第二次世界大戦以降，リハビリテーションの対象者は，戦傷者が減少し，代わって，高齢者などの疾病による障害者，視覚・聴覚等の感覚機能障害者，精神障害者など，対象が広がりました。そのため，リハビリテーションを運動機能回復訓練として狭くとらえることでは，現実にあわなくなってきました。また，1960年代のノーマライゼーション思想の展開，1970年代の自立生活運動の展開によって，障害者の人権，自己決定権をリハビリテーションの援助においても意識する状況が生じてきました。

2 「全人間的復権」としてのリハビリテーション

このような変化は，リハビリテーションが本来もっていた意味としての「全人間的復権」を，リハビリテーションの目標として認識されるようになってきました。この「全人間的復権」の意味としては，「（復帰した社会での）生活の質がどうなっているのか，本当に生きがいのもてる人間的な生活が実現できているかどうか，その人が自らの人生の主体者として性格・能力や希望にふさわしい社会参加が実現できているかどうか，ということを問題とし評価のものさしとする[1]」ことがいわれています。言い換えれば，障害者の個別的な生活や人生の多様な側面の全体的な質を重視し，そこから問題把握や評価視点を構成して，

▷1　佐藤久夫『障害者福祉論』誠信書房，1999年，28頁。

表Ⅰ-1　リハビリテーション医学における基本的アプローチ

Ⅰ．機能・形態障害（impairment）に対する「治療」的アプローチ
　1．麻痺（末梢性・中枢性），失調症，その他の運動障害（嚥下・構音障害，排泄障害，心・肺機能障害などを含む）の回復促進
　2．二次的合併症，特に廃用症候群（体力低下を含む）の予防と治療
　3．失語・失行・失認などの高次脳機能障害の回復促進
Ⅱ．直接能力障害（disability）に対する「代償」的アプローチ
　1．健常部・健常機能の強化と開発による能力回復（左手による書字，対麻痺の上肢筋力強化による移動能力向上など）
　2．義肢・装具，杖，車椅子，コミュニケーションエイドその他の機器・補助具による能力の拡大
　3．行為の新しい手順の学習・習熟による日常生活動作（ADL），生活関連動作，職業上必要な能力，その他生活上必要な能力の向上
　4．社会生活技能訓練（social skills training）などによる対人関係技能の開発・向上
Ⅲ．直接社会的不利（handicap）に対する「環境改善」的アプローチ
　1．家屋の改造の指導
　2．家族指導（「自立を目指した介助」の技法の指導など）
　3．職業復帰の促進（会社への働きかけ，職業リハビリテーションサービスの紹介など）
　4．趣味，スポーツ，旅行，レクリエーション，その他人生の質（QOL）の向上につながる社会的サービスの紹介
　5．（子どもの場合）適切な教育を受ける機会が得られるよう関係機関（普通学校または養護学校）への働きかけ
　6．（重度者の場合）介護者の確保，家族の負担軽減のための福祉的サービスへの紹介
　7．所得保障制度（障害年金，手当など），家屋改造費用の公的負担その他の福祉的諸制度の利用の援助
Ⅳ．直接体験としての障害に対する「心理」的アプローチ
　1．患者教育―「障害と共に生きる」ことの心構えと実際的知識の指導
　2．家族指導―障害者としての患者を受容することの指導
　3．以上を通じての「障害の受容」（障害に関する価値観の転換）達成に向けての援助

出所：図Ⅰ-2と同じ。

援助をしていく取り組みということができます。

リハビリテーションの目標が「全人間的復権」として立てられたことは，リハビリテーションの目標を**日常生活動作**[2]（ADL：Activity of Daily Living）の自立から生活・人生の質（QOL：Quality of Life）に転換する上で重要な役割を果たしてきたといえます。

 リハビリテーションの課題

リハビリテーションの考え方をこのように広げることは，障害者の生活・人生のすべての側面がリハビリテーションの関わるべき対象となり，逆に，具体的な問題解決や援助課題の検討において，焦点が絞りにくくなる問題が生じてきます。また，リハビリテーションは，機能的な障害に対しての「治療的なアプローチ」や「代償的なアプローチ」（表Ⅰ-1）が実際の援助方法として進んでおり，これらは，医学を基盤とした専門的アプローチといえます。このようなアプローチは，障害者自身がサービスや生活，人生を選択・決定し責任を負うという自立生活の考え方とは相入れない部分が生じる問題もあります。このため，リハビリテーションの概念をあまり広げずに，リハビリテーションを各人に最も適したレベルを目標として，期間を限った取り組みとして，限定した形で用いる必要性もいわれています。（小澤　温）

▶2　**日常生活動作(ADL)**
食事，排泄，入浴，移動などの動作のうち，日常生活遂行上欠かせない基本的な動作を意味している。リハビリテーションでは動作訓練の評価に用いられる考え方である。

参考文献

上田敏『リハビリテーション医学の世界――科学技術としてのその本質，その展開，そしてエトス』三輪書店，1992年。
リハビリテーション医学の専門家としての著者が，原論としてまとめようとした本。具体的な手法よりも，歴史，思想，リハビリテーション医学固有のものの見方・考え方について詳しく論じており，福祉を学ぶ人にも有益な本である。

10 自己決定：意義と限界

1 なぜ自己決定が主張されるのか

自己決定（Self-determination）とは，「自分の内的なニーズ，感覚や考えに基づいて，自分の行動を決める自由[1]」と定義され，今日の福祉においてキーワードの一つになっています。なぜこのように自己決定が注目されるのでしょうか。

普段，われわれは，何時に起きて，何時に寝るか，何を食べるか，という毎日のことから，どんな職業を選択するかといった，人生の転機となるような比較的大きな出来事まで，さまざまなことを決定しながら生活しています。もちろん，どのような選択肢をもつことができるかを含めて，決定の過程には社会のルールや周囲の人の意向や環境が反映され，すべてが思った通りにいくわけではありませんが，これらのことを自由に決める権利があると考えられています。もし，自由に決められないとすれば，人権が侵害されたと感じます。

しかし，従来，医療や福祉の分野では，患者や障害者は何が適切であるかの判断ができない弱者であると考えられてきました。医師—患者関係に代表されるように，伝統的な専門家—クライアントの関係は，特別の専門知識と技術をもった専門家が，クライアントのニードを判断し治療を行い，無力なクライアントは，専門家の指示に従って療養に専念することが当然と考えられてきました[2]。

障害者の場合も同様で，障害者にとって必要な治療やリハビリテーションは専門家が判断し，障害者はその指示に従って，障害の軽減に取り組むべきだと考えられてきたのです。その結果，生活の場所は親元か，入所施設といった保護される場所が当然と考えられてきたのです。

近年になって，自分の生活に対するコントロールや影響力をもつという，ごく当たり前のことが，障害者であるという理由で制限されることに対して，改めて疑問や批判が向けられるようになりました。社会が障害者に対して勝手に定めてきた，施設の中での生活や家族の都合にあわせて生活するのではなく，自分で自分の生き方を定めるべきである，障害者もリスクを犯す権利があるという主張もなされました。これはノーマライゼーションや自立生活運動の理念にも通じるものです。

障害をもっていても，自分で自分の生活をコントロールできていると感じている，つまり自律（autonomy）が保たれていると感じられている人は，自分の

▶1　Deci, E. L., *The psychology of self-determination*, Lexington, MA : D. C. Health & Co., 1980, 112. の Sprague, J., & Hayes, J., Self-Determination and Empowerment: A Feminist Standpoint Analysis of Talk about Disability, *American Journal of Community Psychology*, 28(5), 2000による引用。

▶2　たとえば，Friedson, E., *Professional Dominance: The Social Structure of Medical Care*, Atherton Press, 1970.（進藤雄三・宝月誠訳『医療と専門家支配』恒星社厚生閣，1992年）など。

QOL（生活の質）が高いと自己評価する[3]など，自己決定の機会を確保することの重要性も実証されつつあります。

2 障害者が自己決定する難しさ

援助が必要な障害者が，自己決定に従って生活を営んでいくためには，まず決定すること，そしてその決定を援助する人に適切に伝え，その人に行ってもらうこと，そして援助者との関係をうまく保つことが必要になります。

まず，重度の知的障害をもつ人が，さまざまな選択肢や選択に伴って起こる諸々の出来事を判断することは難しいことが多いでしょう。また今まで社会から隔絶されて生活してきた人は，社会経験が少ないこと，自分で決めることに慣れていないことにより，やはり独力で自己決定することは難しい場合があります。

次に，決めることができたとしても，決めたことを実行するために，援助者に適切に伝えること，援助者がその通りに行うことが必要になります。自分が望むように物事を進めてもらうには，適切に自分の意思を伝えることが必要ですが，すべてを言葉で説明することは難しく，必ず限界があります。障害のため，コミュニケーションに困難がある場合にはなおさらです。別の人間である援助者が，本人が望む通りに何かをすることはとても難しいことです。

さらに，援助する側，される側の関係はしばしば対立や緊張を生みます。たとえば，障害者本人とその援助者が異なった判断を下した場合，物理的に強い立場にある援助者が，障害者本人が決定したことを無視して，援助者の意図に従って物事を進めてしまうことは容易に起こります[4]。仮に援助者が障害者の決定したことに従うとしても，援助者がその決定は合理的でない，危険であるなど，不適切であると感じたとき，援助者はジレンマを感じます[5]。こうした対立が起きたときにもうまく処理していく力をもつことが必要になるのです。

3 自己決定を支える試み

現在の社会は，「物事を合理的に判断できる個人」を想定して成り立っています。しかし，少し考えてみれば気づくことですが，健常者も何かを決定するにあたって，周囲の人に情報や助言を求めます[6]。障害者の場合も同様で，自己決定は，その人が単独で行うものとは限らず，障害を補うためのサポートを得て，自己決定するための力を得ることで，自己決定が可能になります。自立生活センターにおいて，しばしば実施されている自立生活プログラムのように，自己決定ができるようになっていくプロセスを援助することは重要です。最重度の障害をもち，意思を示すことさえ困難な場合には，援助者の側も快・不快の表情を読みとることを含めて本人の意図を最大限に引き出す援助の仕方を模索していくことが必要といえるでしょう。　（八巻知香子）

▶3　Albrecht, G. L., & Devlieger, P. J., The disability paradox: high quality of life against all odds., *Social Science and Medicine*, 48, 1999, 977-988.

▶4　岡原正幸「コンフリクトへの自由――介助関係の模索――自立生活運動の生成と展開」安積純子・岡原正幸・尾中文哉・立岩真也『生の技法』増補改訂版，藤原書店，1995年，165～226頁。

▶5　Wong, H. D., & Millard, R. P., Ethical dilemmas encountered by Independent Living service providers, *Journal of Rehabilitation*, 58(4), 1992, 10-15.

▶6　Wehmeyerは，自己決定（self-determination）概念について8つの誤解されやすい点があると述べている。中でも，「自己決定は単独で行うものである」「自己決定した事柄は自分自身で遂行しなければならない」「自己決定の結果は必ず成功しなければならない」という誤解があるという指摘は重要であろう。Michael L. Wehmeyer, Self-Determination and Individuals With Significant Disabilities: Examining Meanings and Misinterpretations, *The Journal of the Association for Persons with Severe Handicaps*, 23(1), 1998, 5-16.

11 発達・発達保障：意義と課題

1 発達・発達保障とは

心理学の分野では，発達とは子どもが生まれてから，大人になるまでの間に生じる種々の変化を指します。大人になるまでの種々の変化とは，具体的に，遺伝的な特質に強く影響を受ける身体の変化（身長や体重の増加など）と，環境要因から強く影響を受ける心理—社会的な変化が挙げられます。

発達保障という言葉は，当初は重度知的障害児の教育・福祉に関わる用語として登場し，茂木俊彦は「滋賀県大津市にある精神薄弱児施設，近江学園の糸賀一雄，田中昌人を中心とする実践研究において1960年ころから用いられるようになった言葉」であると述べ，「子どもの発達の筋道をできるかぎり明らかにし，その筋道にそってよりよい実践を展開すること」としています。この発達保障という考え方の展開を受け，1979年の養護学校義務化が実現しました。また，それに伴って不就学児がいなくなり，重度障害児に対する療育の実践，障害の早期発見・治療を行うなど，障害児が学び育つための道が大きく開かれました。

現在では，発達や発達保障の意味合いが広義に捉えられており，知的障害のある小児のみならず，すべての障害児，障害のある成人についても，発達の可能性がある存在として，発達保障の対象として考えられています。特に，心理—社会的な変化は生涯にわたって生じるという考えのもと，障害のある人一人ひとりの能力を最大限に発揮できるよう，教育的支援，社会的支援が行われています。

すなわち，発達保障とは，障害のある人たちに関わるすべての支援活動の目標となる理論的枠組みであり，具体的には，小，中，高等学校段階での教育的支援や，それ以降の就業支援，福祉支援などが挙げられます。

2 発達保障の取り組み

教育の場においては，障害のある子ども一人ひとりのニーズを正確に把握し，教育的視点から適切に対応していくという考え方のもと，乳幼児期から学校卒業後までを通じて，長期的な視点で一貫して的確な支援を行うことを目的として個別の教育支援計画が作成されています。これによって，家庭や地域，学校などの様々な場面での，障害のある子どもたちの学びが保障されると言えます。また，都道府県単位では，広域特別支援連携協議会が設置され，障害のある子どもやその保護者への相談・支援にかかわる医療，保健，福祉，教育，労働等の関係部局・機関間の連携協力を円滑にするためのネットワークとして機能しています。

このように，わが国では学校単位から都道府県単位まで様々な取り組みがなされており，子どもの障害種や障害の程度，あるいは年齢段階に応じた適切な支援を受けるための支援体制が整っていると考えられます。

3 発達保障の課題

前述のように，障害のある人を対象とした支援は様々な単位で行われていますが，一方でいまだに数々の課題も残されています。

厚生労働省平成25年度障害者総合福祉推進事業の「障害児通所支援の今後の在り方に関する調査研究」の報告書では，障害児相談支援事業における支援内容，人材の育成・確保などの課題が挙げられています。たとえば，この事業では障害のある子どもたちやその家族との相談が大切であるとしながらも，サービスの枠組みが整っていない相談内容（権利擁護，人間関係，生活技術など）の場合に対応がおろそかになってしまっていることが指摘されています。障害児相談支援事業とは，本来は障害のある子どもたちの成長のための様々な相談に対応することが目的とされているにも関わらず，サービス・支援の枠組みが整っていない相談内容には対応できないのでは，十分な支援がなされているとは言えません。また，人材の育成・確保の課題については，研修機会を確保することの困難や，そもそもの研修会の実施回数が少なく十分でないこと，さらには，障害児支援についての講義を担うことができる人材の不足も課題として挙げられています。このような課題を解決していくためには，個々のニーズに応じた支援が提供される枠組み作りに取り組むほか，専門的な知識や経験を積んだ相談支援員の育成のために，行政や教育機関などに所属する専門家を指導者として活用し，それぞれの支援員の専門性の向上に努める必要があります。

さらに，人間は生涯にわたって発達すると考えられているにもかかわらず，成人後のほとんどの時間を過ごすはずの社会への参加事業展開が十分になされていないことも大きな課題として挙げられます。特に，就業面については，障害のある方の雇用の促進等に関する法律によって法定雇用率が定められ，制度としては整い始めているものの，定められた法定雇用率に比べて実雇用率はやや低い現状にあり（平成26年障害者雇用状況の集計結果），障害のある人の就業についてはさらに改善されるべき余地が残されています。

このように，個々人の相談内容の解決といった個別の視点から，施設で働く職員の専門性の向上，さらには法律の順守徹底などの社会的な視点までを包括的に捉え，教育や福祉などの垣根を越えて，今後も改善に取り組み続けなければなりません。

（茂木成友）

参考文献

厚生労働省「障害児通所支援の今後の在り方に関する調査研究（平成25年度）」2013年（https://www.mhlw.go.jp/file/06-Seisakujouhou-12200000-Shakaiengokyokushougaihokenfukushibu/0000067397.pdf）。

厚生労働省「平成26年障害者雇用状況の集計結果」2014年（https://www.mhlw.go.jp/stf/houdou/0000066516.html）。

12 社会モデル：医学モデルとの葛藤

1 社会ニーズのとらえ方

社会モデルでは，生活ニーズを重視します。この生活ニーズは，さまざまな側面をもった生活を遂行するのに，何らかの福祉の援助を必要としている状態として理解することができます。別の言い方をすると，「生活をする上で困っている状態」と「その状態を解決するために福祉サービスなどの支援を必要としている状況」の２つの関係で生活ニーズをとらえることができます。

生活がさまざまな側面をもっていることから，その生活の側面に対応したさまざまなニーズが存在しています。しかし，そのニーズはばらばらに存在しているのではなくて，さまざまな側面のニーズがそれぞれ関係しあって一つの構造をなしていると理解することが重要です。具体的には，生活ニーズを健康，日常生活動作（ADL），介護負担，家事，経済，家族関係，社会交流，ストレスの８側面からとらえ，それらが相互に関連しているという考え方があります。これに対し，援助対象者の状況を，身体機能的な状況，精神心理的な状況，社会環境的な状況の３側面からとらえ，「生活する上で困っている状態」の生じる理由を分析し，その意味づけをする考え方があります。

2 生活障害の考え方

障害者福祉では，「生活障害」という言葉もよく聞きます。この「生活障害」は，精神障害の分野で用いられてきましたが，現在では，精神障害以外の分野でも幅広く用いられる言葉になりました。

「生活障害」は，「生活のしづらさ」を意味しており，生活の仕方が下手であること，人づきあいがまずいこと，就労能力の不足，生活経過の不安定性，生きがいの乏しいこと，の５点にまとめられています。

この考え方の大切な点は，疾患から派生する障害の特徴として，障害をとらえるのではなく，生活という文脈の中で生じる障害としてとらえた点です。精神障害では，この５点の「生活のしづらさ」を軽減させることが，結果的に，精神疾患の症状の改善につながることが示され，精神医学的にも応用可能な考えであることが特徴的です。

この生活障害を克服するためには２つのことが考えられます。一つは，障害者の主体性や自己管理能力を高めて克服していくものです。具体的には，**生活**

技能訓練[1]（SST）や自立生活プログラムがあげられます。もう一つは，環境によって生じる生活障害の克服です。この場合はソーシャル・サポート（VII-6「ソーシャル・サポート：福祉援助の相対化」参照）やセルフヘルプグループ（V-4「セルフヘルプグループ：福祉援助へのカウンター」参照）が重要になります。

3 社会モデルと医学モデル

社会モデル，医学モデルという区分は社会福祉における援助実践ではよく聞く言葉です。この言葉もさまざまな文脈で用いられ，一つの定義にすることはできませんが，ニーズの所在，サービス利用者の理解，サービス提供者の位置づけと援助方法などの点で対比的なモデルとしてとらえることができます。

ニーズの所在では，医学モデルは，ニーズの発生する原因を病気や身体機能の障害といった医学的な原因へ還元してとらえる考え方であり，生活モデルは，生活のさまざまな側面が相互に影響しあって生み出される相互作用としてとらえる考え方です。

サービス利用者の理解では，医学モデルは，対象者は知識を与えて専門的な指導に従う存在であるのに対し，社会モデルは，必要な知識を経験的に理解し，自ら主体的にニーズの解決に向かう潜在力のある存在です。

サービス提供者の位置づけと援助方法では，医学モデルは，専門的な知識と技術を独占して一方的に利用者に提供する役割をもつのに対し，生活モデルは，利用者のニーズの解決に向かう潜在力を引き出すような働きかけを利用者と共同しながら行う役割をもちます。

このように対比されるモデルですが，障害者福祉では，この単純な二分を超えた自立生活支援モデルも提案され，より障害者自身の主体性を重視したモデルの議論もなされています。障害者福祉における援助実践では，ここでふれた社会モデルを重視した実践であることは当然ですが，障害特性によって生じる生活の支障を理解することも重要です。

4 社会モデルによる支援

生活ニーズに焦点を当てた支援を，生活のさまざまな側面（日常生活動作（ADL），介護負担，家事，経済，家族関係，社会交流，ストレス）から考えてみます。

日常生活動作の改善には，リハビリテーション，生活・住宅環境の改善などの支援が考えられ，介護負担，家事負担の軽減には，ホームヘルプサービスなどの在宅福祉サービスによる支援が考えられます。経済負担には，手当，年金，生活保護などの所得保障制度が考えられ，家族関係の改善やストレスの軽減，社会交流の促進では，障害者のグループ活動やピア・カウンセリング，地域活動への参加などの支援が考えられます。

（小澤　温）

▶1　**生活技能訓練(SST)**
認知行動療法を用いて，さまざまな状況に適切に対処できるように訓練する方法である。精神科リハビリテーションによく用いられる。生活技能は，社会的な技能（対人関係づくりを含む）を意味し，社会参加を重要な訓練目標としている。

参考文献

定藤丈弘・岡本栄一・北野誠一編『自立生活の思想と展望——福祉のまちづくりと新しい地域福祉の創造をめざして』ミネルヴァ書房，1993年。
自立生活の思想，わが国の現状と課題，今後の展開について，幅広く論じている本。特に，自立生活の意義，自立生活運動の歴史の中で，生活モデル，医学モデルのことに関して深い考察がなされている。また，自立生活支援モデルの説明もなされている。

13 障害者権利条約：条約の趣旨と条約批准

1 国連障害者の権利条約の採択まで

1971年の知的障害者の権利宣言，1975年の障害者の権利宣言として文書化されて以降，1981年の国連障害者年，1982年の障害者に関する世界行動宣言の採択，1983～1992年の国連障害者の10年は，障害者に関わる事柄を人権の観点で捉える方向に大きく進みました。この流れを受けて，障害者に対する差別を撤廃する条約の起草・提案が二度なされましたが，多くの国の支持を得ることはできず，1993年に「障害者の機会均等化に関する標準規則」という国連決議として採択されました。この決議の中で，「政府は，障害を持つ人の完全参加と平等という目的を達成するための法的根拠を作成する責任をもつ」と定めました。この決議は法的な拘束力・強制力をもつものではありませんでしたが，1990年に障害をもつアメリカ人法，1992年にオーストラリア障害者差別禁止法，1995年にイギリスで障害者差別禁止法が制定されるなど，複数の国や地域において環境が整えられたことにより，1990年代末頃から改めて条約を求める声が高まってきました。

2001年に改めて，障害者の権利に関する国際条約の制定に向けた議論をするための特別委員会が設置されることが決まり，条約の制定に向けて動き出しました。８回にわたる特別委員会での議論の後，2006年12月13日，国際連合の本会議において**障害者の権利に関する条約**[1]（以下，条約）が採択されました。この条約を**批准**[2]する国は障害によってもたらされる差別や不平等を解消するための新しい考え方や制度を整えることが義務づけられています。2006年12月の条約採択の後，2007年３月には初めての署名式が行われました。2019年12月現在，批准した国は181か国です。

この条約の作成のプロセスにおいては，障害者自身の積極的な参加が大きな特徴です。通常，条約の作成プロセスは国家の代表である行政官によって進められますが，「私たちのことを私たち抜きに決めないで」という原則の下，多くのNGOを含む障害当事者が議論に参加しました。日本からも政府代表として，またNGOとして多くの障害当事者が積極的な役割を果たしました。

2 基本的な考え方と「合理的配慮」

この条約は，障害者に特別の権利を認めるものではなく，他の人と同等の権

▶１　**障害者の権利に関する条約（Convention on the Rights of Persons with Disabilities）**
外務省のホームページ（http://www.mofa.go.jp/mofaj/gaiko/jinken/index_shogaisha.html）。
国際連合のホームページ（https://www.un.org/development/desa/disabilities/convention-on-the-rights-of-persons-with-disabilities.html）。

▶２　**署名・批准について**
条約がそれぞれの加盟国において効力を発するには，「署名」と「批准」の手続きが行われる。「署名」は，条約を将来批准する意思があることを表明する行為，「批准」は，署名した国が条約に拘束されることについての同意を正式に行うこと。日本では，批准には国会の承認が必要（東俊裕監修／DPI日本会議編集『障害者の権利条約でこう変わる』解放出版社，2007年，より）。

利を保障するもので，障害があっても社会活動に不自由なく参加できる環境を保障することは，保護や特別の恩恵なのではなく，基本的な人権そのものであるという考えが基本となっています。

この条約の最大のポイントともいえるのが，「合理的配慮（reasonable accommodation)」を定めた点です。合理的配慮という考え方はアメリカで生まれた概念で，「障害をもつアメリカ人法」の中でも明記されています。

条約の第2条において合理的配慮の定義について“合理的配慮とは，障害のある人が他の者との平等を基礎としてすべての人権及び基本的自由を享有しまたは行使することを確保するための必要かつ適切な変更及び調整であって，特定の場合に必要とされるものであり，かつ，不釣合いな又は過重な負担を課さないものをいう。”と定められています。合理的配慮を行うことは社会の全ての事柄についてあてはまりますが，特に「教育」(第24条)，「労働及び雇用」(第27条）においては改めて強調されています。

たとえば，雇用については，職務の本質にかかわる能力があれば障害を理由に差別してはならないことを規定し，障害者への「合理的配慮」を行うことを義務づけています。つまり，車いすの障害者が応募した場合，他の応募者と同等に扱い，採用が決まれば，例えばオフィス内の段差やトイレが車いす利用者にも利用可能な状態を整えること，また体調不良を起こしやすいとか，痛みを抱えている場合には，勤務日程の調整が事業者の義務となります。

3 わが国の動向

わが国は2007年9月，外務大臣が条約に署名し，批准のための国内環境の整備を進めてきました。バリアフリー法，その上位に位置する障害者基本法など差別解消に向けた具体的な規定が盛り込まれ，2004年に改正された障害者基本法では，「何人も，障害者に対して，障害を理由に，差別することその他の権利利益を侵害する行為をしてはならない」という差別禁止規定が明記されました。そして，長年の議論を経て2013年6月に成立した障害者差別解消法（Ⅶ-2参照）において「差別的取扱いの禁止」と「合理的配慮不提供の禁止」が定められました。これを受けて国内環境が整ったとして，2014年1月20日に条約を批准し，2014年2月19日より発効しています。この条約の批准後，各国は条約がきちんと守られているのか，監視（モニタリング）を行い，国連に対して報告書を提出することが義務付けられており，監視や政府報告の内容については，内閣府に設けられた障害者政策委員会において検討されています。

法的な拘束力のある条約の発効，また2016年4月から施行された障害者差別解消法により，権利が守られる社会の実現に向かうことが期待されますが，そのためには現実の社会の中でのそれぞれ一人ひとりの努力も必要とされています。

（八巻知香子）

参考文献

東俊裕監修／DPI日本会議編集『障害者の権利条約でこう変わる』解放出版社，2007年。

長瀬修・川島聡編著『障害者の権利条約——国連作業部会草案』明石書店，2004年。

中野善達編「国際連合と障害者問題—重要関連決議文書集」エンパワメント研究所，1997年6月。

長瀬修・東俊裕・川島聡編著『障害者の権利条約と日本——概要と展望』（増補改訂）生活書院，2012年。

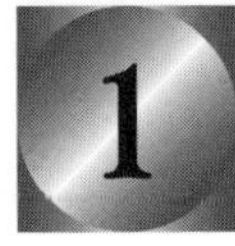

障害は個性か，社会福祉の対象か

「障害」「障害者」をどう考えるのか

私たちは「障害」「障害者」という言葉を簡単に使っていますが，「障害」「障害者」をどう考えるかは簡単な問題ではありません。

障害者福祉では，「障害」は生活に支障をもたらすものとしてみなされ，その支障の解決のために，福祉サービスをはじめさまざまなサービスが提供されます。したがって，障害者福祉では，これらのサービスの対象者として決めるために，「障害」の決め方が重要になります。このため，障害者福祉での「障害」「障害者」では，法制度における定義が重要になります。この章では，「身体障害」「知的障害」「発達障害」「精神障害」の制度的定義についてふれます。また，制度上の不備のために問題の多い，「難病」「高次脳機能障害」「重度重複障害」「重症心身障害」「全身性障害」についてふれます。

このような法制度における「障害」の定義は，さまざまなサービスを提供するために対象者を限定する側面だけでなく，障害者に対する「偏見」「差別」「スティグマ」といったマイナスイメージを生み出してきたことも確かです。（「偏見」「差別」「スティグマ」に関しては，Ⅶ「環境，社会意識について考える」で詳しくふれています）。

そのため，障害者福祉の「障害」「障害者」のものの見方に対して，主に，障害をもった人から疑問が投げかけられてきました。その中では，「障害は個性」「ろう者文化」などの考え方があります。

2 「障害は個性」という考え方

「障害は個性」という考え方は，これまでどちらかといえばマイナスイメージの強かった障害を個性として積極的にとらえ直そうという試みです。この見方は障害を生活に支障を生み出す要因としてとらえるのではなく，むしろ，個性としてとらえることによって障害に対するまわりの見方を変えていくことを重視しています。ただし，個性を強調しても，「障害」から生じる生活への支障は現実に存在しています。また，人生の途中で障害をもった人（いわゆる中途障害者）にとっては，個性という考えは当てはまりにくいと思われます。

「ろう者文化」は，ろう者を「手話言語を話す人」としてとらえ，言語文化には，「音声言語」による文化と「手話言語」による文化の２つがあると考えます。

したがって，障害者　対　健常者というとらえ方ではなく，単なる言語文化の違いであると考えます。この見方も「障害」を生活に支障を生み出す要因としてとらえるのではなく，「障害」に対するまわりの見方を変えていくことを重視しています。ただし，文化としてとらえると，障害者福祉のさまざまな制度は文化に対する介入になるので，これまでの障害者福祉の価値観と大きく対立する可能性をもっています。

3 障害を構造としてみる

このような「障害」に対する見方の違いの根底をもっと原理的に説明しようとする試みに，障害構造論があります。これは「障害」を医学的な次元から社会的な次元に至る構造としてとらえる見方です。この障害構造論の意義として次の８点があげられています[1]。

①社会的困難の克服・軽減の方策（制度，サービス）を示すこと，②各種方策（制度，サービス）の守備範囲を示すこと，③障害者・支援者（サービス提供者）などの「共通言語」の基礎を提供すること，④障害者対策から障害対策への移行，⑤援助対象の拡大（高齢者，障害種別対策の共通化），⑥各種制度の目的に応じた対象規定の整合化，⑦社会的不利（参加制約）に立脚した制度化，⑧自己と障害とを区分することによる障害者自身のアイデンティティの確立，の８点です。

この章では，具体的には，国際障害分類と国際生活機能分類を取り上げて，障害構造論の考え方を理解します。国際障害分類は，1980年に国際障害分類（ICIDH）として公表され，2001年に国際生活機能分類（ICF）として改定されました。この２つの障害分類の変化を理解することは，障害構造論を理解する上でとても重要なことです。

また，「障害」を構造としてとらえることは，単に，理論的な意義だけでなく，障害者福祉の実践では，障害者の生活ニーズの解明とその発生要因の分析でも有効です。

生活ニーズの解明には，障害者の生活における問題点や課題を明らかにし，その中で，ニーズと要望とを見定める作業が必要です。この作業では，障害の構造の３次元（機能障害，能力障害，社会的不利）との関係が深い場合が多いので，これらの３次元の関係や社会的不利発生のプロセスの分析と重ねながら行うことが重要になります。

この場合，Ⅱ-2「国際生活機能分類」で説明されている国際生活機能分類の環境因子や背景因子の影響を含んだ，社会的不利（参加制約）発生のプロセス分析はかなり有効な道具になるでしょう。　（小澤　温）

▶1　佐藤久夫『障害構造論入門──ハンディキャップ克服のために』青木書店，1992年，11～19頁。ただし，８点の表現について一部筆者が加筆した。

参考文献

佐藤久夫『障害構造論入門──ハンディキャップ克服のために』青木書店，1992年。
障害を構造としてとらえることの意義，重要性を説明している。また，代表的な障害構造論である国際障害分類，カナダモデル，上田モデルに関する説明も詳しくしている。

国際生活機能分類

ICFとは

ICF（International Classification of Functioning, Disability and Health：国際生活機能分類）は，世界保健機関（WHO）が2001年に採択した，障害に関する国際的な分類法です。ICFは，人間の生活機能（functioning）を，「心身機能・身体構造」（body functions and structures）・「活動」（activities）・「参加」（participation）の３つの次元，及びそれに影響を及ぼす「環境因子」（environmental factors）と「個人因子」（personal factors）で構成する図Ⅱ-１のモデルにより，人間の生活機能と障害に関してアルファベットと数字を組み合わせた方式で分類するもので，約1500項目に分類されます。

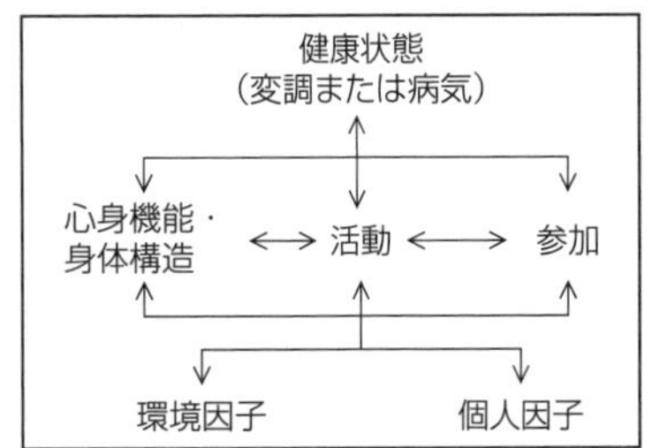

図Ⅱ-１　ICF（国際生活機能分類）モデル

❍生活機能

ICFは，人が生きることの全体像を肯定的な側面で捉えた「生活機能」とし，「心身機能・身体構造」「活動」「参加」の３つの次元から構成されます。

- 「心身機能・身体構造」（生物レベル）：身体系の生理的機能（心理的機能を含む）や身体の解剖学的部分。例）手足の動きや精神の働き，大腿骨
- 「活動」（個人レベル）：課題や行為の個人による遂行。例）歩く，顔を洗う，トイレに行く，歯を磨く
- 「参加」（社会レベル）：生活・人生場面への関わり。例）職場での役割，スポーツ観戦

❍背景因子

ICFでは「環境因子」と「個人因子」という二つの「背景因子」で個人の人生と生活に関する背景全体を示します。このことにより，「心身機能・身体構造」「活動」「参加」が同レベルの人であっても，一人ひとり生活機能が異なることを示すことができます。

- 「環境因子」：個人的環境や社会的環境。例）家庭，職場，法律，人々の態度
- 「個人因子」：個人の人生や生活の特別な背景。例）人種，年齢，性格，経験

❍生活機能と障害との関係

「生活機能」が肯定的な側面の包括概念であるのに対し，否定的な側面での包括概念を「障害」（disability[1]）と呼びます。「心身機能・身体構造」の否定的

▶１　disability
ICIDHでは「能力障害」であったのに対し，ICFでは３つのレベルから成る包括概念としての「障害」を表す用語として用いられる。

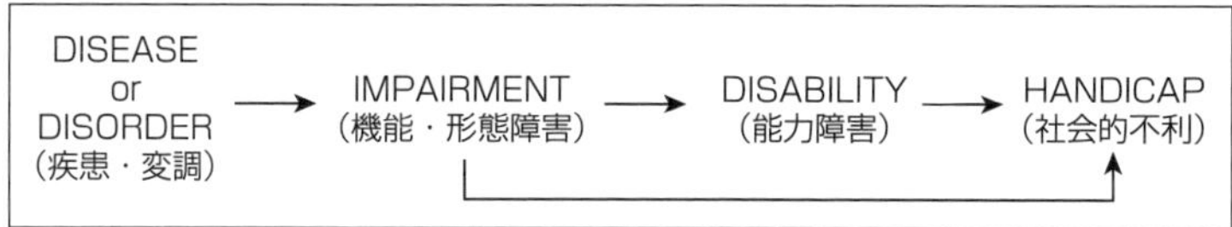

図Ⅱ-2 ICIDH(国際障害分類)モデル

側面は「機能障害」(impairment),「活動」の否定的側面は「活動制限」(activity limitation),「参加」の否定的側面は「参加制約」(participation restriction)です。ここで重要となるのは,ICF は,否定的な側面の「障害」ではなく,肯定的な側面の「生活機能」に注目するということです。つまり,否定的側面をなくすことではなく,潜在能力・残存機能といった肯定的側面を引き出したり,否定的側面を減少して,生活機能を向上させることを主眼に置きます。

ICIDH[2]では矢印が一方向であった(図Ⅱ-2)のと対照的に,ICF では生活機能を構成する「心身機能・身体構造」「活動」「参加」との間が双方向の矢印で結ばれます。また,「環境因子」「個人因子」も生活機能を構成する各要素と双方向の矢印で結ばれます。つまり,ICF ではその構成する各要素が影響しあっている,相互作用モデルです。

❍コーディング

ICF は,各構成要素が共通の特性(例えば,起源,タイプ,類似性)別に系統的にグループ化され,その最初のローマ文字と数字を組み合わせてコーディングを行います。ローマ文字の b は心身機能,s は身体構造,d は活動/参加,e は環境因子を示します。これらの文字の後には,第1レベル(1桁),第2レベル(2桁),第3・第4レベル(各1桁)と続きますが,第4レベルまで用いるのはリハビリテーションのような専門的なサービス場面であって,調査や実践レベルでは第2レベルまでの表記とします。小数点以下は健康のレベルの大きさを示す評価点で,例えば,0(問題なし),1(軽度の問題),2(中等度の問題),3(重度の問題),4(完全な問題)というように用います。

例)d5101._1:その人の現在の環境において利用可能な補助用具を使用して,全身入浴に軽度の困難がある

2 ICF の活用

ICF は,障害者に限らず,すべての人の健康状態に関連した状況を記述することができます。つまり,人が「生きることの全体像についての共通言語」[3]ということができるでしょう。このため,障害領域に限らず,高齢者ケアやリハビリテーション,看護の領域でアセスメントやプランニングの基礎的なモデルとして活用が図られています。他にも,調査・研究,障害統計,専門家の教育・研修にも用いられます。 (大村美保)

▶2 **ICIDH (International Classification of Impairments, Disabilities and Handicaps:国際障害分類)**
国際疾病分類(ICD)の補助分類として WHO が1980年に発表したもの。「機能・形態障害」から「能力障害」,「社会的不利」へと一方向の矢印で結ばれ,因果論的であるとの批判や誤解を受け,その問題点を克服する形で ICF へと改定された。

▶3 上田敏『ICF の理解と活用』萌文社,2005年。

参考文献

『国際生活機能分類——国際障害分類改訂版』(日本語版)中央法規出版,2002年。

上田敏『ICF の理解と活用』萌文社,2005年。
ICF の歴史やモデルの説明,目的,使い方等,平易な文章でわかりやすく解説している。初心者向けテキストとして最適。

身体障害

1 身体障害の法的定義

身体障害については，1949年に制定された**身体障害者福祉法**[1]において，その種類が規定されています。具体的には，同法の別表に，視覚障害，聴覚又は平衡機能の障害，音声機能・言語機能又はそしゃく機能の障害，肢体不自由，心臓・腎臓又は呼吸器の機能の障害，その他政令で定める障害について定められており，これらを総称して身体障害と言います。

1967年の身体障害者福祉法の改正において，身体障害の範囲に心臓および呼吸器の障害が追加され，内部障害が身体障害に含められるようになりました。1984年の改正においては，膀胱又は直腸の機能障害が政令で指定され，それまで音声機能又は言語機能の障害の一部として扱われていたそしゃく機能の障害がその名称に加えられました。また，1986年の改正では，小腸の機能の障害が身体障害に含まれるようになり，1998年の改正では，ヒト免疫不全ウイルス（HIV）による免疫機能の障害が内部障害として身体障害に追加されました。

▶1　**身体障害者福祉法**
身体障害者の自立と社会経済活動への参加を促進するために，身体障害者を援助し，必要に応じて保護することで，その福祉の増進を図ることを目的とする法律。

2 身体障害者の法的定義

身体障害者福祉法第４条において身体障害者の定義が示されています。それによると，「この法律において，『身体障害者』とは，別表に掲げる身体上の障害がある18歳以上の者であって，都道府県知事から**身体障害者手帳**[2]の交付を受けたものをいう」とされています。このように，身体障害者とは前述の身体障害を有する18歳以上で，かつ身体障害者手帳を有するものということになります。

なお，身体障害者福祉法における身体障害者の定義について，当初は，「この法律において，「身体障害者」とは，別表に掲げる身体上の障害がある職業能力が損傷されている18歳以上の者であって，都道府県知事から身体障害者手帳の交付を受けたものをいう」とされていましたが，1951年の身体障害者福祉法の改正において，「職業能力が損傷されている」という文言が削除されました。

▶2　**身体障害者手帳**
身体障害者福祉法に定める身体上の障害がある者に対して，都道府県知事，指定都市市長又は中核市市長が交付する手帳。障害の程度によって１級から６級にわかれる。

3 身体障害者の数

『障害者白書（令和元年版）』によると，日本における身体障害者の数は419万４千人とされています[3]（18歳未満を除く）。そしてそのうち，施設入所者は６万９千人（1.7%）とされており，在宅生活者は412万５千人（98.3%）とされてい

▶3　内閣府『障害者白書（令和元年版）』2019年，233頁。

ます。[4] また，身体障害者のうち65歳以上が311万３千人（75.4％），70歳以上が260万３千人（63.1％）とされています。[5]

このことから，高齢期以前に身体的に障害を負った人の高齢化が進んでいることと，高齢に伴い身体的に障害を負う人の数が増えていることの両方が考えられますが，いずれにしても，この身体障害者の高齢化率は上昇傾向にあります（図Ⅱ-３）。

4 機能障害と社会的障壁

2006年に国際連合において採択され，2014年に日本が批准書を寄託した障害者の権利に関する条約では，その前文に障害について，「機能障害を有する者とこれらの者に対する態度及び環境による障壁との間の相互作用であって，これらの者が他の者との平等を基礎として社会に完全かつ効果的に参加することを妨げるものによって生じる」と定義されています。

また，2011年に改正された障害者基本法において，その第２条１項に障害者の定義について，「身体障害，知的障害，精神障害（発達障害を含む）その他の心身の機能の障害（以下，「障害」と総称する）がある者であって，障害及び社会的障壁により継続的に日常生活又は社会生活に相当な制限を受ける状態にあるものをいう」とされています。

このように，現在では障害とは**機能障害**[6]とともに**社会的障壁**[7]によって生じうるものであるということが示されています。そのため，身体障害をとらえる際には前述のような機能障害に目を向けるとともに，社会的障壁に目を向ける**社会モデル**[8]の視点を持つことが必要になります。（森地　徹）

▶4　▶2と同じ。

▶5　厚生労働省『平成28年生活のしづらさなどに関する調査（全国在宅障害児・者等実態調査結果，３項）』

▶6　**機能障害**
著しい変異や喪失といった，心身機能または身体構造上の問題。

▶7　**社会的障壁**
障害がある者にとって，日常生活又は社会生活を営む上で障壁となるような社会における事物，制度，慣行，観念その他一切のものを指す。

▶8　**社会モデル**
障害を主として社会によって作り出された問題とみなす障害のとらえ方。

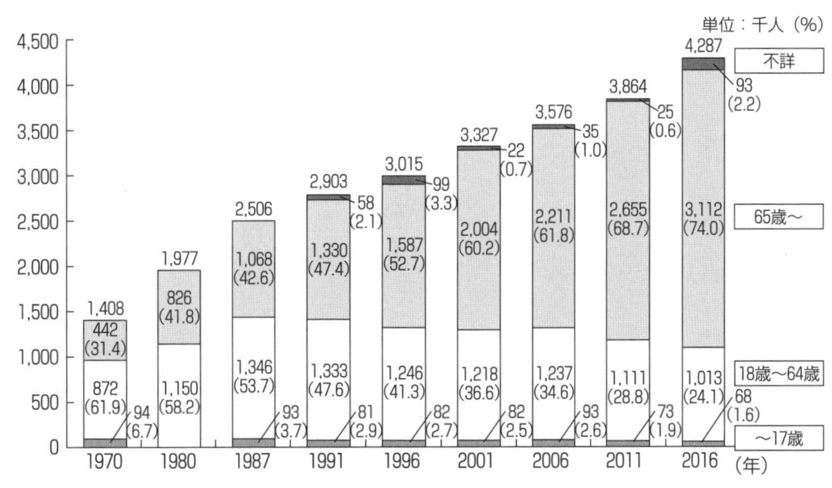

図Ⅱ-３　身体障害者の年次別年齢割合（在宅）

注：1980年は身体障害児（０～17歳）に係る調査を行っていない。
資料：厚生労働省「身体障害児・者実態調査」（～平成18年），厚生労働省「生活のしづらさなどに関する調査」（2011年）。
出所：内閣府『障害者白書（令和元年版）』2019年，335頁。

知的障害

1 知的障害の定義

まず，国際的な知的障害の定義を確認してみましょう。世界保健機関（WHO）によって作成されている国際疾病分類（ICD）は，診断基準と疾病に関する統計把握において，各国へ共通の指針を提供するものです。現在，公表されているICD-10[1]によれば，知的障害とは「精神の発達停止あるいは発達不全の状態であり，発達期に明らかになる全体的な知能水準に寄与する能力，たとえば認知，言語，運動および社会的能力の障害によって特徴づけられる」とされています。また，診断のガイドラインとして，「知能は単一の特性ではなく，多くの異なった多少なりとも特殊な能力に基づいて評価される」とし，「知的水準の評価は臨床所見（個人の文化的背景から判断された）適応行動および心理測定テスト所見を含め，入手できる情報のすべてに基づいて行うべきである」としています。このような限度を踏まえ，適切に標準化されたIQ検査が用いられることを仮定とし，軽度の知的障害（IQ50～69），中度の知的障害（IQ35～49），重度の知的障害（IQ20～34），最重度の知的障害（IQ20未満）という障害の程度についても示しています。

2 日本の知的障害の定義

日本では身体障害や精神障害については，身体障害者福祉法，精神保健福祉法において，それぞれ定義が規定されています。しかし，**知的障害者福祉法**[2]には知的障害の定義が規定されていません。それでは，厚生労働省は全国の知的障害児者数について何を根拠に示しているのでしょうか。

全国の知的障害児者数は厚生労働省が実施した平成23年**生活のしづらさなどに関する調査**[3]（全国在宅障害児・者等実態調査）の結果により推計されています[4]。この調査では，知的障害児者については，療育手帳所持者という表記をしていることから，療育手帳を所持していることを知的障害児者としていることが分かります。しかし，この根拠になる療育手帳制度について規定している「療育手帳制度について」（昭和48年９月27日厚生省発児第156号）においても，明確な知的障害の定義はされていません。

▶1　融道男・中根充文・小見山実他監訳／WHO編『ICD-10　精神および行動の障害　臨床記述と診断のガイドライン』医学書院，2005年，235～241頁。

▶2　**知的障害者福祉法**
知的障害者福祉法は1960（昭和35）年に施行された法律である。当時は精神薄弱者福祉法という名称であったが，精神薄弱という表現が人格全般に障害があるといった誤った理解につながるなどの理由から名称が変更された。知的障害者福祉法には，法の目的や市町村，知的障害者更生相談所といった実施機関等に関して定めている。

▶3　**生活のしづらさなどに関する調査**
今まで，在宅の障害児・者等の生活実態については，障害種別を限定し，身体障害児・者実態調査及び知的障害児（者）基礎調査の２つが行われていた。2011年からは上記の２つの障害に加え，「精神障害者保健福祉手帳所持者」及び「障害者手帳は所持していないが，長引く病気やけが等により，日常生活にしづらさを感じている者」も対象として実態を調査している。

▶4　厚生労働省「平成23年生活のしづらさなどに関する調査（全国在宅障害児・者等実態調査）」2013年。

3 知的障害児者数と年齢の内訳

先に紹介した生活のしづらさなどに関する調査結果と社会福祉施設等調査の結果より，入所施設で生活する知的障害児者が11万９千人，入所施設以外で生活する知的障害児者が62万２千人，合わせて74万１千人が知的障害児者と推計されています。

この入所施設以外で生活する知的障害児者の年齢内訳を示したのが図Ⅱ-4になります。日本全体の年齢分布と比べ，療育手帳所持者の特徴は，10歳代，20歳代，30歳代が多いこと，50歳以降，特に65歳以降の人が少ないことが分かります。65歳以上の知的障害者数が少ない理由としては，療育手帳制度そのものが1973年にできた制度であり，現在，65歳の人はその当時すでに成人だったと考えられ，社会で生活している人には手帳取得のメリットが感じられなかったためと考えられます。また，30歳代が多い理由としては，1979年の養護学校義務化，10歳代，20歳代が多い理由としては，2007年の特別支援教育の法制化が影響していると推測されます。このように，療育手帳は必ずしも全ての知的障害のある人に行き渡っているとは言い難いのが現状です。

4 今後の課題

このように，日本では制度的な要因から，知的障害のある全ての人を捕捉できているとは言えないのが現状です。実際，高齢期の知的障害者を把握する試みでは，厚生労働省が示す3.8倍の知的障害者が地域で療育手帳を所持せず，生活していると指摘されています[5]。すなわち，知的障害については，法的定義，手帳制度といった根本的な日本の制度について検討する場を設け，実態に合わせた制度を構築していくことが必要と言えます。 （相馬大祐）

▶5 谷口泰司「高齢知的障害者に対する地域支援を巡る諸課題——各種実態調査および地域支援諸施策の検証からの一考察」『発達障害研究』36（2），2014年，120～128頁。

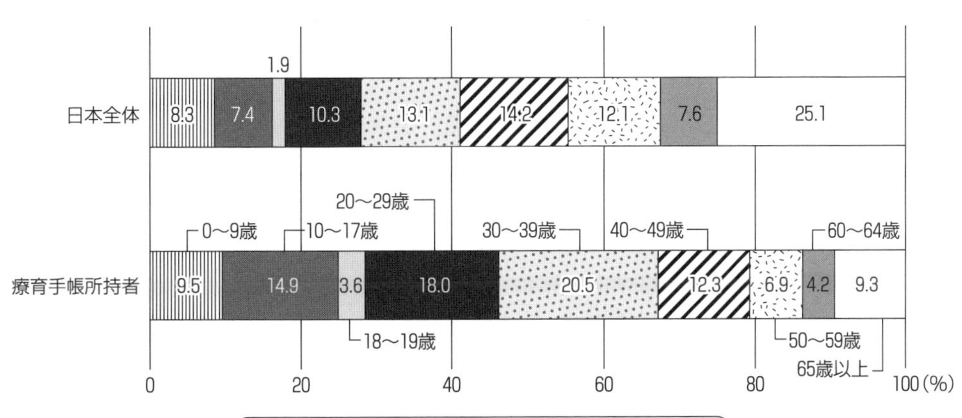

図Ⅱ-4 療育手帳所持者と日本全体の年齢の内訳

出所：日本全体は総務省（2014）「人口推計（平成25年10月1日現在）」。療育手帳所持者は厚生労働省（2013）「生活のしづらさなどに関する調査」。

発達障害

1 発達障害の定義

発達障害については，様々な定義があり，明確に定義が定まっていない現状にあります。最初に発達障害という言葉を使用したアメリカでは，「18歳以前に知的障害に近い神経学的状態にあり，その障害は恒久的にあるいは長期に継続するもの」とされ，知的障害，脳性まひ，てんかん，自閉症などの障害を含むものでした。

2 発達障害者支援法とその定義

日本では**発達障害者支援法**[1]が2005（平成17）年度より施行されています。この法律では発達障害とは，「自閉症，アスペルガー症候群その他の広汎性発達障害，学習障害，注意欠陥多動性障害その他これに類する脳機能の障害であってその症状が通常低年齢において発現するもの」（第２条）とされています。

このように，先に紹介したアメリカの定義とは異なることが分かります。これは，知的障害者福祉法，身体障害者福祉法によって，知的障害者，身体障害者が対象とされていたことで，これまでの法律の対象とされていなかった障害をカバーする目的があったためです。そのため，発達障害者支援法により定義されている障害は下記の図のようにまとめることができ，知的障害や身体障害が含まれていないことが特徴と言えます。次に，発達障害者支援法で定義されている発達障害の特徴について，具体的に説明します（図Ⅱ-５）。

▷１　**発達障害者支援法**
発達障害者支援法は本文にも述べられているが，発達障害の定義を定めた法律である。この他に，法の目的や基本理念等が謳われている。また，児童の早期発見や保育，教育，就労といった発達障害児，者への支援に関する様々な施策，発達障害者支援センター等の実施機関について定めている。

3 発達障害の具体的な内容

❍自閉症スペクトラム障害（自閉症，アスペルガー症候群等）

自閉症，アスペルガー症候群等からなる自閉症スペクトラムの特徴としては，下記の３つがあげられます。①視線が合わない，仲間をつくることができないなどの社会性の障害，②言葉が出ない，会話が続かないなどのコミュニケーションの障害，③同じことを繰り返す，こだわりがあるなどの想像力の障害。

❍学習障害

1999（平成11）年の文部省（現文部科学省）は「基本的には全般的な知的発達に遅れはないが，聞く，話す，読む，書く，計算する又は推論する能力のうち特定のものの習得と使用に著しい困難を示す様々な状態を指すもの」と学習障害を定義しています。このような学習障害はLD（Learning Disabilitiesの頭文字）とも呼ばれ，上記の障害に加え，社会性の困難さ，運動の困難さ，情緒面での困難さも抱えている場合が多い障害です。

❍注意欠如多動性障害

不注意（集中できない），多動性（じっとしていられない），衝動性（考えるよりも先に動く）が特徴的な障害です。このような注意欠陥多動性障害はADHD（Attention-Deficit Hyperactivity Disorderの頭文字）とも呼ばれています。

4 発達障害者への支援

発達障害はその基本にコミュニケーションなどの社会性の障害があるため，現代の社会においては様々な生活のしづらさもつ障害とも言えます。また，その生活のしづらさは外見からは分かりにくいため，誤解されやすい障害とも言うことができます。本人の障害の原因について，本人に意欲がない，努力が足りない，しつけが悪かったという理解でなく，周囲の無理解，誤解，偏見，差別，いじめ等により生活のしづらさが増幅していると捉えることが求められます。

また，発達障害者については，都道府県単位に発達障害者支援センターが設置されています。その業務としては，相談支援，発達支援，就労支援，普及啓発・研修の4つに分類することができます。（相馬大祐）

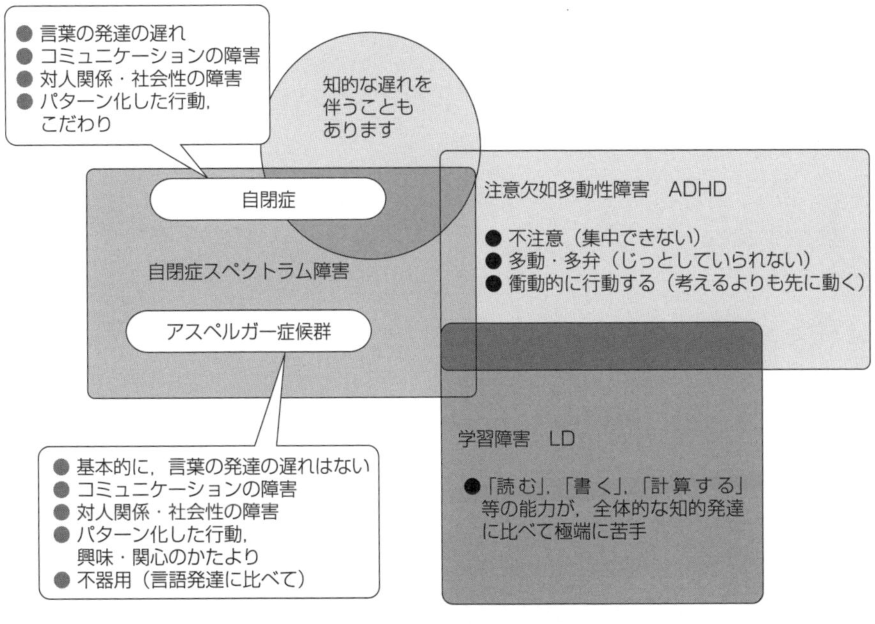

図Ⅱ-5 それぞれの障害の特性

出所：厚生労働省『発達障害の理解のために』2008年を一部改変。

精神障害

1 「精神障害者」の定義にみる精神障害の見方

精神障害者の場合，その精神疾患や精神障害は，直接目に見えるものでも，触ってわかるものでもなく，どのような精神状態なのかは，その人の言葉や行動から推測せざるをえないという特性があります。精神障害は「障害」という言葉を用いていますが，法的には「疾患」を指していたため，精神障害者は医療の対象でしかなく，福祉の対象としての「障害者」ではなかった長い歴史があります。この見方の変換に大きく寄与したのが，1981年に蜂矢英彦が提示した障害モデルです。今まで医療の対象ととらえられてきた精神障害者に対して，「疾病と障害の共存」という特性を提唱しました[1]。これにより，精神障害者は医療の対象でもあり，かつ，福祉の対象としてみなされるようになりました。そして，1993年の障害者基本法では，精神障害者がはじめて法的に「障害者」と明記されました。２年後の1995年には精神保健法が**精神保健及び精神障害者福祉に関する法律**[2]に改正され，法律の中に福祉の概念が導入されました。しかし，2005年の法律改正においても，精神障害者は，「統合失調症，精神作用物質による急性中毒又はその依存症，知的障害，精神病質その他の精神疾患を有する者をいう」と定義されており，未だ精神疾患の総称としてとらえられているにすぎません。一方障害者基本法の一部が改正され（2011年８月５日公布），障害者の定義は「身体障害，知的障害，精神障害（発達障害を含む），その他の心身の機能の障害がある者であって障害及び社会的障壁により健康的に日常生活，社会生活に相当な制限を受ける状態にあるもの」とされ，「**社会的障壁**[3]」が明記されました。

▶1　蜂矢英彦「精神障害者試論——精神科リハビリテーションの現場からの一提言」『臨床精神医学』10，1981年，1653～1661頁。

▶2　**精神保健及び精神障害者福祉に関する法律**
1993年に成立した障害者基本法に精神障害者が障害者と位置づけられたことに伴い，1995年に「精神保健及び精神障害者に関する法律」が成立し，その後，1999年，2010年，2013年の改正を経て現行に至る。法の目的には，①精神障害者の医療及び保護，②精神障害者の社会復帰の促進及びその自立と社会経済活動への参加の促進，③精神障害の発生の予防その他の国民の精神的健康の保持及び増進という施策によって，「精神障害者の福祉の増進」と「国民の精神保健の向上」が掲げられている。具体的には「精神保健福祉センター（第二章）」「地方精神保健審議会及び精神医療審査会（第三章）」「精神保健指定医，登録研修機関，精神科病院及び精神科救急医療体制（第四章）」「医療及び保護（第五章）」「保健及び福祉（第六章）」「精神障害者社会復帰センター（第七章）」「雑則（第八章）」「罰則（第九章）」が規定されている。

2 精神障害の特性

精神障害の特性として，①疾患と障害が共存する（疾患と障害の共存），②障害はそれぞれ独立して存在する（相対的独立性），③障害は相互に影響する（相互の影響性），④障害は環境の影響によって変化する（環境との相互作用），⑤機能障害も固定されたものではない（障害の可逆性），⑥可視化が困難である（可視化が困難）といった特性があります。加えて，先の蜂矢は，精神障害の特性として，能力障害（活動の制限）はなくても，疾病を患ったという経験があるだけで，社会的不利（参加の制約）をうけると指摘しています。

3 精神障害の構造

国際生活機能分類[4]（ICF：International Classification of Functioning Disability and Health）に基づき，構造的観点から，精神障害者（主に，**統合失調症**[5]に罹患した人の場合）の精神障害についてみていきます。

❍健康状態／変調・疾病

主として，脳の神経伝達物質による機能の失調があり，統合失調症，躁うつ病，認知症などの一部の症状として現れます。

❍身体機能・構造／機能障害（Body function & Structure／Impairment）

野中猛[6]は，機能障害の本態に認知行動過程の障害を挙げ，知覚段階の障害（フィルター障害と呼ばれ，求める刺激を強調して他の刺激を抑制する機能が障害されると，攪乱刺激で混乱しやすくなる），状況認知や手順の想定の障害（今ある状況の理解が難しくなるため，作業手順の遂行が困難となる），自己監視の障害（内面からの刺激と外界からの刺激が判別しがたく，作為体験や幻聴ととらえてしまうことがある），作業記憶の障害（まとまった活動の遂行に必要な作業が困難となる）などがあります。その他の機能障害の特徴として，機能障害が固定していないことや，ある特定の機能障害がそれ特有の「活動の制限」や「参加の制約」につながる一対一の関係にないこともあります。さらに，機能障害として，抗精神病薬などの服用による副作用や精神疾患の治療過程における身体の機能低下も含まれます。

❍活動／活動の制限（Activity／Activity Limitation）

活動の制限は，従来の障害分類における能力障害に相当するもので，個人の活動レベルにおける障害です。ここでは，代表的な例をあげておきます。

先述の蜂矢英彦[7]は能力障害の「能力」として，社会生活能力・対人関係能力・作業能力をあげています。また，臺弘（うてなひろし）[8]は能力障害を「生活のしづらさ」とし，「1．食事，金銭，服装，服薬管理，社会資源の利用などの面での生活技術の不得手，2．対人関係での問題と尊大と卑下がからんだ孤立，3．仕事での技術の習得，手順，要領の悪さなどの問題，4．安定性と持続性の問題，5．生き甲斐の喪失など」をあげています。また，精神障害者の活動の制限（能力障害）も機能障害同様，固定しておらず，状況によってはまったく違う様相を呈する場合もあります。さらに，精神疾患は思春期・青年期に発症しやすい疾患ですが，ライフイベントの多い時期に発症するとそれらの社会経験の不足や未経験から生じる二次的な生活上の困難を抱えることになります。

❍参加／参加の制約（Participation／Participation restriction）

参加の制約は，従来の障害分類における社会的不利に相当するもので，個人の社会レベルにおける障害です。精神障害者の場合は，就学，就労，人づきあい，余暇活動，買い物などの社会生活上の参加において制約されることがあります。

▶3 **社会的障壁**
障害者基本法第2条では，「障害がある者にとって日常生活又は社会生活を営む上で障壁となるような事物，制度，慣行，観念その他の一切のものをいう」と定義されている。

▶4 **国際生活機能分類（ICF）**
正式名称は「生活機能・障害・健康の国際分類」。2001年5月の第54回国際保健会議（WHO総会）で国際障害分類（ICIDH）の改定版として採択された。
詳しくは，⇨Ⅱ-2参照。

▶5 **統合失調症**
2002年8月の日本精神神経学会の総会で従来の「精神分裂症」の名称の変更がなされた。法的には，2005年の精神保健福祉法の改正時に呼称の変更が行われた。

▶6 野中猛『精神障害リハビリテーション』中央法規出版，2003年，32-37頁。

▶7 蜂矢英彦「精神障害における障害概念の検討――リハビリテーションを進める立場から」『障害者問題研究』44，1986年，9～22頁。

▶8 臺弘「生活療法の復権」『精神医学』26，1984年，803～814頁。

以上の３つの障害は相互に影響しあっており，精神障害者の場合はこれらの障害が疾病に影響するところに特性があるといえます。

次に，上記の障害に影響を及ぼす背景因子である個人因子（personal factors）と環境因子（environmental factors）についてみておきます。

個人因子には，性別，年齢，人種，教育歴，職業歴，経験，生活習慣，病気の経過などがあります。精神障害者の場合は，思春期に発病することが多く，発病前の就学・就労や社会生活経験の有無といったライフサイクル上の課題を抱えることもあります。また，国際生活機能分類には位置づけられていませんが，**主観的障害**[9]として「体験としての障害」があります。精神障害を患った本人自身はその障害をみることも触れることもできず，活動の制限や参加の制約により心に傷を負うことがあります。主観的障害があると，障害を受容することが難しくなり，治療を遅らせる一因になります。

環境因子には，社会的環境，物理的環境，態度的環境があります。まず，社会的環境とは，サービス・制度・政策など個人の社会参加に影響を与えるものがあります。社会的環境では，「欠格条項」が精神障害者の社会参加に大きな障害となっていました。『障害者白書（平成12年度版）』によると，欠格条項とは「資格・免許制度等において障害があることを理由に資格・免許等の付与を制限したり，障害のある人に特定の業務への従事やサービスの利用などを制限・禁止する法令の規定[10]」と明記されています。たとえば，精神保健法（1987年，精神衛生法の改正）以前まで，精神障害者には公衆浴場の利用規定がありました。また，1992年の精神保健法改正では，栄養士，調理師，製菓衛生士等が，さらに，精神保健及び精神障害者福祉に関する法律（1995年，精神保健法の改正）の成立時には，理容師，美容師が絶対的欠格事由から相対的欠格事由へ緩和されました。精神障害者の人権擁護や社会参加を促進する観点から，欠格条項を見直す動きがみられました。もう一つの環境因子として態度的環境があります。精神障害者の態度的環境の代表的なものに偏見があります。偏見は差別につながる危険性があり，精神障害者の社会参加を阻む要因になります。精神障害者本人や家族の内なる偏見は社会から孤立する状況を招くことになります。

これらの個人因子や環境因子が各々の障害やその障害の程度に影響することも精神障害者の特性といえます。

4　精神障害者福祉の観点から

精神障害者の障害特性の理解は，精神障害をもつ人の生活支援における実践場面において，よりよい支援に変えていくために必要なことといえます。

一人の人間としてトータルに観ることの大切さ

精神障害者の場合，疾病と障害を併せもつという特性がありますが，それらはその人の一部であり，その他の部分は健康的な部分といえます。健康的な部

▶９　**主観的障害**
上田敏は，ICF モデルを基に，「障害体験」を「主観的体験」の中に位置づけている。そして，障害者が真に自立して生きるためには，客観的な社会的自立と精神的自立が必要であり，後者の自立がなければ自己決定権を行使することはできないと述べている。上田敏『ICF（国際生活機能分類）の理論と活用』きょうされん，2005年，62頁。

▶10　総理府内閣総理大臣官房内政審議室編『障害者白書（平成12年度版）』大蔵省印刷局，2000年，190頁。

表Ⅱ-1 各障害におけるアプローチの例

精神症状	—	心理・治療的アプローチ（薬物療法・精神療法など）
機能障害	—	心理・治療的アプローチ（薬物療法・精神療法など）
活動の制限	—	リハビリテーションアプローチ（心理療法・作業療法など）
参加の制約	—	社会福祉的アプローチ（社会的支援など）
環境因子	—	環境改善（物理的・制度的・意識的環境の改善など）
個人因子	—	経験の機会拡大，得意分野の発揮

出所：筆者作成。

分とは個々人の持ち味と言えるものであり，その人の性質，得意分野，関心事，環境などのストレングスを意味します。近年，精神保健福祉領域をはじめ，他の障害領域にも，個々人の持ち味を活用したストレングスモデルに基づく実践がみられるようになってきました。このように，精神障害の構造や階層性を理解し，障害者を一人の生活者としてトータルにみる重要性や健康的な部分の拡大に対する援助の必要性を強調することができます。

❍チームで関わることの大切さ

精神障害者の障害特性を構造的にとらえることで，チームで関わることの必要性が理解できます（表Ⅱ-1）。たとえば，疾病・機能障害には心理・治療的アプローチ，活動の制限にはリハビリテーションアプローチ，参加の制約には社会福祉的アプローチが対応します。精神障害者の場合，各障害の要素が相互に影響しあっており，かつ，それぞれが独立しているという特性があります。たとえば，社会生活技能訓練により個人レベルの活動を拡大することで，機能障害が軽減し，社会参加が促進され，病状が消褪することが多くあります。つまり，いずれのアプローチも単独で実施するよりも，総合的に一体的に行われることで，より高い効果が望まれます。

❍環境因子に着目することの大切さ

先述のように，精神障害者の場合，個々人の環境因子がその人の障害程度に影響するという障害特性があります。そのため，精神障害をもつ個々人を取り巻く環境の改善は重要視すべきものといえます。たとえば，精神障害者に関する欠格事由の撤廃（制度的環境）や，的確な情報の入手経路の開発（情報的環境），一般市民の精神障害者に対する偏見の低減（意識的環境）などがあります。このような環境の改善は精神障害者の社会参加を促進し，個々人の活動レベルの向上とともに，機能障害の軽減，ひいては精神症状の消褪をもたらす可能性が生まれてくるといえます。（栄セツコ）

7 難 病

▶1 薬害スモン
整腸剤キノホルムの薬害によって生じた病気であり，日本では1960年代後半に多発をした。薬害の中では患者（被害者）数の多いものとして有名で，視神経，脊髄，末梢神経などが侵されて，さまざまな症状を生み出す。

1 難病対策の起こりと内容

難病対策の起こりは，1967年から1968年にかけて多発した**薬害スモン**[▶1]問題にさかのぼることができます。スモン病は最初感染症と疑われましたが，その後，キノホルム製剤の副作用による薬害であることが判明しました。1970年には国会でスモン患者の救済策が提案され，これが1972年の厚生省「難病対策要綱」の基本になりました。難病対策要綱で，難病とは，「①原因不明，治療法未確立であり，かつ，後遺症を残すおそれが少なくない疾病，②経過が慢性にわたり，単に経済的な問題のみならず介護等に著しく人手を要するため家庭の負担が重く，また精神的にも負担の大きい疾病」の２つを難病の定義としています。

この制度ができた1972年では，スモン病を含めて４種類の疾病が対象にされましたが，その後，医療費助成のある治療研究対象疾病（特定疾患治療研究事業）は増加し，2012年では，56疾病です。また，臨床調査研究分野の疾患は130疾患です。対策の柱としては，難病研究の推進，医療機関の整備，医療費自己負担の軽減の３つが重要ですが，その後，地域における保健医療福祉の拡充，QOL（生活の質）の向上を目指した福祉施策の推進の２つが加わり，現在は５つの柱からなっています。５つの柱を予算配分でみると，そのかなりの部分が医療費の自己負担の軽減のために配分されています。

2013年に障害者自立支援法の改正法として施行された障害者総合支援法では難病をその制度の対象として位置づけました。その後，2014年には，難病患者に対する医療等に関する法律（以下，難病医療法）が成立し，2015年から施行しました。この法により，対象の難病は法施行以前の56疾病（特定疾患治療研究事業）から110疾病，2015年７月からは306疾病になりました。この見直しにより，大幅な追加もあったのですが，３疾病（スモン，劇症肝炎，重症性膵炎）は難病の指定からはずれました。なお，障害者総合支援法の対象となる疾病は，難病医療法の施行にともなって，追加と削除を行い，2019年７月には333疾病となりました。

2 難病対策の転換点

難病対策の見直し議論は1990年代に入って始まり，1995年には厚生省が最終報告書をまとめ，公表しました。この最終報告書の中で「QOLの向上を目指した福祉施策の推進」という柱が加わり，身体障害者福祉制度のうち，在宅福祉サービスの利用が可能になりました。他方，1993年の障害者基本法では，その附帯決議事項で，難病も身体障害として位置づけることになり，難病患者は障害者基本法のいう障害者に該当することになりました。

難病研究は難病対策要綱のもとで始まって，障害者総合支援法の対象となる2013年に至るまでかなりの時間がたっています。これまでの難病研究の内容をみると，医学的な原因究明や治療法の解明といった研究に加えて，難病患者がどのくらい日常生活に困難を抱えているのかといった生活上のニードの把握に関する調査研究もかなりなされています。その中では，特に高齢者福祉制度や障害者福祉制度利用の必要性を裏づけるものが多く，2013年になって初めて法的に障害者福祉に位置づけられた自体が問題と思われます。

3 難病対策の課題

障害者総合支援法の対象として難病が位置づけられたことは大変重要ですが，課題は残っています。**難病対策**[2]は医療制度の枠の中で対応されてきた課題があげられますが，もっと本質的には，わが国の障害者福祉の対象は，機能障害に基づいており，生活上の支障・困難といった生活上のニーズを中心に考えられてこなかったことがあげられます。これまで難病患者で福祉サービスを利用するためには，身体障害者福祉制度の対象になる必要があります。そのためには，身体障害者手帳を取得しなければなりませんが，これまでの身体障害者手帳の判定は，症状が固定しているなどの条件があり，症状が不安定で進行する難病患者に適応しにくい問題がありました。このような現行の福祉制度の改革をせずに，難病患者への福祉サービスを制度化することは，従来の障害者福祉制度と医療ニーズの高い難病患者を対象にした福祉制度とがそれぞれつながりのないまま２本だてになり，サービス利用者にとってはより複雑で使い勝手の悪い制度になります。

障害者総合支援法が障害者の生活ニーズの解決を目指すならば，現在の障害者福祉における障害の定義は障害者の生活ニーズに基づいたものではありません。障害の種類ではなく，障害から派生する生活上のニーズに焦点を当てた障害者の定義に基づいた福祉制度が作られるならば，難病といった疾患に基づいた福祉サービスという考えは成立しなくなり，生活上の支障の解決に真に必要な福祉サービスの開発にも貢献できます。このためには，ケアマネジメントによる生活ニーズに基づいたサービス提供が重要になります。ケアマネジメントに関しては本書IV-3，IV-4，IV-5で詳しくふれています。 （小澤 温）

▶2 **難病対策**
難病対策の具体的な内容は，本文で述べた５つの柱からなっているが，これまでの国の予算のほとんどが医療費補助（医療費自己負担の軽減）と医療機関の整備に費やされていることが示されている。難病医療法においても医療費助成制度が中心であり，それに加えて調査・研究の指定，療養生活環境整備事業が行われている。

8 高次脳機能障害

1 高次脳機能障害とはどのような障害か

近年，救急医療の進歩や早期からのリハビリテーションの実施により，脳に損傷を受けても，救命され，後遺症として高次脳機能障害を抱えながら，家庭や社会に復帰する人が増えています。

高次脳機能障害とは，交通事故などによる外傷性脳損傷，くも膜下出血などの脳血管疾患，脳腫瘍，脳炎などにより，脳に損傷を受けたことが原因で，言語，記憶，注意，自己認識などの高次の脳機能（認知機能）が障害され，日常生活や社会生活に制約が生じる障害の総称です。現在，わが国では，「高次脳機能障害」には2つの定義があり，一つは前述のように後天的な脳の損傷による認知機能の障害全般を指します（広義）。もう一つは，支援体制を確立するために行政的に定められたもので，**高次脳機能障害診断基準**[1]で示された記憶障害，注意障害，**遂行機能障害**[2]，**社会的行動障害**[3]を指します（狭義）。

▶1　**高次脳機能障害診断基準**
2004年に定められた診断基準。脳の器質的病変があること，認知障害が原因で生活に制約があることなど，主要症状や除外項目を満たした場合に，高次脳機能障害であると診断される。

▶2　**遂行機能障害**
物事を計画して，効率良く，順序通りに行うことの障害。具体的には，段取りや計画を立てることが難しい，物事の優先順位がつけられないなどの症状がある。

▶3　**社会的行動障害**
意欲，感情，社会性など行動面に表れる障害。具体的には，怒りっぽい，我慢ができない，やる気がないように見える，ささいなことにこだわる，人の気持ちがわからないなどの症状がある。

高次脳機能障害は，損傷を受けた脳の部位や重症度によって，現れる症状やその程度が異なり，多くの場合は複数の症状が重なり合っています。そのため，「高次脳機能障害者」と一口に言っても，その障害像は複雑で個人差が大きく，少し接しただけでは気づかれにくいため，周囲から障害を理解されにくいという特徴があります。

2 どのような問題があるのか

脳の損傷部位や程度により障害像はさまざまですが，脳に損傷を受けると疲れやすくなり（易疲労性），動作や反応が鈍くなります。言語の障害（失語）があるとコミュニケーションや情報へのアクセスが困難になります。記憶障害があると，新しいことが覚えにくく忘れやすくなります。些細なことで感情を爆発させる（社会的行動障害）と，良好な人間関係を築くことが難しくなります。また自分の障害を認識できないこともあります（病識低下）。障害そのものによる生活の困難さに加え，障害に対する理解が得られないことで二次的に心理的・社会的な問題が起こることがあります。

突然に激変した生活の中で，家族も問題を抱えています。以前とのギャップへの困惑や将来の不安など，家族はケアによって生じる負担以外にも，葛藤や孤立感を感じながら当事者を支えています。家族は最も身近な支援者であると

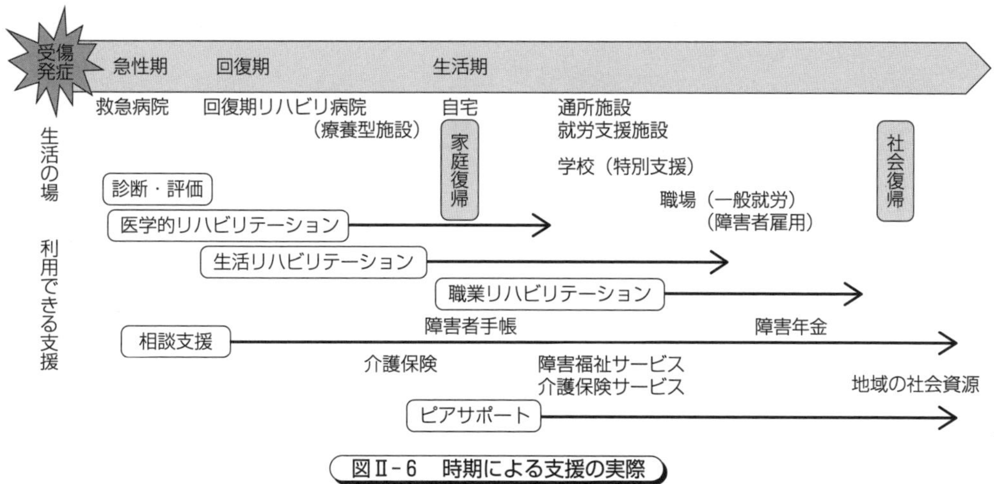

図Ⅱ-6 時期による支援の実際

出所：筆者作成。

同時に，支援を必要としている人でもあります。家族の障害への理解を促し，当事者を支える力をつけることが，当事者の安定した生活や社会適応に繋がるため，高次脳機能障害者の家族支援はとても重要です。

3 どのような支援があるのか

高次脳機能障害者は，一般的に発症から入院生活を経て，家庭復帰や社会復帰を目指すという経過をたどります。高次脳機能障害は，回復に伴い，または環境の変化によって，新たな問題が顕在化することがあるので，現状の問題への対応だけでなく，先を見通した助言や関わりが必要となってきます。年齢や障害の程度，目標によっても，支援ニーズや利用できるサービスは異なりますが，図Ⅱ-6のように，発症直後から社会復帰に至るまで，医療・福祉・教育・職業など多職種の専門家，ピア，地域社会が一体となって，高次脳機能障害者とその家族の支援を行っています。

4 現状の問題と今後の展望

かつては「制度の谷間」と言われていましたが，家族会の声に端を発し，国による支援事業が行われたことで，当事者や家族を取り巻く環境は，2000年代になり大きく変化してきました。診断基準が確立され，**障害者手帳**[4]の取得，**障害年金**[5]の受給，障害福祉サービスの利用が可能となりました。全国各地に支援拠点機関や支援コーディネーターが設置され，社会的認知も向上しつつあります。しかし，若年者の就労や自立，親亡き後の問題，高次脳機能障害のある小児への対応の不十分さが指摘されています。発症から社会復帰まで，継続した包括的な支援が提供され，当事者や家族が安心して地域で生活できる体制の整備が求められています。

（加藤裕子）

▷4 **障害者手帳**
高次脳機能障害は「器質性精神障害」として，精神障害者保健福祉手帳の対象となる。身体障害や失語が合併していれば身体障害者手帳，18歳未満の発症で知的障害があれば，療育手帳の対象となる。

▷5 **障害年金**
障害の程度や年金の支払い状況など一定の条件を満たす必要はあるが，高次脳機能障害は「器質性精神障害」として，障害年金の対象となる。

 重度重複障害，重症心身障害，全身性障害

 重度重複障害とは

一般に重複障害とは，視覚障害，聴覚障害，平衡機能の障害，音声・言語機能の障害，そしゃく機能の障害，肢体不自由，内部障害，知的障害，精神障害のうち，２つ以上の心身の障害を持っている状態を言います。このうち，重度重複障害については重度身体障害のように，明確な等級によって区別されているわけではありません。自傷や破壊行為等，常時介護を必要としている状態を重度重複障害と呼ぶことがあります。

2 重症心身障害とは

重度重複障害の代表例として，重症心身障害があげられます。重症心身障害については，「自分で体を動かすことができない重度の肢体不自由と，年齢に相応した知的発達が見られない重度の知的発達障害を併せ持った状態」と言えます。[1] より具体的な基準としては，1968年に当時東京都立府中療育センター院長だった大島一良が作成した「大島の分類」と呼ばれる分類基準があげられます。図Ⅱ-７のグレーで色付けられている１，２，３，４の範囲に入る者が重症心身障害児者とされました。愛知県における出生頻度は0.0368％とされ，全国の重症心身障害児者数は４万7030人と推計されています。[2]

重症心身障害児者への支援は，1950年代後半に小林提樹らによる問題提起が契機とされています。1950年当時，出生後，長期的な入院を続けざるを得ない重症心身障害のある乳幼児は，一般の精神科病院へやむを得なく転院されていました。そこで，退院後の支援策の必要性から，1961年には重症心身障害児者

▷１　社会福祉法人全国重症心身障害児（者）を守る会『初めて重症児を持つ親へのガイドブック』2009年。

▷２　岡田喜篤監修『新版重症心身障害療育マニュアル』医歯薬出版，2015年。

運動機能＼知能（ＩＱ）	走れる	歩ける	歩行障害	坐れる	寝たきり
境界（80〜70）	21	22	23	24	25
軽度（70〜50）	20	13	14	15	16
中度（50〜35）	19	12	7	8	9
重度（35〜20）	18	11	6	3	4
最重度（20〜）	17	10	5	2	1

図Ⅱ-７　大島の分類

出所：東京都立府中療育センターホームページ「大島分類とは」（www.fukushihoken.metro.tokyo.jp/fuchuryo/kyakuchu/osima.html）。

を対象にした入所施設，島田療育園が開設されました。その後，措置時代から支援費制度導入までに，重度の知的障害および重度の肢体不自由が重複している児童を入所させて保護し，治療や指導を行う「重症心身障害児施設」，国立療養所における「重症心身障害児委託病棟」などが整備されました。その後，年の児童福祉法改正によって，「重症心身障害児施設」は「障害児入所支援」に変更となりました。また，2006年の障害者自立支援法施行によって，それまで「重症心身障害児施設」での対応が認められていた18歳以上の重症心身障害者については，障害者自立支援法の対象となり，昼間は療養介護等，夜間は施設入所支援にて対応することになりました。この点については，障害者総合支援法でも継続されています。そして，施設（国立療養所含む）で生活している人は１万4609人（31.1%），自宅で生活している人は３万2421人（68.9%）と推計されています。[3]

▶3 ▶2と同じ。

3 全身性障害とは

文字通り，下半身だけ，または上半身だけに障害があるのではなく，上下肢，または体幹機能に障害のある人のことを全身性障害者と呼ぶことがあります。原因は様々ですが，代表的には脳性まひ，脊髄損傷，頸椎損傷，進行性筋萎縮症，筋ジストロフィーの人々が当てはまります。

全身性障害者の生活実態として，例えば，地域で生活している頸椎損傷の人の同居家族を確認してみましょう。同居家族で最も多いのが配偶者，子どものいずれかあるいは全員と同居している者が44.6%，次いで，祖父母，親，きょうだいのいずれかあるいは全員と同居している者が31.2%と多い傾向にあり，１人で生活している人は13.9%という結果が示されています。しかし，地方と都市部で一人暮らしの者の割合が異なるなど（図Ⅱ-8），地域の資源によって，生活形態が異なることが推測されます。

（相馬大祐）

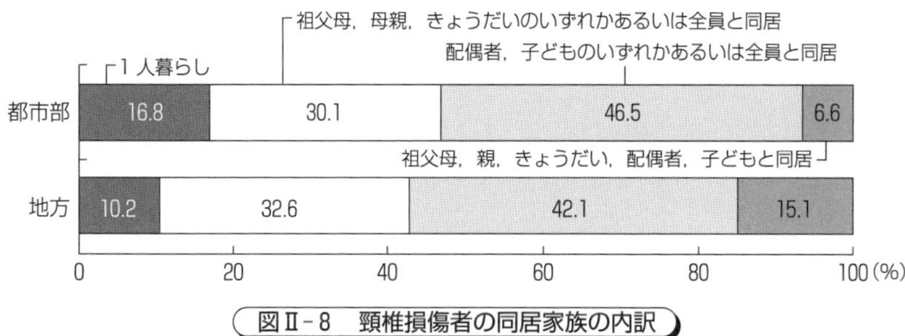

図Ⅱ-8 頸椎損傷者の同居家族の内訳

出所：全国頸椎損傷者連絡会『頸損解体新書2010』2010年。

早期発見，障害児スクリーニングの意義と倫理

障害の予防，早期発見とその意義と倫理的課題

○妊娠とともに

障害の予防，早期発見は図II-9に示したように，妊娠した段階から行われています。妊娠中の糖尿病，貧血，妊娠中毒症などの合併症は，周産期死亡の危険性や未熟児，心身障害の発生原因となる場合があるからです。妊娠した女性は，妊娠の前半期と後半期に，病院で健康診査を無料で受けられ，必要に応じて精密検査が行われています。また，希望により出生前診断（**超音波診断**[1]，**羊水検査**[2]，**絨**(じゅう)**毛**(もう)**検査**[3]，**母体血清のトリプルマーカーテスト**[4]）を受けることもできます。出生前診断は赤ちゃんが生まれる前に，どのような病気や奇形をもっているかを調べる診断技術です。しかし，検査法によっては母体への影響が心配されるものがあったり，障害のある赤ちゃんを排除する危険性が潜んでおり，倫理面での問題があります。また，検査実施時のインフォームド・コンセント，個人の遺伝情報の保護や検査前後の遺伝カウンセリングなど慎重に検討すべき課題が残されています。欧米ではこの技術を利用して，妊娠7～8か月の段階で，脊椎分離症の手術を行い，出生後の障害を軽減するための治療も一部でなされています。

○出生直後からのスクリーニング

出生後すぐに行われるスクリーニングに先天性代謝異常症の検査があります。先天性代謝異常症はおよそ200種類あるといわれていますが，そのうち早期に発見して治療を開始すれば障害を予防できるものもあり，**新生児を対象にしたマススクリーニング**[5]が1977年から全国的に開始されています。小説家のパール・バックは，わが子の障害が先天性であること，早期に治療がなされたらもう少し障害が軽かったであろうことを『母よ嘆くなかれ』の中に書いていますが，マススクリーニングがなされていない時代の限界性を浮き彫りにしています。現在，先天性代謝異常症の治療法が確立したものは，すべての新生児を対象にマススクリーニングが行われ，早期発見，早期治療（小児慢性特定疾患治療研究事業や乳幼児医療費助成事業）によって，知的障害や身体障害の発生予防がなされるようになりました。また，出生直後に早期治療を開始し，障害を除去・軽減するために，**自立支援医療**[6]の給付が行われ，先天性の臓器障害や後天性の心臓機能障害，整形外科疾患などの治療に対する公費負担を行っています。

▶1 **超音波診断**
超音波を母親のおなかにあて，赤ちゃんの状態を画面でみる方法。奇形，水腫，頭蓋内出血の有無を早期に発見できる。

▶2 **羊水検査**
おなかに細い針を刺して，羊水を取り，化学成分を調べ，血液型不適合や神経管閉鎖不全症，代謝病を診断できる。検査後まれに，羊水がもれたり，異常な出血がおこる場合がある。

▶3 **絨毛検査**
膣から胎盤の絨毛（赤ちゃんの細胞由来）組織を取り，染色体や遺伝子の異常，代謝病の診断をする。

▶4 **母体血清のトリプルマーカーテスト**
母親から採血し，血液中のα-フェトプロテイン（胎児性蛋白），ヒト絨毛性性腺刺激ホルモン，エストリオールの3種の化学的成分を測り，母親の年齢，妊娠週数，家族歴などをあわせ，統計的に算定する。ダウン症，18トリソミー，神経管閉鎖不全症の可能性を知ることができる。

▶5 **新生児対象のマススクリーニング**
フェニールケトン尿症，楓糖尿病，ホモシスチン尿症，ヒスチジン血症，ガラクトース血症などの先天性代謝異常症，先天性甲状腺機能低下症（クレチン病），神経芽細胞腫の検査が行われている。

未熟児[▷7]は，生理的に未熟なまま出生し，死亡率も高く，心身障害を残す可能性も高いため，すみやかに適切な処置が取れるよう，新生児集中管理室（NICU）や母体・胎児集中治療管理室，ドクターカーや周産期医療ネットワークの整備の促進が図られています。また治療費負担軽減のための未熟児養育医療制度が設けられています。さらに，各都道府県に総合周産期母子医療センターや地域周産期母子医療センターを中心とするネットワークが整備されています。

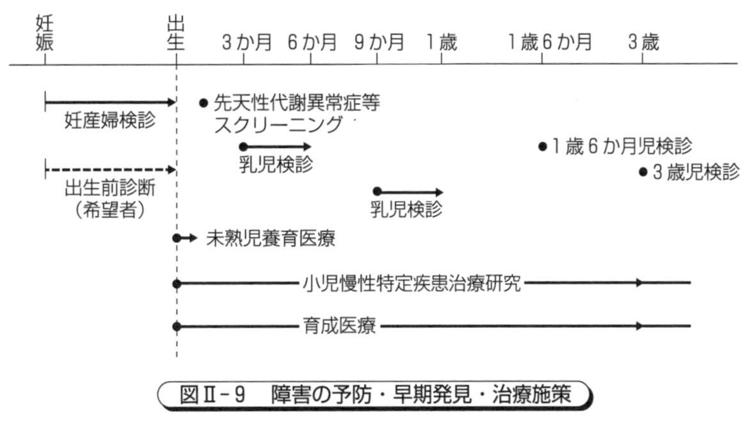

図Ⅱ-9 障害の予防・早期発見・治療施策

出所：内閣府『障害者白書（平成24年度）』2012年，その他の文献を参考にして筆者作成。

❍乳児期

生後3～6か月と9～11か月になると，医療機関において無料で健康診査を受けることができ，必要に応じて精密検査が行われています。これらの検査では，自然な姿勢や運動，7つの姿勢反射や反応をみるボイタ法（Vojta法）などによって，スクリーニングを行い，脳性まひなどによる中枢性運動障害を早期に発見することができます。さらに，リハビリテーションが早期に開始でき，運動障害を少なくしたり除去したりできます。また，聴覚障害の早期発見にむけ，新生児の聴覚検査などが試行されています。

❍幼児期

1歳6か月と3歳の時点になると，市町村において健康診査が行われ，心身障害や精神発達面，視聴覚障害などの早期発見を中心に検診が行われています。検診の結果，異常が認められた場合，身体面は各専門医が，精神発達面に関しては児童相談所において精神科医，心理判定員等による精密検査が行われ，早期に療育や治療，リハビリテーションが開始されます。

2 障害をもつ子どものすこやかな成長のために

妊娠の段階からはじめられるこれらのスクリーニングによって障害の予防・早期発見・早期療育の可能性が大きく前進しました。

乳幼児期は，心身の発達や言語・聴覚機能の発達がめざましく変化を遂げるため，子どもを取り巻く療育環境を社会的に整備していくことが重要です。また，検診後のフォロー体制を整えるとともに，保育所や幼稚園，家庭，地域の中で療育体制を整備し，個々人にあったきめ細やかな対応ができるような取り組みが求められています。そのことで，子どもの心身機能を高め，活動や参加を促進することになるのです。

（和泉とみ代）

▷6 **自立支援医療**
障害者自立支援法第58条に定められている。身体に障害のある児童に対して，手術などの治療によって障害の除去あるいは軽減することができ，生活能力を得る見込みのある場合に医療給付される。

▷7 **未熟児**
子宮外生活に適応するのに十分な成熟状態に達していない新生児のこと。慣用語として用いられている。出生体重によって，低出生体重児（2,500g未満），極低出生体重児（1,500g未満），超低出生体重児（1,000g未満）にわけられている。後障害（脳性まひ，知的障害など）の発症は，超低出生体重児で6～25%，極低出生体重児で8～13%，低出生体重児で7%以下といわれている。

コラム

全ての住民が手話で話をした島

“障害は社会が作る”——障害者福祉を少しでも勉強した人なら，「そんなこと今さら言わなくても当たり前じゃん」と思うでしょう。そして，「強者である健常者にその権利を虐げられる弱者としての障害者。そうした弱者の権利を，私たち福祉に携わる者は回復しなければいけない」って思ってませんか？　しかし，歴史の中で障害者は一貫して「弱者・被保護者」という位置づけをされてきたわけではありません。その一つの例をここに紹介します。

アメリカ，マサチューセッツ州東南部の大西洋岸の沖合上に浮かぶ島，マーサズ・ヴィンヤード島。ここはかつて遠洋漁業の拠点として栄えたこともある島で，今では避暑地としても知られているところです。昔からこの島はその地理的要件からアメリカ大陸本土との人の行き来が少なく，何世代にもわたってこの島で暮らし続けている——そんな家族が大勢いました。さらに遺伝的要因から，先天的な聴覚障害のある子が生まれる確率がアメリカ本土と比べて高く，そのため，かつては多くの「ろう者」（聴覚障害者）が暮らしていたのです。

こうした要因が重なり，この島の住民が使う言語には大きな特徴がありました。すなわち，「耳の聞こえる人も聞こえない人も」全ての住民が手話（Sign Language）で話をしていたのです。それはろう者同士が会話をする時はもちろん，健聴者がろう者と会話をする時も，さらに健聴者同士が話をする時でさえ，音声言語に混じって手話が使われていました。つまり，多くの住民が英語と手話のバイリンガルだったのです。そのため，ろう者が自分以外の人間とコミュニケーションをとる際に何のハンディキャップもなく，また住民もろう者を特別扱いすることなく接してきました。例えば，ある住民は昔のことを思い出しながら，次のように語っています。

「私は耳の悪い連中のことなど，ぜんぜん気にしてませんでした。言葉になまりのある人間のことを，いちいち気にしないのと同じです。」

このように，この島のろう者は，島の共同体の中のあらゆる面に溶け込み，健聴者と同じように大人になり，結婚し，家族を養い，そして暮らしていたのです。すなわち，人間として当たり前の権利を行使していたのです。年代で言えば，17世紀のなかばから20世紀までぐらいのことでした。

ところが，20世紀になって優生学者と呼ばれる科学者が，この島のことを知るにいたり，その様相は大きく変わりました。本土からやってきたこれらの学者達は，ろう児の出生率が高いことを「恥ずかしいこと」と決めつけ，そしてこうした「未開人の症例」を治すための制度が必要だと説いたのです。このようにして，聴覚障害者に対して否定的な見方がアメリカ本土からこの島へと流れこむことになり，そのために1900年代に入ると島のろう者と健聴者との交流は次第に薄れてしまったのです。「科学」の名のもとに，健常者と障害者の間にバリアが築かれてしまったのです。

1952年，この島では最後のろう者がこの世を去った後，「誰もが手話で話をした島の暮らし」は，高齢者の記憶の中に残るだけとなりました。しかし，最近になってこの島のかつての共同体が，障害のある人とない人とが共生していたモデルとして，再び評価されるようになりつつあります。ただ，ここで皆さんに注意してもらいたいことが２つあります。それは，この島が示す実例から，障害者と健常者の関係を単に多数派と少数派の立場を入れ替えただけで理解しようとしたり，あるいはろう者が健聴者のように言語を有していたことに「驚く」だけではダメだということです。これから障害者福祉に関わろうとする人に求められるのは，「障害者の烙印を押す者と押される者」という，この社会に今なお支配的な力の働き方そのものを問うことなのです。そうした営みを通じて初めて，障害のある人に関わるあなたの立場と，これからあなたが何をすべきかが明らかになるでしょう。

※ここに紹介したヴィンヤード島に関する内容は『みんなが手話で話した島』（ノーラ・E・グロース　佐野正信訳，築地書館，1991年）を参考にさせていただきました。

（赤松　昭）

コラム

制度の谷間とは

最近マスコミで「福祉の谷間」とか「制度の狭間」という言葉をしばしば耳にします。簡単にいえば，生活をする上で困っている人が何らかの制度の利用を申請したにもかかわらず，ある条件を満たしていないために利用できず，そのためニーズを充足できない状態だといえます。しかし，ここでその中身を少し整理して考えてみることにしましょう。まず，この「谷間」を大きく２つに分けてみます。

（1）制度の側からの選択による谷間の発生「枠の谷間」

ある制度が要求するサービス提供条件（適格性）が欠如しているために制度利用を拒絶され，しかもそれが本人に直接の責任がない場合，その人は「枠の谷間」に置かれているといえます。この谷間には，たとえば「医療と福祉」「福祉と教育」「高齢者福祉と障害者福祉」といった制度間の谷間のほか，無年金者問題のような制度内での谷間，などが考えられます。

（2）制度の提供するサービスと当人のニーズの不一致による谷間の発生「処遇の谷間」

ある制度によって提供されるサービスが本人のニーズに合っておらず，しかもそれが本人に直接の責任がない場合，その人は「処遇の谷間」にあるといえます。この谷間には，たとえば集団処遇の中で不適応を起こしている施設入所者や，医療的処置を必要としている身体障害者療護施設の入所者，などが考えられます。

実際は「枠の谷間」と「処遇の谷間」が別個に単独に存在するとは限らず，両者が重なりあって出現する場合もあると考えられます。しかし，いずれにしても，利用者のニーズを離れた客体的なものとして「谷間」が存在するのではなく，利用者のニーズと制度・施策が向き合う時に，「谷間」が発生する――すなわち，「主体的側面」（制度の利用を望んでいる人）からみた時にはじめて谷間が見えてくる，ということを理解していただきたいと思います。

さらに，こうした「谷間」が発生する背景には次にあげるようないくつかの要因が考えられます。

①利用者の普遍化に伴うニーズの多様化

一部の貧困者・低所得者を対象としていたこれまでの福祉から，障害をもったとしても住み慣れた地域で当たり前に暮らす，という流れの中で，誰もが福祉サービスの利用者となる可能性が高くなった。そのため，福祉のニーズが多様化，普遍化したにもかかわらず，制度側がそうしたニーズの拡大に追いつけなくなり，そのため局所的に「谷間」が発生している。

②対人援助のアプローチが，これまでの医学モデルから社会モデル・生活モデルへと移行してきた

福祉をはじめとするヒューマンサービスの対象者のとらえ方が，これまでの医療の影響を強く受けていた身体部位・臓器別の特定障害別のアプローチから，一人の人間をトータルにとらえる＝全人的アプローチがなされるようになってきた。しかし，一部のサービス提供側のシステム，および意識がそうした変化に追いつけず，相変わらず人を部分で見て，生活者としてとらえきれていないところがある。そのため，部分のニーズしか満たされない利用者側に谷間が発生している。

③伝統的コミュニティの解体とそれによるインフォーマルサポートの弱体化

都市化，工業化と家族構成の変化により，従来家庭や地域が提供していたインフォーマルなサポートが消失したが，それを補うほどのサポート体制がまだ地域に確立されていない。そのため「谷間」が生じている。

こうした「谷間」を埋めるためには，根本的には制度，施策を改正することが必要になってきますが，場合によっては，現場レベルの援助専門職が地域で利用者に必要と思われる社会資源を開発することによって，こうした「谷間」を解消することも可能です。

こうした意味からも，対人援助技法の一つであるケアマネジメントは，こうした「谷間」を埋めるものとして期待される手法だといえるでしょう。

（赤松　昭）

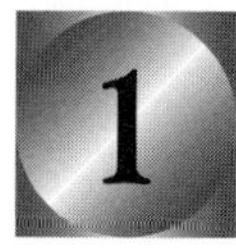

1 入所施設のなにが問題なのか

1 入所施設の成立と脱施設化の歩み

知的障害者の入所施設の成立は，アメリカ，ヨーロッパ諸国では19世紀にさかのぼることができます。歴史的にみると知的障害者の入所施設の始まりは，知的障害者に対する積極的な教育，訓練の場としてみなされ，積極的に入所施設をつくることを推進した時代でした。入所施設を積極的につくる政策は，アメリカでは1960年代半ばまで続きます。

教育，訓練の場としての施設は，20世紀に入ると，単なる集団処遇の場になってしまい，知的障害者の収容所的な実態が生じてきました。この実態を告発する本として，**『煉獄のクリスマス』**[1]（*Christmas in Purgatory*, 1966）が大学の研究者の手によって写真集として出版され，アメリカで大きな反響を呼びました。また，ノーマライゼーション思想による入所施設への批判も大きくなってきました。このような状況のもと，1960年代半ばから，アメリカやスウェーデンなどの国では政策的に入所施設を縮小・解体していく取り組みが始まりました。

これに対して，わが国の知的障害者入所施設の歴史は対照的な展開をします。1960年に知的障害者福祉法が成立したことによって，初めて，成人期の知的障害者の入所施設が制度化されます。その後，入所施設は，アメリカ，ヨーロッパ諸国の後を追うかのように増加していきます。現在では，わが国は主要な先進国の中で入所施設が唯一増加している国として特異な状況になっています（図Ⅲ-1）。これと同じような状況は精神障害者の精神病院の長期入院問題にもみられます。同様に，主要な先進国の中で精神科病床が唯一増えている国になっています（図Ⅲ-2）。

▶1　**煉獄のクリスマス**
（*Christmas in Purgatory*）
Sarason, B., Kaplan, F., Blatt, B. らによる知的障害者施設の非人間的な処遇を告発する写真集である。この写真集は一般市民やマスコミに影響を与え，脱施設の世論形成に大きな役割を果たした。

2 わが国の入所施設の課題

わが国でも1982年の国際障害者年以降，ノーマライゼーション思想やアメリカ，ヨーロッパ諸国で生じた脱施設化の政策動向の紹介などによって，大きな政策転換が迫られてきました。特に，1990年の**福祉関連八法の改正**[2]，1993年の障害者基本法（心身障害者対策基本法の改正，Ⅷ-4「障害者基本法：その意義と課題」参照），1995年の障害者プラン（1996～2002年度）によって，地域福祉の基盤整備の方向が明確になりました。しかし，障害者プランをみると，地域福祉の基盤整備の目標値だけでなく，入所施設の整備目標値も増加しています。その

▶2　**福祉関連八法の改正**
これまでの施設中心のサービス体系のあり方を，在宅サービス中心の体系に変えるために，1990年に，高齢者，障害者，児童などの領域に関連する八法の改正を行った。この改正以降，在宅福祉の基盤整備の方向性が明確にされ，その後のさまざまな法改正に影響を与えた。

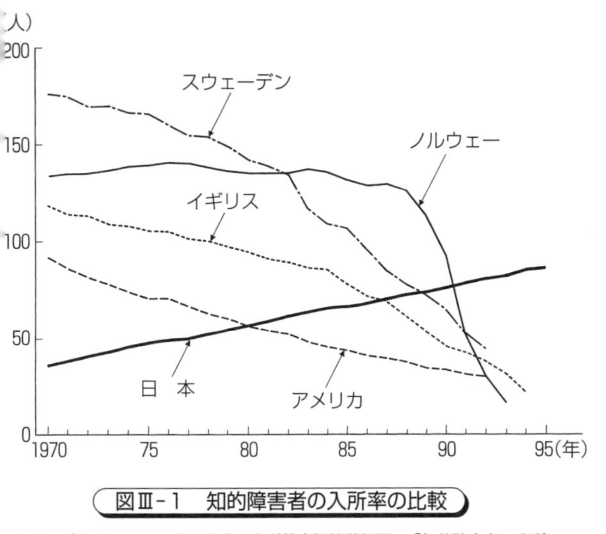

図Ⅲ-1 知的障害者の入所率の比較

出所：愛知県コロニー発達障害研究所社会福祉学部調べ「知的障害者の入所率5カ国比率（1970-95年）」。

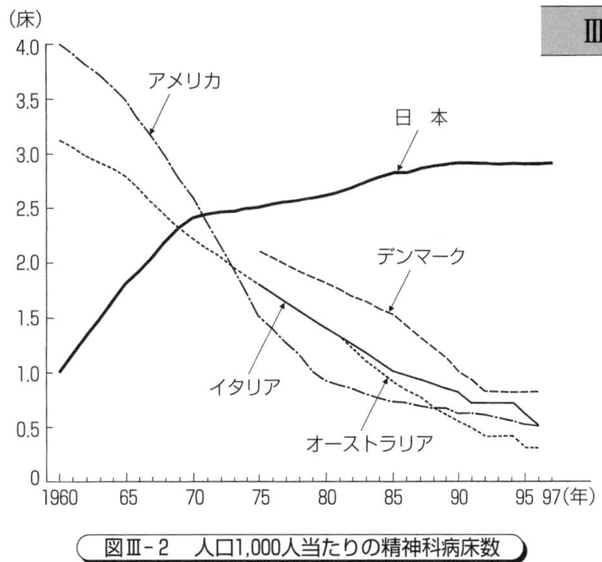

図Ⅲ-2 人口1,000人当たりの精神科病床数

出所：『朝日新聞』2000年8月7日付朝刊より。

後，2002年度に策定された障害者基本計画（2003～2012年度）では，入所施設の整備目標は削除され，地域生活支援を重視する方向になりました。さらに，2013年に策定された第3次障害者基本計画（2013～2017年度）では，地域社会における共生を大きな目的としました。

それではなぜ，アメリカやスウェーデンなどの諸国と違って入所施設を減少させ，地域福祉の基盤整備を中心にできないのでしょうか。この背景について，ここでは，障害者家族の意識面に焦点をあてて考えてみたいと思います。

3 入所施設に対する家族意識

ノーマライゼーション思想とこれによる政策転換が行われた国では，入所施設は家族から引き離された教育，治療の場としての位置づけがありました。ノーマライゼーション思想によって，入所施設の集団処遇，非人間的な処遇，人権上の問題のある処遇といったことが批判されると，コミュニティケア（地域における生活支援）によるサービス展開が考え方として円滑に受け入れやすかったと思われます。これに対して，わが国では入所施設は家族介護の限界への安全ネットとして考えられてきたので，安全ネットである入所施設を縮小・解体するといった急進的な考え方は受け入れられなかったし，現在でも抵抗が大きいと思われます。

また，地域生活の社会資源の整備状況も家族意識に影響を与えています。特に，知的障害者の利用するグループホームの数です。近年，グループホーム数が急増しているとはいっても，入所施設の数からみるとまだまだ少ないのが現状です。このことは，家族の意識に，具体的なグループホームでの生活のイメージが描きにくい状況を生みだしています。（小澤　温）

2 障害者の理想の村：コロニー，コロニー政策

 コロニーの始まりと展開

わが国で，児童期から成人期以降までの障害児・者を一貫して対応する総合的な障害児・者施設（これをコロニーと呼びます）が都道府県などの自治体によって設立され，増加した時期は，1970年代からです。この時期は，すでに，アメリカや北欧諸国で大規模な入所施設が縮小されていく時期です。ここでは，わが国のコロニーがなぜ設立され，なぜアメリカや北欧諸国のように縮小していかないのかについて考えてみたいと思います。

❍重症心身障害児施設の誕生と展開

わが国のコロニー設立の契機は，1950年代の重症心身障害児問題にさかのぼることができると思います。この時期に大きな社会問題になった重症心身障害児対策は，重症心身障害児の入所施設設置運動として，国立知的障害児施設の設置運動と連動して，親の会の重要な要求でした。国立知的障害児施設は1958年に国立秩父学園として設置されました。しかし，重症心身障害児の入所は，社会復帰の可能性がきわめて低いということで，国立秩父学園への入所が困難な状況が生じました。そのため，重症心身障害児施設設置の要求は高まり，この時期の障害者福祉の大きな社会問題になりました。

このような運動の結果，わが国最初の**重症心身障害児**[1]施設「島田療育園」が1961年に開設されました。さらに，1963年の重症心身障害児施設の制度化によって，この問題に対して一定の解決の方向性が示されました。しかし，重症心身障害児施設の制度化は，知的障害者福祉法（1960年）の制定の経過と同じように，18歳以上の成人の重症心身障害者問題を内包しており，18歳以上の障害者を抱えた親にとって大きな不安を与えました。こうした状況により，重症心身障害児施設でも障害者が対応できるように医療制度上病院として位置づけることで対応をしました。このことは親が安心して入所させることのできる障害児・者一貫した施設の必要性を生み出し始めました。

▷1　**重症心身障害児**
重度の知的障害と重度の身体障害とを併せもっている障害児をいう。行政用語として使用されることが多く，医学的な明確な定義はないが，IQ と身辺自立の状況を組み合わせて定義分類する「大島の分類」が有名である。詳しくは，⇨Ⅱ-9参照。

2 コロニー政策の転換点

障害児・者一貫して過ごし，連続した療育を行う理想的な施設構想は，やがて，コロニーと呼ばれる巨大な施設群の建設構想になっていきました。1960年代，親の会や関係者，行政担当者などが海外のコロニーを視察し，西ドイツ

(現在のドイツ）のベーテル，スウェーデンのカルスルンドなどの取り組みに強く感銘しました。これら海外のコロニーの事例は「障害児・者の村」として理想化されていきました。その象徴として，1971年に国立コロニーが群馬県に設立しました。また，ほぼ，同時期に大規模な都道府県立のコロニーが各地に設立されました。

しかし，このことは，わが国の障害者福祉施策に大きな影を落としました。それは，1960年代には，ノーマライゼーション思想によって障害児・者を収容隔離するコロニー政策への大きな批判がこれら視察先の国で起こったことです。対照的に，わが国では1970年代に各地の都道府県でコロニーが設立されていく時期になります。そして，現在は，全国各地のコロニーが地域生活支援のためにどのような役割が果たせるのかを検討しています。また，コロニーの入所者が滞留し，高齢化していることもコロニーからの退所を難しくしている要因と思われます。

3 コロニー政策から学ぶこと

それでは，このようなわが国のコロニーの歴史から何を学ぶことができるのでしょうか。一つは，コロニーを推進してきた家族（多くは親です），行政関係者，療育専門家の意識の問題です。さらには，障害者の自立，自己決定，自己選択，エンパワメントといった社会の価値観（Ⅰ-5「エンパワメント：パワレスな状態からエンパワーへ」，Ⅰ-10「自己決定：意義と限界」参照）の変化に対応できなかった硬直した福祉政策のあり方です。

わが国の場合，障害者の地域生活の基盤は家族介護に頼っている実態がみられます。家族介護の限界が生じ，親としてのやむをえない要望としてのコロニー設立への要望がありました。したがって，家族介護の補完としての入所施設という側面が強いことが考えられます。

すでに，Ⅲ-1「入所施設のなにが問題なのか」でふれたように，わが国では入所施設は家族介護の限界への安全ネットであると考えられてきたので，安全ネットである入所施設を縮小，解体するなどといった急進的な考え方は受け入れられませんでしたし，現在でも抵抗は大きいことが考えられます。特に，コロニーは障害児・者一環の施設機能をもっているので，多くの家族に安心感をもたらしてきたことも事実です。しかし，1981年の国際障害者年以降，ノーマライゼーションや機会平等などの思想によって，コロニーが地域から閉ざされ，施設内の非人間的な処遇や人権上の問題の大きい処遇であることが批判されました。その後，わが国でも，政策的には地域福祉に重点を移しはじめ，近年の社会福祉基礎構造改革へとつながっていきます。詳しくは，Ⅷ-3「社会福祉法が障害者福祉に与えた影響」でふれています。（小澤　温）

3 施設化政策，脱施設化政策

1 入所施設の展開と脱施設化政策

入所施設と小規模住居に関する入居者数の日本とアメリカとの比較研究によれば，アメリカの場合は，1900年代から障害者施設の入所者数が増加し，1960年代半ばを頂点に，その後減少し，逆に，小規模住居が増加していったことが示されています。これに対して，日本の場合は1960年代から施設の入所者が一貫して増加しています。この傾向は，スウェーデンのデータを用いた研究でも同様であり，わが国との違いが目立っています。[▶1]

▶1　このデータ分析は，渡辺勧持・大島正彦「知的障害者の居住サービスの日本の特徴――アメリカ，スウェーデンとの比較を資料として」『月刊福祉』75巻12号，1992年による。

アメリカでは，19世紀の終わりから，慈善組織協会を中心とした地域の児童活動などによって，都市の貧困者の中に知的障害者および精神障害者が多くみられることが知られていました。これに，知的障害者を社会から隔離して保護する考え，その後には教育的な見地から施設の中で生活訓練をする考えが加わって施設設立が急増していったことが指摘されています。このような大規模入所施設の設立の盛んな状況は1960年代に至るまで続いていきましたが，ノーマライゼーション思想によって大きくこの流れは変化しました。ノーマライゼーション思想は，知的障害者の福祉施策に関して，施設化の行き過ぎについての批判と表裏一体となっていました。ノーマライゼーションは，わが国の1960年代，知的障害者福祉の状況（入所施設が基本的に不足をしていた状況）とは全く異なっている中で提起された思想といえます。

その後，アメリカでは，ノーマライゼーションは脱施設化政策（入所施設を縮小，閉鎖をして，入所者を地域生活に移行していく取り組み）として進められますが，1960年代後半になると，施設退所者の地域生活が困難になり，再び施設に戻るケースが増加し，単に脱施設化政策を推進するだけでは不十分であり，地域生活を援助するプログラム，ケアマネジメント（Ⅳ-3「相談支援事業について（その1）：ケアマネジメントの多様性」でふれます）などを中心とした地域福祉サービスを推進していくコミュニティケアの重要性が認識されていきました。

2 わが国の現状と課題

わが国では，1960年の知的障害者福祉法の制定に至るまで，知的障害者への制度的な取り組みはほとんどありませんでした。それ以前の在宅生活者は貧困などによって著しく悲惨な状況であったことがいわれています。知的障害者福祉法は知的障害者施設を法的に位置づけ，知的障害者に対する福祉サービスの公的な責任を認めた点で重要でした。入所施設の設立はその後の経済成長も加わり増加し，1970年代には，Ⅲ-2「障害者の理想の村：コロニー，コロニー政策」で述べられているように，各都道府県でのコロニー設立政策（入所施設群を同一地域に設立し，一貫したケアをする政策）によってより推進されていきました。

このような状況のときにノーマライゼーション思想がわが国に入ってきました。入所施設の基盤整備が始まったばかりのときに，ノーマライゼーション思想が入ってきたために，わが国では，入所施設の整備と地域福祉サービスの整備という理念的に相反する２つの施策を推進させることになりました。

このようにアメリカ，北欧諸国とわが国の状況はかなり異なっています。わが国でもこのノーマライゼーションをより現実的な理念とするために，これまでの立論を整理し，ノーマライゼーションを２側面でとらえることの重要性が指摘されています。[2]

▶２　ノーマライゼーションの２側面（同化的側面と異化的側面）の分類と考え方は，定藤丈弘・佐藤久夫・北野誠一編『現代の障害者福祉』有斐閣，1996年，19～25頁による。

第一は，入所施設による収容隔離政策への反省であり，障害者を一般の市民生活に近づけていくことを目標にする考え方で，これをノーマライゼーションの同化的側面と呼びます。ただし，これは，障害者に社会への過度の適応を要求する考えに近くなる危険性をもっている点が指摘されています。

第二は，障害者に生じている不平等に対して行政が積極的に介入し，障害者向けの特別なサービスの提供によって，障害者を含んだすべての国民の実質的な平等の保障を目指す考え方です。これをノーマライゼーションの異化的側面と呼んでいます。この異化側面は，不平等を生み出している環境を積極的に改善する機会均等化政策の重要性と結びついていくことが指摘されています。

3 わが国の入所施設改革の方向性

わが国で，入所施設を急激に大幅に減少させることは，家族介護の代替として入所施設を増加させてきた経過を鑑みると，現状では，家族の介護負担の増加しか招きません。したがって，入所施設の待機者の減少と入所者の減少を徐々に進めることがもっとも現実的な選択肢です。

そのためには，福祉ホームやグループホームなどの地域での支援を受けられる居住形態の増加が必要です。また，家庭からこれらの居住形態への移行プログラムも重要です。さらに，障害者基本計画（2003～2012年度まで）では，「活動し参加する基盤の整備」の項で，これらの地域居住形態の基盤整備の考え方が示されました。その後の第３次障害者基本計画（2013～2017年度）では地域社会における共生を目的として，より強く地域生活を推進していく方向が示されました。さらに第４次障害者基本計画（2018～2022年度）では社会のバリア除去をより強力に推進することを柱として，共生社会を推進することとしました。

（小澤　温）

4 精神科病院の展開と改革

1 精神科病院の歴史的展開

❍精神科病院の黎明期

日本における精神科病院の歴史は平安時代に溯り，京都府の岩倉の宿屋をはじめとして，愛知県の羽栗の順因寺などがありました。1874（明治7）年の医制制度で病院に関する規定が定められ，翌年，公立の精神病院として京都癲狂院がつくられました。1887（明治20）年にはじまった**相馬事件**[1]を契機として，1900（明治33）年に私宅監置を定めた精神病者監護法が公布されました。呉秀三は私宅監置の状況を「精神病者私宅監置の実況及びその統計的観察」にまとめ，わが国の精神医療施策の貧困さを訴えました。その後，1919（大正8）年に国公立の精神科病院の設立を目指した精神病院法が公布されましたが遅々として進まず，民間の病院を中心に発展することとなりました。

❍民間病院の拡大期

戦後，多くの病院が廃院となるなか，精神障害者の治療体制の整備を目的として1950年に精神衛生法が制定されました。都道府県における精神科病院および精神衛生相談所の設立の義務づけとともに，私宅監置の廃止があげられます。1958年の医療法の通達で精神科特例が定められ，1960年の医療金融公庫の設立により，精神科病院の開設に低利・長期の融資が可能になりました。さらに，1964年の**ライシャワー事件**[2]を機に，精神衛生法が改正され，措置入院制度の創設，保健所の精神衛生業務の明確化，精神衛生センターの設置，**通院医療費公費負担制度**[3]の新設などが定められました。

❍精神科病院の転換期

1984年の**宇都宮病院事件**[4]を契機に，1987年には精神保健法が成立し，精神障害者の権利擁護と社会復帰の促進を柱として，任意入院制度の新設，**精神保健指定医制度**[5]の創設，**精神障害者社会復帰施設**[6]の法定化が規定されました。

1993年の障害者基本法の成立により，精神障害者が他の障害者と同様に「障害者」と位置づけられました。これを受けて，1995年には，精神保健及び精神障害者福祉に関する法律が成立し，その目的に精神障害者の自立と社会参加の促進が掲げられました。そして，医療保護入院の際の告知義務の徹底化，精神障害者保健福祉手帳の創設などが規定され福祉の充実が図られました。しかし，その後も**精神科病院**[7]の人権侵害事件が続発し，精神障害者の人権擁護の強化を

▶1　**相馬事件**
1883年に奥州中村藩相馬誠胤が癲狂院に入院させられ，精神病者の不法監禁の取り締まりの必要性を訴えた事件。

▶2　**ライシャワー事件**
1964年に，アメリカのライシャワー駐日大使が統合失調症の少年に刺傷された事件。

▶3　**通院医療費公費負担制度**
精神障害者が精神科医療を受ける場合，その必要な費用の95%を保険と公費で負担することができる制度（精神保健福祉法第32条）。障害者自立支援法の施行により廃止され自立支援医療に移行されることになった。

▶4　**宇都宮病院事件**
1984年に，栃木県にある報徳会宇都宮病院で，看護職員等の暴行により入院患者を死亡に至らせた事件。

▶5　**精神保健指定医制度**
精神障害者の人権に配慮しつつ精神障害者の適切な医療を提供するために，実務経験及び研修などを一定の要件として，精神保健福祉法に規定している職務を行うのに必要な知識及び技能を有すると厚生労働大臣が認めた者（精神保健福祉法第18・19条）。

目指して1999年の改正で，仮入院制度の廃止，医療保護入院の要件の明確化，医療保護入院等の移送の制度化，精神保健指定医の役割強化，**精神障害者居宅生活支援事業**[8]の開始などが規定されました。

❍精神科病院の改革期

2002年12月に厚生労働省の社会保障審議会障害者部会精神障害者分会報告書，翌年の精神保健福祉対策本部の中間報告を受けて，「心の健康問題の正しい理解のための普及・啓発の検討会」「精神病床等に関する検討会」「精神障害者の地域生活支援の在り方に関する検討会」が設置されました。各々の報告書により，2004年９月に厚生労働省は「精神保健医療福祉の改革ビジョン」を提出し，「入院医療中心から地域生活中心へ」を基本理念として，「受入れ条件が整えば退院可能な者」約７万人を10年間で退院させる目標が掲げられました。2006年に成立した障害者自立支援法の基盤となった「改革のグランドデザイン」をふまえ，改正された精神保健福祉法により，人権に配慮した適正な入院医療の確保（指導監督体制や定期病状報告制度の見直し，長期任意入院患者に同意の再確認の仕組みの導入，行動制限についての一覧性のある台帳の整備など），緊急時の入院等に係る診療の特例措置の導入などが規定されました。

2009年９月に，厚生労働省は「精神保健医療福祉の改革ビジョン」の後期５か年の重点施策群の策定を目指して，「精神保健医療福祉の更なる改革に向けて」（今後の精神保健医療福祉のあり方等に関する検討会報告書）を公表しました。そして，2013年の精神保健福祉法の一部改正に伴い，2014年４月に「良質かつ適切な精神障害者に対する医療の提供を確保するための指針」（告示）を示し，「長期入院精神障害者の地域移行に向けた具体的方策の今後の方向性」を明らかにしました。具体的には，入院医療中心の精神医療から地域生活を支えるための精神医療の実現に向けて，精神障害者に対する保健医療福祉に携わる全ての関係者が目指すべき方向性が定められています。同年７月に公表された「長期入院精神障害者の地域移行に向けた具体的方策の今後の方向性」には「長期入院精神障害者本人に対する支援」と「病院の構造改革」の必要性が示されています。

2　精神科病院の現状

精神科病院は2016年度現在で1604か所であり，その**精神病床数**[9]は33万0501床（厚生労働省「603調査」平成28年６月現在）である。主な**入院形態**[10]の内訳は措置入院1523人，医療保護入院12万9593人，任意入院15万3512人である（厚生労働省）。

❍精神疾患を有する総患者数

精神疾患の患者数は2017年現在で419.3万人である。外来患者数は389.1万人，入院患者数は30.2万人であり，徐々に減少傾向にある（図Ⅲ-３）。

総患者数のなかで最も多いのが「気分（感情）障害（躁うつ病を含む）」の

▶6　精神障害者社会復帰施設
精神障害者の社会復帰・社会参加の促進を図るために設置されるものである。社会復帰施設には，生活訓練施設，福祉ホーム，授産施設，福祉工場，地域生活支援センターの５種類である（精神保健福祉法第50条）。2006年，障害者自立支援法の施行により，精神障害者社会復帰施設に係る規定は削除された。

▶7　精神科病院
精神科特例による人員配置では，医師は入院患者48名に１名（一般科病院では入院者16名に１名以上）という低い基準が設定されていたが，2000年の第４次医療法の改正では，一般病棟との格差是正の観点から，精神科病床の設備構造と人員配置の基準が見直された。

▶8　精神障害者居宅生活支援事業
1999年の精神保健及び精神障害者福祉に関する法律の改正時に創設された事業で，従来の地域生活援助事業に居宅介護等事業，短期入所事業が加えられ，居宅生活支援事業とされた（精神保健福祉法第50条）。障害者自立支援法の施行により，精神障害者居宅生活支援事業に係る規定は削除された。

▶9　精神病床数の現状
諸外国における人口1000対精神病床数では，韓国は0.9，スウェーデンやドイツ並びにイギリスは0.5，イタリアは0.1であるのに対し，日本は2.7と最も高いものとなっている（OECD Health Data, 2012）。

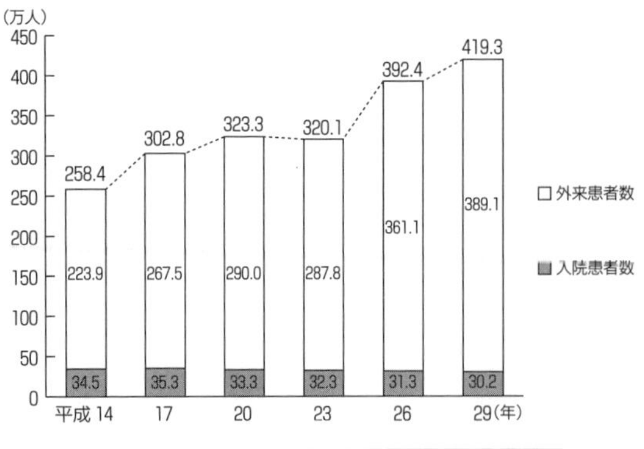

図Ⅲ-3　精神疾患を有する患者数の推移

資料：患者調査。

▶10　入院形態
①措置入院
自傷他害のおそれのある精神障害者の入院形態。都道府県知事による入院措置(精神保健福祉法第29条)。
②任意入院
自らの同意に基づいた精神障害者の入院形態（精神保健福祉法第22条)。
③医療保護入院
医療及び保護のため入院の必要がある者で，精神障害のため任意入院が行われる状態にない者であって，家族の同意がある者の入院形態（精神保健福祉法第33条)。

127.6万人で，次いで「神経症性障害，ストレス関連障害及び身体表現性障害」の83.3万人，「統合失調症，統合失調症型障害及び妄想性障害」の79.2万人となっています（図Ⅲ-4)。

❍精神病床入院患者の年齢分布

入院患者の年齢分布において「65～74歳」と「75歳以上」を加えた数をみると，その数は年々増加しており，2016年度は57.0%と入院患者の半数以上を占めています。

❍精神病床入院患者の在院期間分布

在院期間別では，「1年以上」の入院患者は約17万人であり，うち「5年以下」が9.4万人である。

以上のように，わが国の精神科病院の現状は，先進諸外国のなかでも類をみない精神病床数の高さとその在院日数の長さにあります。今後ますます，入院患者の高齢化が進む中で，2018年度より第7次医療計画がスタートしました。

3　今後の精神保健医療福祉のあり方に関する課題

2017（平成29）年2月に提出された「これからの精神保健医療福祉のあり方に関する検討会報告書」は，新たな医療計画等に向けた地域精神医療体制のあり方及び精神保健福祉法の3年後の見直し規定の検討事項とともに，今後の取組についてまとめています。

新たな地域精神保健医療体制のあり方について，①精神障害にも対応した地域包括ケアシステムの構築，②多様な精神疾患等に対応できる医療連携体制の構築，③精神病床のさらなる機能分化があります。

❍精神障害にも対応した地域包括ケアシステムの構築

精神障害の有無や程度にかかわらず，誰もが安心して自分らしく暮らすことができるよう，障害福祉計画に基づき，障害保健福祉圏域ごとの保健・医療・福祉関係者による協議の場を通じて，精神科医療機関，その他の医療機関，地

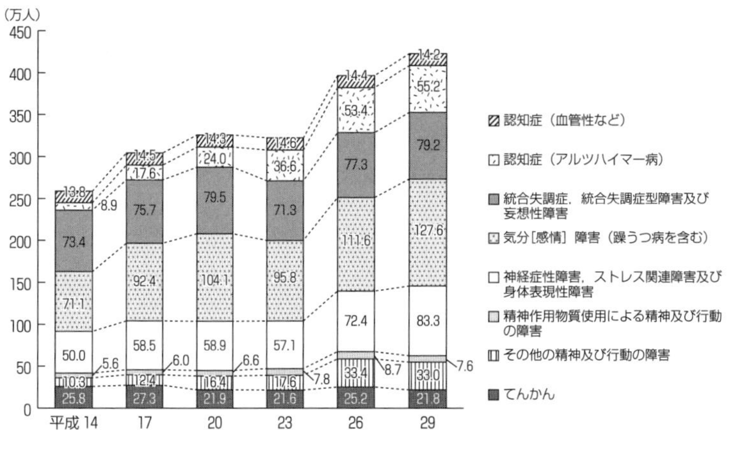

図Ⅲ-4　精神疾患を有する総患者数の疾病別内訳

資料：患者調査。

域援助事業者，市町村などとの重層的な連携による支援体制の構築を目指すことになりました。

❍多様な精神疾患等に対応できる医療連携体制の構築

多様な精神疾患とは，統合失調症，認知症，児童・思春期精神疾患，依存症，高次脳機能障害，摂食障害，災害医療，医療観察などを指します。これらの多様な精神疾患等に対応できるように，医療計画に基づき，精神医療圏ごとの医療関係者等による協議の場を通じて，圏域内の医療連携による支援体制の構築を目指すことになりました。

❍精神病床のさらなる機能分化

長期入院精神障害者のうち一定数は，地域の精神保健医療福祉体制の基盤を整備することによって，地域生活への移行が可能であることから，平成32年度末（第５期障害福祉計画の最終年度），2025年の精神病床における入院需要（患者数）及び，地域移行に伴う基盤整備量（利用者数）の目標を明確にした上で，計画的に基盤整備を推進することが明記されました。

その他，医療保護入院制度のあり方[11]，措置入院制度に係る医療等の充実について[12]，精神保健指定医の指定のあり方等が検討されています。

（栄セツコ）

▷11　医療保護入院制度のあり方には以下のようなものがある。

- 医師が入院が必要となる理由を本人や家族等に文書等により丁寧に説明することが必要。
- 本人との関係が疎遠であることを理由に，家族等から意思表示が行われないような場合について，市町村長同意を行えるように検討することが適当。
- 現在，退院支援委員会を開催する対象となっている患者であって，１年以上の入院となった者についても，一定の期間ごとに定期的に開催されるように検討することが適当。
- 医療保護入院制度等の特性を踏まえ，医療機関以外の第３者による意思決定支援等の権利擁護を行うことを，障害者総合支援法に基づく地域生活支援事業に位置づけることが適当。

▷12　措置入院制度に係る医療等の充実については以下のようなものがある。

- 措置入院に係る手続き及び関係機関等の協力の推進。
- 措置入院中の診療内容の充実。
- 措置入院者の退院後の医療等の継続支援。

5 入所施設の実態と今後のあり方

1 入所施設の実態

入所施設は，障害者自立支援法施行以前，障害種別や支援の目的に合わせて整備されてきました。しかし，障害者自立支援法施行により，障害種別が統合化され，昼夜のサービスが区別されたため，夜間の生活の場としての支援，施設入所支援を実施している施設を現在では主に入所施設と言います。

障害者の入所施設は，戦後，**施設化施策**[1]による施設整備施策が展開され，増加の一途をたどりましたが，現在では**脱施設化施策**[2]が展開されています。全国の自治体で作成された第３期障害福祉計画をまとめた厚生労働省の集計によって，2005年10月時点の入所施設で生活する障害者数から2014年度末までに２万２千人の削減が目標値に設定されています[3]。実際には，2005年10月時点では約14万６千人が入所施設で生活していましたが，2015年９月時点では13万1845人と緩やかに減少傾向にあると言えます[4]。

このように入所者数が減少している要因の１つに**地域移行**[5]の取り組みが挙げられます。厚生労働省は，2005年から年間の地域移行者数を報告しています（2005～2007年のみ２年間の数値）。表Ⅲ-１のように毎年，約５千人の障害者が入所施設から自宅やグループホーム等に生活の場を移しており，入所施設から退所する者のおよそ５割を占めています。

一方，入所施設に新規に入所する障害者も存在しているのが現状です（表Ⅲ-１）。一部の地域では，入所施設に入ることのできない待機者が多数存在していると言われ，現に東京都では約千人の待機者がいると言われています[6]。

▶１　**施設化施策**
⇨Ⅲ-３参照。

▶２　**脱施設化**
⇨Ⅲ-３参照。

▶３　厚生労働省「第３期障害福祉計画に係る数値目標及びサービス見込量と実績結果について」2015年。

▶４　厚生労働省「障害福祉サービス，障害児給付費等の利用状況について」2016年。

▶５　**地域移行**
入所施設から，自宅やグループホーム，ケアホームなどに生活の場を移行すること。地域生活移行と同意。

▶６　東京都「東京都障害者計画・第４期東京都障害福祉計画の策定に向けて（提言）」2015年。

表Ⅲ-１　新規入所者数，退所者数，地域移行者数の状況

年	新規入所者数	退所者数	地域移行者数
2005～2007	18,556人	18,945人	9,344人
2007～2008	8,168人	9,335人	4,754人
2008～2009	8,349人	10,372人	5,332人
2009～2010	8,425人	9,841人	4,874人
2010～2011	7,803人	10,181人	4,836人

出所：厚生労働省「障害保健福祉関係主管課長会議資料」2008～2012年より筆者作成。

2 入所施設の今後のあり方

では，なぜ，障害者は入所施設を生活の場として選択するのでしょうか。長野県の知的障害者の入所要因を探った調査によれば，主に以下の3点が指摘されています。第1に，障害程度が重く日常生活でのケアが困難なため，第2に興奮，暴力あるいは窃盗行為等本人の行動面での監護が困難なため，最後に本人の高齢化，または親の死亡や高齢のため生活の面倒を見る者が不在なためです[7]。これらの問題を解決するためには，地域での社会資源ではいまだ不十分なため，入所施設での生活を選択する障害者が一定程度存在すると考えられます。現実的な脱施設化施策を行うためには，今後は入所待機者を含めた入所施設以外で生活する障害者への対応と入所施設が果たしている役割についての実証的な検討が求められています。

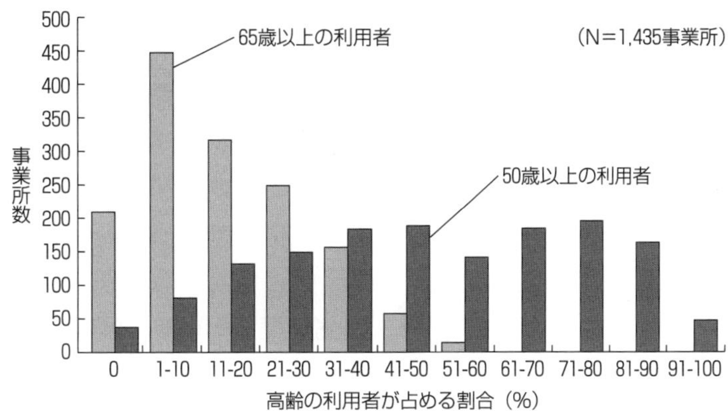

図Ⅲ-5　高齢の入所者が占める割合

出所：遠藤浩『厚労科学研究補助金　地域及び施設で生活する高齢知的・発達障害者の実態把握及びニーズ把握と支援マニュアル作成　報告書』2013年。

▶7　武市敏孝「知的障害者の地域生活を支える援助体制について――入所施設利用申請者の申請事由分析」『発達障害研究』26（4）2005年。

また，日本の知的障害者を中心とする入所施設の調査では，1989年に65歳以上の入所者の比率は1.1%であったのが，2007年には9.2%に増加していることが報告されています[8]。さらに，別の調査では，図Ⅲ-5のように65歳以上の入所者が占める割合は少ない傾向にありますが，50歳以上の入所者が50%以上占めている入所施設数は約半数存在しています。今後，日本の入所施設でも高齢化した入所者への介護，日中活動の提供，健康管理，医療との連携などや高齢障害者の居住施設のあり方について検討していく必要があります。

▶8　小松守「施設の高齢化に思う」『さぽーと』No. 634（6）2009年。

最後に，**障害者総合支援法**[9]の衆議院・参議院の付帯決議では，「障害者の高齢化・重度化や『親亡き後』も見据えつつ，障害児・者の地域生活支援をさらに推進する観点から，ケアホームと統合した**グループホーム**[10]，小規模入所施設等を含め，地域における居住の支援等の在り方について，早急に検討を行うこと」と指摘されています。このような指摘から，居住支援のための機能（相談，体験の機会・場，緊急時の受入れ・対応等）を地域に整備していく，いわゆる地域生活支援拠点の目標値を**第5期障害福祉計画**[11]にて設定することが求められました。これは各自治体にて，障害者の居住の場について具体的に議論することが求められていることを意味します。　（相馬大祐）

▶9　**障害者総合支援法**
⇨Ⅷ-1 参照。

▶10　**グループホーム**
⇨Ⅳ-11 参照。

▶11　**第5期障害福祉計画**
2018年度から2020年度までの期間の各種サービスの目標値が設定されている。

就労継続支援事業の実態と今後のあり方

1 就労継続支援事業の展開

「就労」とは仕事についていること，仕事をすることを意味し，一般企業にて就労している障害者は約63万人とされています[1]。障害者の場合，この他の就労先として，障害者総合支援法に規定されている就労継続支援事業所があげられ，そこで就労している障害者は約32万人にのぼります[2]。

後者の就労継続支援事業所は主に一般企業等で雇用されることが困難な人を対象にしています。その歴史は古く，以前は授産施設や福祉工場と呼ばれる場が障害種別毎に整備されていました。これらの授産施設や福祉工場の多くは，障害者自立支援法施行以降，就労継続支援事業に変更されました。この就労継続支援事業は，Ａ型とＢ型に分類され，Ａ型は原則的に雇用契約に基づき支援が行われるのに対し，Ｂ型は雇用契約を結ぶ必要がありません。具体的には，Ａ型では雇用契約を結ぶことから，**最低賃金**[3]の保障などが求められることになります。

2 就労継続支援事業の実態

実際に就労継続支援事業Ａ型を利用している人は，2019年３月時点で約７万人，Ｂ型を利用している人は約25万人となっており，合わせて約32万人の人々が２つの事業を利用しています。

Ａ型の事業所については，先に触れたように最低賃金が保障されているため，そこに通えば一定の収入があると予想されます。しかし，１日あたりの障害者従業員の平均労働時間が６時間未満の事業所が51.1％，５時間未満でも38.1％であることが調査からわかっています。このため，月20日勤務したとして，月収を試算すると，６万円以下が30％，８万円以下が61.2％を占め，最低賃金が保障されていたとしても，労働時間が短いことから十分な賃金保障がされていない実態が指摘されています[4]。

また，Ｂ型の事業所については，月平均工賃が約１万４千円であり，**障害基礎年金**[5]と合わせてもそれだけで地域生活を送ることは難しい状況です。さらに，厚生労働省からＢ型の利用に当たっては，労働者ではなく，訓練生，利用者であり，「出欠，作業時間，作業量等が利用者の自由であること」が通知されています。このため，労災保険や労働安全衛生法等の法令は適用されておらず，災

▷１　厚生労働省「平成25年度障害者雇用実態調査」2014年。

▷２　厚生労働省「障害福祉サービス，障害児給付費等の利用状況について」2019年。

▷３　**最低賃金**
最低賃金法により定められた最低限の賃金のこと。使用者は労働者に最低賃金以上の賃金を支払わなければならない。最低賃金は地域別と産業別に定められている。

▷４　叶義文「障害者の就労支援を考える」『月刊福祉』12月号，2012年。

▷５　**障害基礎年金**
⇨Ⅷ-６参照。

害が生じた場合の保障はないのが実態です。

3 就労継続支援事業の今後

就労継続支援事業A型，B型を利用している人を対象とした調査では，事業所（施設）利用の目的について，「働くため」と回答した者が74.5%であったことなどが報告されています（表Ⅲ-2）。この働く理由については，「工賃を得るため」が58.6%と最も多いですが，その他に「生きがい」といった回答が28.8%，「ともだちづくり」といった回答が26.8%あったとされています（表Ⅲ-3）。このように，就労継続支援事業は障害者の働くことを支援していますが，賃金の獲得など，経済的支援をしているだけではなく，社会的な役割を獲得し，生きがいや友人をつくることなど，障害者の居場所としての機能も持ち合わせているといえます。

障害者総合支援法[6]では，「常時介護を要する障害者等に対する支援，障害者等の移動の支援，障害者の就労の支援その他の障害福祉サービスの在り方」について施行後3年を目途に検討するとして，この間，検討されてきましたが，新たな施策等の具体的な提案までには至っていません。障害者の就労の継続を支援するのが就労継続支援ですが，そもそも障害者の就労，すなわち働くとはどういうことなのか，根本的な視点で考えていく必要があります。

（相馬大祐）

▷6 **障害者総合支援法**
⇨Ⅷ-1参照。

表Ⅲ-2 事業所利用の目的

	人数	%
働くため	1,467	74.5
日中の居場所として利用するため	348	17.7
その他	89	4.5
無回答／回答除外	66	3.4
合計	1,970	100.0

出所：全国社会就労センター協議会『利用者本位の支援を実践するためのアンケート調査』2010年。

表Ⅲ-3 事業所で働く理由

	回答数	%
工賃を得るため	1,153	58.6
生きがい	567	28.8
ともだちづくり	528	26.8
社会に役立ちたいから	385	19.6
その他	141	7.2
有効回答者数	1,970	―

出所：表Ⅲ-2と同じ。

障害児支援施設の実態と今後のあり方

障害児支援施設には，長期間にわたり医療や訓練，生活指導を行い，自立に向けた指導訓練を行う入所施設と，在宅の障害児の療育・訓練を行う通園施設があります。障害者自立支援法の施行により，障害児施設は2006年10月から措置から契約方式に変わるとともに，重症心身障害児施設や居宅サービス，育成医療などが自立支援給付体系に移行しました。その後，障害者自立支援法の見直しとともに**児童福祉法の一部改正**[1]（2012年４月施行）がなされました。

1 児童福祉法の一部改正に伴う変化

児童福祉法の一部改正により，それまで利用形態別に分けられていた施設体系が一元化され，根拠法も児童福祉法一つになりました（図Ⅲ-6）。今回の改正の狙いは，様々な障害に対応するとともに，障害特性に応じた専門的な支援の提供や，身近な地域での支援が受けられるようにすることです。

ここでは主に入所施設の実体と今後のあり方についてふれ，障害児通所支援についてはⅣ-12「障害児の地域生活を支える事業」で詳しく述べます。

入所施設は，従来の知的障害児施設・自閉症児施設，盲児施設，ろうあ児施設，肢体不自由児施設・肢体不自由児療護施設，重症心身障害児施設が，障害児入所支援として一元化され，医療の提供の有無によって福祉型障害児入所施設と医療型障害児入所施設とに変更されました。

2 障害児入所施設の実体

障害児入所施設は，福祉型障害児入所施設と，医療型障害児入所施設（**指定医療機関**[2]含む）に移行し障害児入所支援として一元化されました。福祉型，医療型ともに共通する支援（以下，共通支援）として，障害児の保護と日常生活の指導，独立自活に必要な知識技能を与えることです。**対象児童**[3]は，発達障害児を含め障害（身体・知的・精神）のある児童や，手帳の有無に関わらず児童相談所や医師等により療育の必要性が認められた児童です。

福祉型障害児入所施設は，従来の知的障害児施設，第二種自閉症児施設，盲ろうあ児施設，肢体不自由児療護施設が移行しました。支援内容は，共通支援に加え，主に自立を支援し，地域生活移行に向けての支援を強化し，**障害者施策**[4]に繋げるようにします。また，障害の特性に応じた適切な支援や重度・重複障害児，被虐待児等への対応も目指しています。

▶1　**児童福祉法の一部改正**
障害者自立支援法の廃止に先立ち2010年12月に「障がい者制度改革推進本部等における検討を踏まえて障害保健福祉施策を見直すまでの間において障害者等の地域生活を支援するための関係法規の整備に関する法律」の公布に伴い，児童福祉法が改正された。

▶2　**指定医療機関**
独立行政法人国立病院機構もしくは独立行政法人国立精神・神経医療研究センターが設置する医療機関であり，厚生労働大臣が指定するものをいう。

▶3　**対象児童**
情緒障害は，児童の適応障害のうち，情緒不安定や情緒表現を十分に行えないなどの情緒面での障害をいう。登校拒否や緘黙（かんもく），自閉的傾向などが含まれ，社会的養護施設である情緒障害児短期治療施設（通称，児童心理治療施設）において心理的治療や生活指導などがなされる。

▶4　**障害者施策**
障害者自立支援法見直しにより2013年４月から障害者総合支援法によって対応する。

医療型障害児入所施設は，従来の第一種自閉症児施設，肢体不自由児施設，重症心身障害児施設が移行しました。対象は，専門的な医療や支援を必要とする知的障害児，肢体不自由児，重度・重複障害児や被虐待児などです。支援内容は，共通支援に加え治療や訓練を行います。自閉症児支援では精神科医療や強度行動障害への対応を，肢体不自由児支援ではリハビリ科医療や短期訓練などを主に行います。また，重度心身障害児は，本人をよく知る職員が継続的に関わるなど児者一貫した支援が必要となります。そのため，重症心身障害児施設では，医療型障害児入所施設と療養介護（障害者施策）を一体的に実施し，18歳以降も利用できるようにしました。

3 障害児入所施設の今後のあり方

児童福祉法の一部改正により，医療型と福祉型に改編されるとともに居住環境の整備や職員の充実などが図られ，障害の特性にあった支援が可能となりました。また，利用者負担は応能負担となり利用者負担の上限の設定や，医療費や食費の減免などの負担軽減が図られています。しかし，移行後にも，施設収容を優先する考えや**コロニー**[5]など山間部に建てられ社会から隔絶された施設などが残っています。

今後さらに，スタッフの意識改革や専門的な治療・訓練や自立支援を図り，地域生活を支える事業などの充実強化が求められています。　（和泉とみ代）

▶5　**コロニー**
⇨Ⅲ-2参照。

参考文献

「10万人のためのグループホームを！」実行委員会編『もう施設には帰らない　知的障害のある21人の声』中央法規出版，2002年。
施設入所のエピソードや地域生活の様子などを聞き取り，本人の声をありのままに伝えた本である。続編に，『もう施設には帰らない〈2〉知的障害のある15人，家族・コーディネーターの声』中央法規出版，2003年がある。

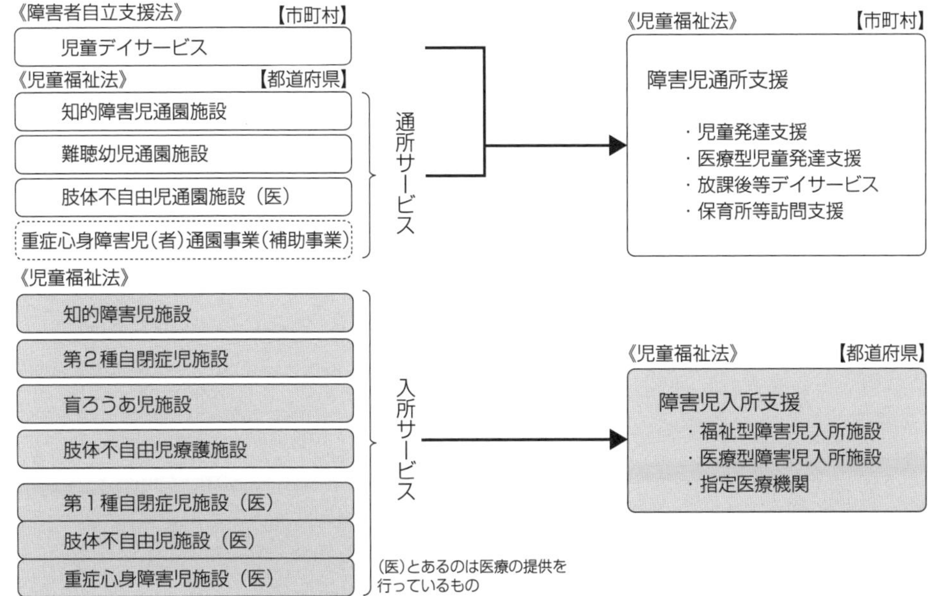

図Ⅲ-6　障害児支援（通所・入所）の一元化

出所：厚生労働省「児童福祉法の一部改正の概要」を参考に筆者作成。

地域生活支援の歩み：障害者総合支援法に至るまでの展開

社会福祉の改革と地域生活支援

障害者種別対策から障害者全体に対しての地域福祉対策の重視への転換が生じたのは，1990年の福祉関係八法の改正です。この八法の改正では身体障害者福祉法，知的障害者福祉法，の二法が障害者福祉分野の改正の対象になりました。

身体障害者福祉法では，身体障害者更生援護施設の入所権限を町村へ移行したこと，在宅福祉サービスを制度として明確にしたこと，の２つは地域福祉の推進の点で重要です。知的障害者福祉法では，都道府県の行っていた業務権限を指定都市（大都市）へ移行したこと，在宅福祉サービスを制度として明確にしたこと，の２つが同様の点で重要です。

1990年の身体障害者福祉法の改正，知的障害者福祉法の改正により，これまでの施設福祉サービスに比べて比重の低かった在宅福祉サービス整備方針が明確になり，市町村に各種の福祉サービスの**措置権限**[1]を，身体障害者福祉，知的障害者福祉などの分野別に段階的に移行する方向が打ち出されました。

▶1　**措置権限**
行政機関が法に基づいてサービスの支援を決定する権限のこと。ただし，2003年以降の障害者福祉では，これまでの措置権による福祉サービスの多くが利用者とサービス提供者との直接契約によるサービス提供（支援費制度）に変わる。

1993年の障害者基本法では精神障害者を障害者として位置づけ，精神障害者への福祉サービスの論拠を示した点で重要です。このことに加えて，都道府県や市町村の障害者基本計画策定の必要性（努力義務）を示したことも重要です。この障害者基本法の障害者基本計画策定の規定を受けて，1995年に，政府が市町村障害者計画指針の提案を行い，さらに，同年，国の障害者プラン（ノーマライゼーション７か年戦略）が発表されました。また，市町村障害者計画策定指針に基づいて，市町村においても障害者計画の策定の取り組みが進展し，自治体（市町村）の責任で必要な施設や人材を整備していくという行政責任による方向性を障害者福祉分野でも明確にしました。

「社会福祉の基礎構造改革について（中間まとめ）」は1998年に厚生労働省により公表され，同年12月には追加意見が出され，1999年には最終報告が出されました。この改革の理念は７点あげられていますが，この中で，サービス利用者と提供者との対等な関係の確立，多様なサービス提供主体の参入促進，市場原理によるサービスの質と効率化の向上の３点は，1990年以降の地域生活支援を中心にした障害者福祉改革の方向性と関連の深いものになっています。詳しくは「行政，政策，計画」でふれます。

2 地域生活支援の制度・施策

地域生活支援の具体的な制度としては，身体障害者，知的障害者，精神障害者それぞれの障害に応じた地域生活支援事業があげられます。その他にも，この「Ⅳ 地域生活支援について考える」で取り上げる機関は障害者の地域生活支援に重要な役割を果たします。ここでは，障害者自立支援法の施行以前（2005年以前）の地域生活支援事業についてふれます。

主に身体障害者を対象にする市町村障害者生活支援事業の事業内容としては，①在宅サービス（ホームヘルプサービス，デイサービス，ショートステイなど）の利用援助，②社会資源を活用するための援助，③社会生活を高める援助，④ピア・カウンセリング，⑤専門機関の紹介，の５点があげられています。

知的障害者を含んだ障害児（者）を対象にする障害児（者）地域療育等支援事業の事業内容は，大きく，在宅障害児・者の支援をする療育等支援施設事業とそれら支援施設を専門的に支える療育拠点施設事業の２つに分けられます。療育等支援施設事業の中の地域生活支援事業は在宅障害児・者及び保護者に対して相談や各種のサービス提供に関する援助，調整を行うとされています。

精神障害者に対する精神障害者地域生活支援事業の事業内容には，①日常生活の支援，②相談，③地域交流，の３つの項目が重要です。ただし，精神障害者の在宅サービスの種類も資源も少ないことがあり，在宅サービスの調整がむずかしいことがあります。今後，在宅サービスの拡充が急速に進めば，精神障害者の領域でもサービス調整の重要性が高まっていきます。

ただし，**障害者総合支援法**[2]では，障害の種別を越えた相談支援事業として，「市町村地域生活支援事業」の中に位置づけられました。

▶2 **障害者総合支援法**
2005年に成立した障害者自立支援法を受けて2012年に成立し，2013年度から施行された。⇨Ⅷ-1参照。

3 地域生活支援事業（相談支援事業）の課題

障害者自立支援法以降の相談支援事業の課題として，①相談支援に関する国庫補助事業の廃止により，市町村の裁量にある地域生活支援事業に位置づけたことの結果として自治体間格差が生じたこと，②既存の制度における障害の枠にあてはまらない多様な相談対応への不備，③利用者中心のケアマネジメント実施の困難さ，④専門相談機関への紹介の困難さといった４点があげられます。したがって，障害者総合支援法ではこれらの課題の解決が求められています。具体的な取組みとしては，総合的な相談支援の拠点の設置，都道府県の専門相談機関への紹介システムの充実があります。総合相談には，既存制度の障害分野にこだわらない幅広い相談に対応することや専門相談機関にリファー（紹介）が必要です。また，相談支援事業者の作成した計画（サービス等利用計画）に関しての助言指導，ピアサポート人材の育成と支援やアドボカシー（権利擁護）活動の実施といったことも求められています。（小澤　温）

2 共同作業所の始まりとその後の展開

1 共同作業所とは

障害者の地域生活を支える社会資源の一つに共同作業所をあげることができます。共同作業所は，障害者に昼間に通所してもらい，部品の組立てや点検などの軽作業を行う場を提供する施設です。共同作業所は法定外施設であり，「共同作業所」という名称も法律で規定されているわけではなく，「小規模作業所」や「無認可作業所」，「地域作業所」と呼ばれることもあります。また，施設運営についても柔軟性があり，障害種別を越えた利用が可能となっています。活動内容も多様で，現在はパンを製造し販売している作業所，喫茶店を営業している作業所，昼食会やレクリエーションを中心に活動している作業所などさまざまな形態の作業所があります。開所日や時間についても，夜遅くまで開いている作業所，土曜日や日曜日も開所している作業所もあります。

2 共同作業所の展開とその背景

共同作業所の展開は，1960年代から知的障害者を対象とした作業所の設置が試みられ，その後身体障害者や精神障害者へと作業所の対象が拡大されていきました。1980年代には，共同作業所に対する補助金制度が発足したことにより作業所設立ブームがおこり，法定施設の設置が遅れる中で飛躍的に設置数が増えていきました。1990年代半ばには，全国で３千か所を超え，2003年には約６千か所，障害者自立支援法施行時（2006年４月）時点では，5777か所あり，多くの在宅障害者が利用していました。このように共同作業所は法外施設でありながらも地域で生活している障害者にとって，最も身近な社会資源としてみることができます。共同作業所が発展してきた背景についてですが，一般就労が困難な養護学校卒業後の障害児の進路が大きな問題となっていました。法定通所施設は設置があまり進んでおらず，また利用要件が厳しいことから重度障害者や重複障害者は利用対象から外れてきました。また，1988年の精神保健法によって，今まであまり検討されてこなかった入院中の精神障害者の社会復帰に焦点が当てられ，作業所の活動が注目されてきました。つまり，共同作業所は法定外施設ゆえの柔軟性をもつことから法定施設の補完的な役割を果たしうること，入所施設（病院）からの社会復帰や障害者の地域生活を支援する施設として位置づけられたことによって設置が進んできたと考えることができます。

表Ⅳ-1 共同作業所の役割

共同作業所の役割	共同作業所の位置づけ	活動例
就労支援的な役割	働く場	下請け等の軽作業，自主製品作り実施
	就労前訓練の場	技術の習得，生活リズムの調整
地域生活を支える役割	憩いや仲間作りの場	レクリエーション，セルフヘルプ，文化娯楽活動など
	日常生活支援の場	相談活動，訪問，服薬・金銭管理支援，昼食会
活動体としての役割	地域交流・啓発の場	交流会，ボランティアの受入れ，啓発活動，署名運動

出所：筆者作成。

3 共同作業所の役割とは

共同作業所の役割には，その名称からも明らかですが，障害者に作業労働の場を提供するという役割があります。しかし，利用者のニーズの多様化に伴い，共同作業所は柔軟性を生かしてその形態や活動を変化させ，同時に共同作業所の役割も多様化してきました。共同作業所の役割を整理すると表Ⅳ-1のようになります。近年では就労支援的な役割よりも地域生活を支える役割を中心に置く作業所が増加しています。

4 共同作業所の課題と障害者自立支援法施行後のあり方について

共同作業所の運営団体は，その設立経緯から家族会が運営団体になっている場合が多くあります。しかし，家族会のメンバーが高齢化していること，利用者自身や家族が受けてきた偏見などから閉鎖的に活動しようとすること，活動に対して保守的な家族会と社会福祉を専攻してきた熱意のある職員との間に亀裂が生じていることなど多くの問題を抱えています。今後，地域に開かれた共同作業所になるためにも，ボランティア，民生委員などの地域住民の，また作業所利用者自身の運営委員会への参加が重要であると考えられます。また，共同作業所は法外施設であり，慢性的な職員不足とそれによる職員の過重労働による燃え尽き，離職などの問題がありました。障害者自立支援法でも法定化されなかった共同作業所は，新法体系の事業を選択する方法と，法外施設としての柔軟性をもったまま共同作業所を展開していく方法がありました。実際には法施行後は共同作業所の大きな財政基盤であった自治体の補助金も縮小傾向にあり，多くの共同作業所が地域活動支援センター[1]へと移行しました。地域活動支援センターは国の義務的経費の自立支援給付と異なり，市町村の財政負担となるため移行前の補助水準を下回るケースもあり，共同作業所の時代からの財政基盤の脆弱さは解消されていません。障害者総合支援法において地域活動支援センター機能強化事業が展開されましたが，地域において果たしてきた共同作業所の役割を再確認し，就労継続支援Ｂ型事業所や生活介護事業所といった法定施設とともに地域生活支援システムを形成していくことが重要です。

（榎本悠孝）

▶1 障害者自立支援法の施行後，共同作業所の財政基盤であった自治体からの補助金制度が多くの自治体で廃止され，地域活動支援センターへの事業費補助に移行することになった。地域活動支援センターは，市町村が実施する地域生活支援事業の必須事業として，障害者総合支援法第77条9項に規定されている。障害者等を通わせ，創作的活動又は生産活動の機会の提供，社会との交流の促進等のサービスを行う施設である。交付税財源で実施される基礎的事業と，地域活動支援センターの機能充実（職員の加配等）を目的とした地域活動支援センター機能強化事業がある。

3 相談支援事業について（その１）：ケアマネジメントの多様性

1 ケアマネジメントの始まり

ケアマネジメントの起こりは，1970年代のアメリカにおける精神医療施策にみることができます。当時，アメリカではノーマライゼーション思想の展開のもとで脱施設を中心とした制度改革に取り組むことが知的障害者の問題から生じ，数々の大規模施設の縮小・解体と地域生活推進のための基盤（グループホームなどの小規模住居）整備が行われました。この動きは精神障害者問題にも影響を与えて，精神医療における長期入院解消のための退院促進の取り組みが始まりました。しかし，精神障害者の退院促進の取り組みは，逆に，大都市の野宿者の増加といった大きな社会問題を生みだしました。このような実践の中で，精神障害者が地域で生活をするためには，医療的な支援，福祉サービスの提供，生活の場の確保，所得保障などのさまざまな地域サービスを提供しなければならないことが明らかになりました。そのために，精神保健センターを地域に設置して，さまざまな地域サービスの提供の判断を集中して行うようにしました。このような取り組みは地域における多様な社会資源を組み合わせて対象者に提供する方法を生みだし，ケアマネジメントの先駆けとなりました。その後，地域における多様な社会資源を組み合わせて対象者に提供する実践は他の障害者や高齢者の領域にも広がりました。

2 ケアマネジメントと社会福祉基礎構造改革

わが国では，「社会福祉基礎構造改革について（中間まとめ）」(1998年）と「今後の障害者保健福祉施策のあり方について」(1997年）の２つの厚生労働省の報告書において，ケアマネジメント手法による効果的なサービス提供の必要性について論じています。さらに，1998年には，身体障害者，知的障害者，精神障害者（2001年に改定）の３つの障害用の**ケアガイドライン**[1]（ケアの考え方および指針）が厚生労働省から公表され，それぞれの障害特性に応じた基本理念，介護の原則，ケアマネジメントの具体的な進め方などの点が明らかにされました。

▶1　**ケアガイドライン**
障害者のケアおよびサービス提供を行うにあたっての考え方と進め方の指針である。

1997年から1998年にかけて，３障害（身体障害，知的障害，精神障害）それぞれのケアガイドラインが厚生労働省より公表されました。その後，知的障害ケアガイドラインは最初の試案から2000年に正式なものが公表されました。また，精神障害ケアガイドラインは2001年に改定版が公表されています。

2003年には「障害者ケアマネジメントの普及に関する報告書」が厚生労働省より公表されました。この報告書は，3障害を統合したケアマネジメントのあり方にふれている点で画期的なものです。ただし，具体的なケアマネジメントの進め方は，各障害別のケアガイドラインの果たしている役割が大きいことが考えられます。

これらのガイドラインでは，ケアの理念として，自立と社会参加，地域生活支援，自己決定の尊重が3障害に共通して述べられています。また，これらのガイドラインは，ケアマネジメント過程を重視しているので，相談，アセスメント，ケア計画，サービス提供といったプロセスにそって，その内容の説明と必要な書式を示しています。

これまで，障害者手帳の判定以外に，障害者福祉サービスの提供の仕方に統一的な基準がなかったので，画期的な取り組みと考えることができます。さらに，これらの3つの障害のケアガイドラインが統合されていけば，障害種別，縦割りサービスを越えて，ニーズ中心のサービス提供システムへの転換が促進されていく可能性をもっています。

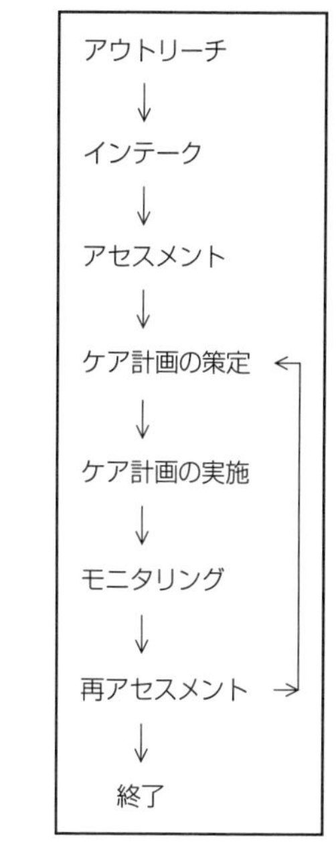

図Ⅳ-1 ケアマネジメントの流れ

3 ケアマネジメントの方法と理念

ケアマネジメントの一連の流れは，入り口（アウトリーチおよびインテーク），アセスメント（社会生活上のニーズの把握），ケア計画の作成，ケア計画の実施，モニタリング（サービスの提供状況の監視とフォローアップ），再アセスメント，終了，の各段階からなっています（図Ⅳ-1）。

アウトリーチとはサービス利用者の発見・把握であり，障害者である利用者の発見・把握が困難なこともあり，重要なステップです。インテークは，初回面接あるいは受理面接とも呼ばれ，利用者との信頼関係を作ることが重要です。ケアマネジメント援助で重要な点は，支援の対象者（サービス利用者）の社会生活上のニーズの把握があげられます。これは，支援対象者が社会生活を推進する上で，何をしたいのか，何に困っているのか（生活ニーズあるいは生活における要援護性）に基盤を置いたニーズ把握であり，医学における障害や疾患に重点を置いたニーズ把握とは異なります。また，これらの生活ニーズは医学的な障害や疾患の理解と異なり，障害者個々人によって大きな違いがみられます。そのため，ニーズ把握の際には個別性を重視した把握が重要です。

次に重要な点は，把握されたニーズを充足するために適切な社会資源（サービス）と結びつける取り組みです。これはサービス・リンキング（リンゲージ・サービス）と呼ばれたりします。障害者の場合は高齢者に比べて，社会資源やサービスが量的にかなり少ないことが指摘されています。適切な社会資源や社会サービスが現状では見つからない場合，それらの資源やサービスを開発することがケアマネジメント実践に求められています。特に，精神障害者の場合は，身体障害者や知的障害者に比べて著しく社会資源が少ないので社会資源やサービスを開発することはきわめて重要です。

これらの障害者に対するケアマネジメント実践に一貫している考えとして重要なことは，個別性を重視した援助，サービス利用者のニーズが中心になる考え（利用者中心），生活者として障害者をとらえる考え（生活の質・QOLの重視），利用者自身が問題解決能力をつけていく考え（エンパワメント），自己決定を中心に据えた自立の考え（自立の新しい考え方），利用者の権利擁護（アドボカシー），の6点をあげることができます。特に，高齢者のケアマネジメントに比べて，障害者では，利用者自身が問題解決能力をつけていく考え（エンパワメント），自己決定を中心に据えた自立の考え（自立の新しい考え方），利用者の権利擁護（アドボカシー），の3点が非常に重要であり，障害者のケアマネジメントの特徴といっても過言ではありません。

4　ケアマネジメントの課題

ケアマネジメントに関しては大きく2つの対立する考えがあるといわれています。一つは，利用者の全体的なニーズを把握し，アセスメント，必要な社会資源の開発，利用者の権利擁護，サービスの質の評価などを行う考え方です。この考え方は障害者ケアマネジメントではもっとも重要な考え方です。もう一つは，ケアマネジャーに予算執行権があり，サービスのパッケージ化（組み合わせて提供すること）によってサービスに関わる費用を抑制する効果をもたらす考え方です。**介護保険制度**[2]では後者の考え方が含まれているといわれています。また，障害者福祉分野でも，**障害者総合支援法**[3]の支給決定手続きのさいに，サービス利用計画の作成がなされ，ケアマネジメントが行われます。

また，方法的にも混乱があります。すでに述べたように，障害者に対するケアマネジメントの歴史は古く，アメリカでは1970年代から展開されてきています。そのために，地域特性や対象者の特性に応じてさまざまな方法が考案されています。ケアマネジメントの方法としては，サービス調整重視の方法（ブローカー型），積極介入重視の方法，リハビリテーション重視の方法，ソーシャルワーク重視の方法，などに分けることができます。

サービス調整重視の方法は，ブローカー型のケアマネジメントともいわれ，伝統的なケアマネジメントの方法の一つです。利用者のニーズに応じて，サービスの仲介，調整，配分を行う方法であり，介護保険制度におけるケアマネジメントもこの型の一つとして考えることもできます。ただし，この方法は重度の障害者に対してはあまり有効ではないことがいわれています。その他の方法は重度の障害者に対するケアのあり方から考案されたものが多く，さまざまな角度から有効性が検討されています。

現在，考案されている障害者ケアマネジメントのテキストでは，身体障害，

▶2　**介護保険制度**
これまでの措置制度に代わる高齢者介護サービスにおける，社会保険制度によるサービス提供方式である。介護保険制度では，サービス受給にあたって，ケアプランが必要とされ，ケアプラン作成にケアマネジメントが関わっている。
詳しくは，⇨Ⅷ-2参照。

▶3　**障害者総合支援法**
⇨Ⅷ-1参照。

知的障害のケアマネジメントが，どちらかといえば，ソーシャルワーク重視の方法に近く，精神障害のケアマネジメントでは，リハビリテーション重視の方法に近いように思えます。このように，高齢者，身体障害，知的障害，精神障害などの対象の違いによって重視される方法が異なっている現状があるので，現場はたいへん混乱しやすい状況がみられます。

わが国では障害者に対するケアマネジメント実践はこれから開始する状況であり，ケアマネジメント方法に関しては試行事業などの実践を積み重ねながら検討をしていく必要があります。

5 ケアマネジメントと行政計画（障害者計画）との関係

ケアマネジメントは対人援助方法として位置づけられますが，ケアマネジメントに必要な社会資源の開発と調整のためには，利用者のニード把握，ニーズに対する社会資源の必要量と有効な配置の把握では，地域における障害者計画および障害福祉計画の策定が重要になります。その点では，ケアマネジメントは行政計画策定に重要な役割を担っています。

ケアマネジメントと**障害者計画および障害福祉計画**[4]との関係は２つの側面が考えられます。一つは計画策定に必要な，障害者のニーズの発見と把握への貢献です。また，障害者のニードからみた社会資源の開発と把握です。もう一つは，障害者計画によって地域の社会資源が整備されれば，ケアマネジメントにおけるケアプラン策定，社会資源の調整（コーディネーション）が障害者のニードに対応しやすくなり，うまくケアマネジメントを進めることができます。

社会福祉基礎構造改革における利用者による福祉サービスの契約に基づいた新しい仕組みでは，行政は直接的なサービス提供機関としてよりも，サービスの基盤整備，サービスの質の評価，利用者の権利擁護機関として果たす役割が大きくなります。このことは，「行政，政策，計画づくりについて考える」に詳しく書かれています。また，この役割に加えて，地域の障害者に関する計画（障害者計画）策定の役割も重要になります。

社会福祉法（2000年，社会福祉事業法の改正）では，これまでの障害者，高齢者，児童といった分野別の計画に加えて，市町村地域福祉計画と都道府県地域福祉支援計画の２つの策定が盛り込まれました。この計画の特徴は，これまでの分野別の計画ではなく，地域福祉という横断的な視点での計画づくりの視点が入ったことです。このような横断的な計画づくりは，ケアマネジメントにおける社会資源の開発と配置を障害者，高齢者，児童の分野を越えて整備をし，ケア計画の策定におけるサービス調整を効率的に実施する上で重要です。ケアマネジメントが，その有効性を十分に発揮するためには，行政（市町村，都道府県）における計画策定をいかに重視するかにかかっています。（小澤　温）

▶4　**障害者計画と障害福祉計画**
障害者基本法に基づく行政計画。障害者総合支援法では，これとは別に障害福祉計画の策定が市町村に義務づけられた。

参考文献

白澤政和『ケアマネジメントハンドブック』医学書院，1998年。
ケアマネジメントに関する考え方，手法，進め方，留意点などを系統的にまとめている。初めてケアマネジメントを学ぶ人にもわかりやすい内容になっている。

相談支援事業について（その2）：基本相談・計画相談を中心として

1 障害者総合支援法における相談支援

障害者が相談できる専門的な機関は複数ありますが，本項では障害者総合支援法における相談支援についてみていきます。2012年4月以降，障害者総合支援法の相談支援とは，**地域生活支援事業における障害者相談支援事業**[1]のほかに，以下のように4つに分類されます。まず，相談，情報提供及び助言，市町村及び事業所との連絡調整等を行う基本相談，次に，地域移行・地域定着支援を行う地域相談，3つ目に障害者のサービス等利用計画の作成を行う計画相談，最後に障害児のサービス等利用計画の作成を行う障害児相談です。

計画相談支援とは障害福祉サービス支給時のサービス等利用計画の作成及びそのモニタリングを指しています。2012年4月以降，障害福祉サービスを利用する場合はサービス等利用計画案が必要になりました。その計画案を作成するためには，障害者の生活状況の情報収集やニーズ評価を行うともに，そのニーズにあったプラン作成，その後の介入とモニタリングといった一連の**ケアマネジメント**[2]のプロセスが重要になります。

このように，計画相談支援を行うためには，障害当事者のニーズを把握するための関係性作りや，地域の社会資源を知っていることが求められており，先に示した基本相談が重要になります。すなわち，基本相談と計画相談は別々の支援として認識するのでなく，一つの支援として一体的に理解する必要があります。そして，このように基本相談と計画相談を行う事業所を特定相談支援事業所と呼びます。

2 実　態

それでは，特定相談支援事業所はどの程度整備されているのでしょうか。図Ⅳ-2は障害児相談支援を実施する事業所も含まれますが，2012年4月には2851事業所だったのが，2015年4月には7927事業所と約2.8倍に増加していることが分かります。また，特定相談支援事業所に配置されている**相談支援専門員**[3]は専任，兼任かは不明ですが，5676人（2012年4月）から1万5575人（2015年4月）と事業所と同じように増加傾向にあります。

一方，実際の計画相談の実績については，市区町村による相違が指摘されています。厚生労働省は2015年3月末までにサービスを利用している全ての障害

▶1　**地域生活支援事業における障害者相談支援事業**
地域生活支援事業の必須事業に位置づく。障害者の生活に関する相談に応じるとともに，社会福祉サービスの情報提供，市町村やサービス提供事業所との連絡調整を行う事業。社会福祉法人やNPO法人等に委託するか，市区町村直営で行うかといった実施方法は市区町村の裁量に委ねられている。

▶2　**ケアマネジメント**
⇨Ⅳ-3参照。

▶3　**相談支援専門員**
相談支援の従事者のこと。障害者自立支援法施行以降の制度では，相談支援専門員と呼んでいる。

者のサービス等利用計画作成を求めた結果，2015年6月時点の全国の障害福祉サービス利用者に占める計画作成割合（以下，作成率）は約8割にのぼります[4]。詳細な作成率の内訳をみると，1741市区町村のうち，90％以上が1097市区町村，80％以上90％未満が230市区町村と全体の76％を占めています。その一方で，作成率が50％に達していない市区町村が80（4.6％）確認されています。

また，作成率が高い市区町村でも，通称“セルフプラン”の割合が極端に高い市区町村の存在が指摘されています[5]。これは障害者本人が作成することを指し，障害者本人が自ら希望する場合は望ましいと言えます。しかし，安易に“セルフプラン”に誘導することで，専門職によるアセスメントやモニタリングを受けられなくなることも意味します。計画相談は障害福祉サービスの全利用者が受けられるサービスです。すなわち，計画相談を利用するか，しないかは障害者本人が選択できることを意味しているのですが，利点と欠点を専門職からていねいに説明した上で，障害者本人に適切に判断してもらうことが重要になります。

▶4　厚生労働省「障害者相談支援事業の実施状況等の調査結果について」2015年。

▶5　厚生労働省「障害保健福祉関係伝達事項」2015年。

3 今後の課題

量的な整備だけでなく，計画相談の質をどのように向上させるかも重要な視点です。すなわち，作成されるサービス等利用計画の質について，一定のレベルを保つことが重要です。そのためには，たとえば，計画相談を実施する事業所と作成されたサービス等利用計画を点検する事業所（例：地域生活支援事業の委託事業所や**基幹相談支援センター**[6]）と事業所毎に役割分担をするといった相談支援体制を再構築することが求められます。それぞれの相談支援専門員の個々の研修はもちろんのこと，上記のようなシステムを構築し，“セルフプラン”やサービス提供事業所と同一法人による計画相談への第三者の視点の導入について，検討していく必要があります。（相馬大祐）

▶6　**基幹相談支援センター**
相談支援の機能強化と地域の中核的な役割を担う機関として2012年4月より法定化された。
その役割としては，障害者等の相談・情報提供・助言を行うこと，地域の相談支援事業者間の連絡調整や，関係機関の連携の支援を行うこと，の2つが重視されている。

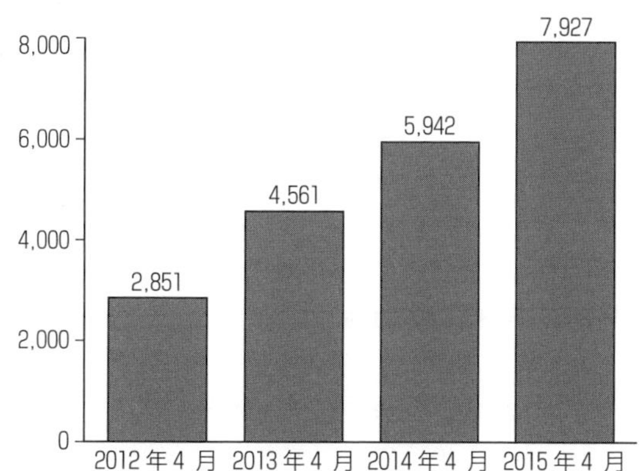

図Ⅳ-2　特定相談支援事業所の推移

出所：厚生労働省「障害者相談支援事業の実施状況等の調査結果について」2015年をもとに筆者作成。

5 相談支援事業について（その3）：退院促進・地域移行を中心として

1 精神保健福祉法における相談支援

わが国では，1993年の障害者基本法，1995年の精神保健福祉法と「障害者プラン――ノーマライゼーション7か年戦略」，1999年の「今後の障害保健福祉施策の在り方について」により，障害者の地域生活支援施策の整備が強調されてきました。

1995年の「障害者プラン」では，障害者の地域における自立生活を目指し，総合的な相談・生活支援を支えるために，その重点項目の一つとして精神障害者地域生活支援事業が創設されました。その実施機関として，精神障害者地域生活支援センター（以下，地域生活支援センター）が規定されました。

1999年の精神保健福祉法の改正により，地域生活支援センターは精神障害者社会復帰施設の一つとして位置づけられ，第二種社会福祉事業として，公共性の高い社会福祉事業として認められることになりました。地域生活支援センターは，地域に実態等および各種の啓発普及を行うとともに，地域に積極的に出向き，日常生活支援，相談支援，地域交流などを行うこととされました。センターの専従職員である精神保健福祉士は精神障害者の総合的な相談に応じ，ケアマネジメントの手法を用いながら生活支援を行うことになりました。

2 障害者総合支援法における相談支援

2000年の社会福祉法改正によって地域生活支援事業が相談支援事業として法制化されました。これを受けて，2002年には厚生労働省社会・援護局による「障害者ケアガイドライン」が示されるとともに，相談支援従事者研修が実施されました。しかし，2003年度に開始された支援費制度において，相談支援に不可欠な中立・公平性の課題が生じることとなり，相談支援のしくみが制度化されませんでした。続く2006年に制度化された障害者自立支援法（現，障害者総合支援法）によって，3障害を統合した制度的編成が行われ，相談支援事業は市町村及び都道府県の責務として位置づけられました。

これにより，先述の精神障害者地域生活支援センターの機能分化が図られ，市町村における地域生活支援事業の障害者相談支援事業と地域活動支援センター事業に移行されました。この相談支援事業には一般的相談と専門的相談があります。前者は障害者全般にまつわる一般相談を行います。後者には居住サポート事業，成年後見制度利用支援事業，基幹相談支援センター機能強化事業があります。

 3 精神障害者の地域移行支援・地域定着支援における相談支援

地域移行支援・地域定着支援の歴史は，精神障害者領域から始まりました。わが国の精神保健福祉領域の課題として，精神科病院における社会的入院の解消があげられます。2004年9月に精神保健福祉対策本部が取りまとめた「精神保健医療福祉の改革ビジョン」には「入院医療中心から地域生活中心へ」を基本理念とし，「受け入れ条件が整えば退院可能な精神障害者」の解消を目指した具体的な施策が示されました。5年後の2009年9月には，「精神保健医療福祉の更なる改革に向けて」をタイトルとして，精神保健医療体系の再構築，地域生活支援体制の強化，精神医療の質の向上，普及啓発の重点的実施といった施策を掲げた報告書が公表されました。

その一方で，2003年度から開始された**精神障害者退院促進支援事業**[1]は障害者自立支援法（現，障害者総合支援法）に組み込まれ，2008年度からは地域体制整備コーディネーターや地域移行推進員を規定した，精神障害者地域移行支援特別対策事業として実施されることになりました。その後，2010年度には精神障害者地域移行・地域定着支援事業と改称されました。地域移行推進員と地域体制整備コーディネーターの配置が引き続き行われ，加えて，未受診・受療中断等の精神障害者に対する支援体制の構築と精神疾患への早期対応を行うための事業内容が組み込まれ，ピアサポーターの活用とともに，地域住民との交流事業が追加されました。

また，2010年12月の障害者自立支援法（現，障害者総合支援法）の改正により，相談支援体制の強化を目的として，「障害者」の相談支援体系の見直しが行われました。これにより，精神障害者地域移行・地域定着支援事業と居住サポート事業が都道府県知事から指定された指定一般相談支援事業者（地域移行・地域定着担当）に移行され，地域相談支援と基本相談支援を行うことが規定されました。前者の地域相談支援は2012年度から障害者自立支援法（現，障害者総合支援法）に基づく個別給付になり，地域移行支援と地域定着支援を行うことになりました。
その後，市町村の相談支援体制の強化のために，2012年4月から総合的な相談支援を担う基幹相談支援センター[2]が設置できることになりました。翌年の2013年4月には障害者総合支援法の相談体系に引き継がれ，①基本相談支援，②地域相談支援（地域移行支援・地域定着支援），③計画相談支援（サービス利用支援，継続サービス利用支援）の3つの相談支援類型が定められました。

地域移行支援とは，施設や精神科病院の入院者等を対象として，地域移行支援計画を作成し，地域生活を送る準備のための外出への同行支援や入居支援等

▶1　**精神障害者退院促進支援事業**
2003～2005年度「精神障害者退院促進支援モデル事業」を経て，2006～2007年度「精神障害者退院促進支援事業」では全国的に実施されることとなった。
2008～2009年度「精神障害者地域移行支援特別対策事業」精神障害者の退院・退所及び地域定着に向けた支援を行う地域推進員（自立支援員）の指定相談事業者等への配置，精神障害者の退院促進・地域定着に必要な体制整備の総合調整を行う地域体制整備コーディネーターを配置することが規定された。
2010年から地域生活への移行支援に加えて地域生活への移行後の定着支援も行う事業への見直しがなされ，「精神障害者地域移行・地域定着支援事業」と改称された。

▶2　基幹相談支援センターの4つの業務は，①総合的・専門的な相談支援の実施，②地域の相談支援体制の強化，③地域移行・地域定着の促進の取組である。

○対象者

■以下の者のうち，地域生活への移行のための支援が必要と認められる者
○障害者支援施設，療養介護を行う病院，救護施設・更生施設，矯正施設又は更生保護施設に入所している障害者等
※児童福祉施設に入所する18歳以上の者，障害者支援施設に入所する15歳以上の障害者みなしの者も対象
○精神科病院（精神科病院以外で精神病室が設けられている病院を含む）に入院している精神障害者
→　長期に入院していることから支援の必要性が相対的に高いと見込まれる1年以上の入院者を中心に対象
※1年未満の入院者は，特に支援が必要な者（措置入院や医療保護入院から退院する者で住居の確保などの支援を必要とするものや地域移行支援を行わなければ入院の長期化が見込まれる者など）を対象

○サービス内容

■住居の確保その他の地域における生活に移行するための活動に関する相談
■地域移行に当たっての障害福祉サービスの体験的な利用支援
■地域移行に当たっての体験的な宿泊支援

○主な人員配置

■従業者
※1人以上は相談支援専門員であること
■管理者

○報酬単価（令和元年10月～）

■基本報酬
・地域移行支援サービス費（Ⅰ）　3,059単位／月
・地域移行支援サービス費（Ⅱ）　2,347単位／月

（Ⅰ）の算定要件
①社会福祉士又は精神保健福祉士，精神障害者地域移行・地域定着支援関係者研修の修了者である相談支援専門員を1人以上配置していること。
②前年度に地域移行した利用者が1人以上であること。
③障害者支援施設又は精神科病院等と緊密な連携が確保されていること。

■主な加算

初回加算	集中支援加算	退院・退所月加算	障害福祉サービスの体験利用加算	宿泊体験加算
地域移行支援の利用を開始した月に加算　500単位	月6日以上面接・同行による支援を行った場合　500単位	退院・退所する月に加算　2,700単位	障害福祉サービスの体験的な利用支援を行った場合　開始日～5日目　500単位　6日目～15日目　250単位	一人暮らしに向けた体験的な宿泊支援を行った場合　300単位　夜間の見守り等の支援を行った場合　700単位

○事業所数　267（国保連令和2年4月実績）　○利用者数　457（国保連令和2年4月実績）

図Ⅳ-3　精神障害者地域移行の概要

出所：厚生労働省。

○対象者

■以下の者のうち，地域生活を継続していくための常時の連絡体制の確保による緊急時等の支援体制が必要と見込まれる者
○居宅において単身で生活する障害者
○居宅において同居している家族等が障害，疾病等のため，緊急時等の支援が見込まれない状況にある障害者
※施設・病院からの退所・退院・家族との同居から一人暮らしに移行した者，地域生活が不安定な者も含む
※グループホーム，宿泊型自立訓練の入居者については対象外

○サービス内容

■常時の連絡体制を確保し，適宜居宅への訪問等を行い利用者の状況を把握
■障害の特性に起因して生じた緊急の事態における相談等の支援
■関係機関との連絡調整や一時的な滞在による支援

○主な人員配置

■従業者
※1人以上は相談支援専門員であること
■管理者

○報酬単価（令和元年10月～）

■基本報酬

地域定着支援サービス費	体制確保費	305単位／月（毎月算定）
	緊急時支援費（Ⅰ）	711単位／日（緊急時に居宅訪問又は滞在型の支援を行った場合に算定）
	緊急時支援費（Ⅱ）	94単位／日（緊急時に電話による相談援助を行った場合に算定）

■主な加算
特別地域加算（15%加算）　中山間地域等に居住している者に対して支援した場合

○事業所数　540（国保連令和2年4月実績）　○利用者数　3,526（国保連令和2年4月実績）

図Ⅳ-4　地域定着支援の概要

出所：厚生労働省。

を指します（図Ⅳ-3）。地域定着支援とは，施設や病院からの退所や退院，家族との同居から一人暮らしに移行した者，地域生活が不安定な者等を対象として，常時の連絡体制を確保し，障害の特性に起因して生じた緊急の事態等に応じる支援を示します（図Ⅳ-4）。

2014年度より，重点的な支援を行うことで地域生活に円滑に移行されるものとして，①入所期間の長期化や高齢化が進んでいる保護施設（救護施設・更生施設）に入所している障害者，②退院後の住居を確保し，円滑に福祉サービス等につなげることで再犯防止が期待される矯正施設等に入所している障害者が新たな地域移行支援の対象となりました。

▶3　地域相談支援
障害者の入所施設等や社会的入院者の精神科病院からの地域移行支援や地域定着支援を「地域相談支援」といい，それらの相談支援は都道府県から指定を受けた相談支援事業者の相談支援専門員が担う。

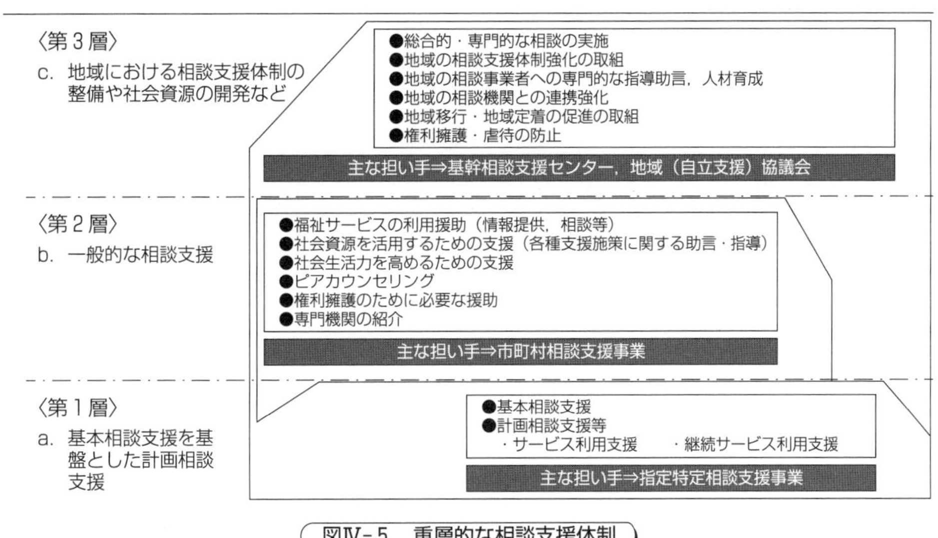

図Ⅳ-5　重層的な相談支援体制

出所：厚生労働省。

4 地域移行・地域定着を推進するための相談支援に向けて

地域相談支援[3]を担う相談支援専門員は長期入所者や入院者の個々人の相談支援だけではなく，その人たちが安心して自分らしく暮らせる地域づくりを同時に行うことが望まれます。たとえば，地域の（地域自立支援）協議会を活用して，地域移行支援の対象となる当該障害者の事例検討会を開催し関係機関の意見を反映したり，障害者福祉サービス事業等と社会資源の創出について協議の場を設けたり，ピアサポーターによる施設・病院訪問や茶話会の開催について施設や精神科病院との調整や交渉を行ったりすることが求められます。

計画相談[4]支援を担う相談支援専門員は，障害者の高齢化の課題を踏まえ，障害者領域の社会資源に加えて，高齢者領域の社会資源を併せて考慮した支援計画の立案や，介護サービス等をマネジメントする介護支援専門員と連携・協働することが不可欠になります。さらに，障害者の個々人の生活課題を地域の生活課題として捉え，地域に必要な社会資源の創出を地域福祉計画等にも反映できるように，（地域自立支援）協議会で検討することも求められます。

また，市町村が設置することができる基幹相談支援センターは，その業務の一つに地域移行・地域定着の促進の取組があることから，地域生活支援拠点等の整備が求められます。[5]さらに，市町村の障害者相談支援事業では，指定特定相談支援事業者が実施する基本相談支援や計画相談支援では対応しにくい，個別給付につながる前の相談，あるいは個別給付にはつながらない相談等の繰り返しの訪問，継続的な面接や同行支援に対応できる相談支援事業です。そのため，地域移行に関わる支援において，個別給付では手の届かないニーズへの対応に活用できる相談支援事業と言えます。

これらの相談支援体制が重層的（図Ⅳ-5）に往還的に一体的に機能できる総合的なシステムづくりが必要といえます。　（栄セツコ）

▶4　計画相談
障害者総合支援法により，特定相談支援事業者の相談支援専門員がすべてのサービス利用者に計画相談支援を行うこととなった。相談支援専門員は障害者の多様で複合的重層的なニーズをふまえ，そのニーズに応じた社会資源の調整に基づく総合的な援助方針や解決すべき課題を検討し，サービス等利用計画を作成する。その際当該障害者を，地域を構成する一人の生活者という視点をもち，その人のストレングスに着目したマネジメントを行う。モニタリングでは，当該障害者の支援計画がうまく進捗しているか否か，新たなニーズができていないかを確認しながら，必要に応じて再アセスメントや支援計画の再作成を継続的に行っていくことが重要な点である。

▶5　地域生活支援拠点等の整備に求められる機能は，①相談（地域移行，親元からの自立），②体験の機会・場（一人暮らし，グループホーム等），③緊急時の受入れ・対応（ショートステイの利便性・対応力向上等），④専門性（人材の確保・養成，連携等），⑤地域の体制づくり（サービス拠点，コーディネーターの配置等）である。

6 更生相談所と障害者総合支援法

更生相談所には身体障害更生相談所と知的障害者更生相談所があり都道府県の実情に応じ3障害（身体・知的・精神）を総合的に支援するため総合支援センターとして発展させています（図Ⅳ-6）。

1 身体障害者更生相談所の活動

身体障害者更生相談所は，身体障害者福祉法第11条に基づいて身体障害に関する専門機関として，都道府県に設置が義務づけられています。活動内容は相談・判定や市町村等にたいする活動があります。また，障害者自立支援法（2006年）に続く，**障害者総合支援法**[1]（2012年）によって，専門機関としての役割に意志疎通支援を行う専門性の高い者の養成派遣事業等が加わりました。

❍相談・判定

身体障害をもつ人々やその家族を対象に，相談と判定等がなされます。相談・判定の方法には，直接，来所して行うものと巡回相談とがあり，専門的な助言指導や情報提供を行います。相談内容は，**自立支援医療**[2]に関すること，補装具作成や身体障害者手帳に関すること，職業相談，施設や生活に関することなど多岐にわたっています。

判定に関する内容は，①障害の医学的判定や心理学的判定，職能的判定，②身体障害者手帳に関する判定，③補装具の判定・処方や適合判定，④自立支援医療に関する判定などをしています。

❍市町村等にたいする活動

障害者総合支援法に基づき，①自立支援給付や地域生活支援事業に関する情報提供や助言援助。②介護給付費等の支給決定に関する助言，障害者やその家族，医師など関係者の意見を聞く。③自立支援医療支給認定の際に技術的事項の協力や助言援助を行う。④補装具費の支給に関する助言，⑤地域リハビリテーション事業の推進などの活動がなされています。障害者総合支援法の施行に伴い，さらに専門性の高い意思疎通支援者の養成・派遣や市町村相互間の連絡調整等の役割が加わりました。

2 知的障害者更生相談所の活動と役割

知的障害者更生相談所は，知的障害者福祉法第12条に基づき，都道府県に設置が義務づけられています。

▷1　**障害者総合支援法**
⇨Ⅷ-1 参照。

▷2　**自立支援医療**
障害者等の心身の障害の状態の軽減を図り，自立した日常生活等を営むために必要な医療（公費負担医療）であり，従来の更生医療（身体障害者），育成医療（身体障害児），精神障害者通院医療（精神障害者）について，利用者負担の仕組み，支給認定の手続きを共通化したもの。

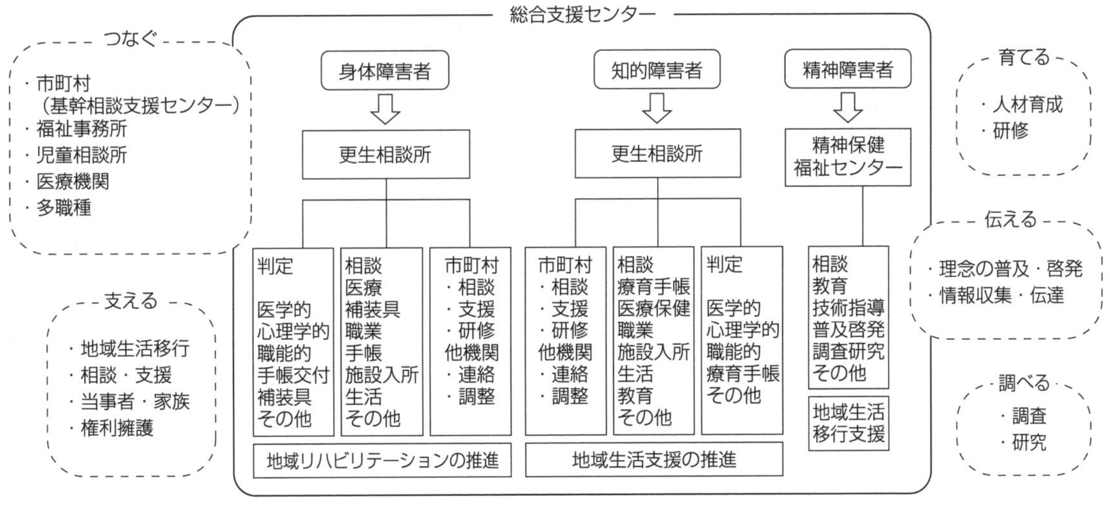

図Ⅳ-6　更生相談所の活動と役割

出所：厚生労働省「障害者総合支援法」法律の概要等を参考にして筆者作成。

主に，①知的障害者やその家族に専門的な相談や指導，②医学的，心理学的判定，職能的判定，③**療育手帳**[3]に関する判定，④市町村にたいする専門的な技術的援助や助言，情報提供，市町村職員への研修，市町村相互間の連絡調整，⑤地域生活支援の推進に関する活動などを行っています。これらの活動に加え，障害者自立支援法により知的障害に関する専門機関としての役割が加わりました。2013年４月からは障害者総合支援法によって，成年後見制度の利用促進や意思疎通支援の強化が図られます。

▷3　**療育手帳**
知的障害の程度の判定によって，最重度・重度Aと中度・軽度B，またはⒶ・A・Ⓑ・Bに分けられ，都道府県知事または指定都市の市長から手帳が交付される。

3　障害者総合支援法による変化と課題

2000年に始まった社会福祉基礎構造改革に伴い，2003年に支援費制度が導入され，措置制度から，契約に基づくサービス利用が可能となりました。さらに，2006年には障害者自立支援法が施行され，更生相談所の役割や活動内容も，自立支援給付の要否決定，自立支援医療や補装具の支給認定に関し意見をのべるなど役割が加わりました。補装具の購入・修理については，利用者と補装具業者との契約制が導入され，その費用の一部を**補装具費**[4]として市町村が利用者に支給するようになりました。

▷4　**補装具費**
補装具費の支給方法には，償還払い方式（利用者が費用を業者に全額支払った後に，市町村に100分の90を申請し支給を受ける）と，代理受領方式（利用者は自己負担額を，残りを市町村が事業者に支払う）とがある。

2012年の障害者総合支援法の成立によって，障害福祉サービス等の対象に難病が追加され，地域移行支援の対象も広がり市町村ならびに更正相談所の役割の強化が求められています。さらには，地域での生活を支援する事業所との連携を強化し，どのような地域に住んでいても，その人らしい生活ができるよう，更生相談所が集積してきた知見や知識・技術を生かすことが求められます。

（和泉とみ代）

7 精神保健福祉センターと障害者総合支援法

1 精神保健福祉センターとは

精神衛生法が1950年に成立し，そこで**精神衛生相談所**[1]が都道府県に設置されました。1965年の精神衛生法の改正によって，精神衛生相談所が担っていた機能を，保健所が精神保健行政の第一線機関として引き継ぎました。保健所を技術支援するための技術的中核機関として創設されたのが精神衛生センターであり，これが精神保健福祉センターの始まりです。法改正に合わせてセンターの名称が変更され，2002年には都道府県（政令指定都市を含む）の設置が義務化されました。

精神保健福祉センター（以下，センター）は，精神保健及び精神障害者福祉に

▶1　**精神衛生相談所**
精神障害の発生予防と国民の精神的健康の保持向上を目的とした機関であり，保健所が精神保健行政の第一線機関として機能する，その前身の機関である。

▶2　**精神保健福祉センター運営要領**
精神保健福祉センターの運営に関する通知であり，本文の内容は，平成８年１月19日　健医発第57号の厚生省保健医療局長通知（厚生労働省社会援護局長障害福祉部長 平成25年４月26日障発0426第６号一部改正）に基づいている。センターの目標，組織，業務等（表Ⅳ-２）について標準的な内容として通知されている。職員の配置は，所長には精神保健福祉に造詣の深い医師を充てることが望ましいことや医師，精神保健福祉士，臨床心理技術者，保健師，看護師，作業療法士，などの職員の配置と共に，その職員のうちに精神保健福祉相談員の職を置くように努めることとされている。

表Ⅳ-２　精神保健福祉センターにおける業務の概要

①企画立案
都道府県の精神保健福祉主管部局や関係機関に対して，社会復帰の推進方策や地域精神保健福祉に関する提案，意見具申等。

②技術指導および技術援助
保健所，市町村および関係機関に対する，専門的立場からの技術指導や技術援助。

③人材育成
保健所，市町村，福祉事務所，障害者総合支援法に規定する障害福祉サービスを行う事業所などの職員らに専門的な教育研修の実施。

④普及啓発
都道府県規模で一般住民に対し，精神保健福祉や精神障害についての正しい知識，精神障害者の権利擁護などの普及啓発を行うとともに，保健所，市町村の活動に対して協力，および援助を行う。

⑤調査研究
地域精神保健福祉活動の推進などに関する調査研究，統計資料の収集整備を行い，都道府県，保健所，市町村などが行う精神保健福祉活動のための資料として提供。

⑥精神保健福祉相談
相談指導のうち，複雑困難なもので，心の健康相談から精神医療にかかる相談，社会復帰相談，アルコール，薬物，思春期，認知症などの特定相談や精神保健福祉全般の相談。

⑦組織育成
家族会，患者会，社会復帰事業団体など，都道府県単位の組織の育成や活動に協力。

⑧精神医療審査会の事務局の役割

⑨自立支援医療（精神通院医療）の支給認定及び精神障害者保健福祉手帳の判定

⑩その他
⑴診療機能や，デイケア，障害者総合支援法に規定する障害福祉サービスなどのリハビリテーション機能を持つことが望ましい。
⑵医療観察法による地域社会における処遇については，センターにおいても保護観察所等関係機関相互の連携により必要な対応を行う。

出所：精神保健福祉センター運営要領。厚生省大臣官房障害保健福祉部長通知，平成８年（健医発第57号），および平成25年（障発0426第６号）に基づき，筆者作成。下線は，障害者総合支援法に関連することである。

関する法律第6条により「精神保健及び精神障害者の福祉に関する知識の普及を図り，及び調査研究を行うこと」ならびに「相談及び指導のうち複雑困難なものを行うこと」と規定されています。現在のセンターの業務は，幾度かの法改正を経て，表Ⅳ-2に示す通りです。センターの業務概要，および職員配置の構成の標準的な考え方が「**精神保健福祉センター運営要領**[2]」に示されています。

診療機能やリハビリテーション部門の併設や積極的なアウトリーチ活動の実践，また「こころの健康センター」など親しみやすい名称にするなど，センターの活動や組織，そして予算規模が各地で異なっています。行政の精神保健福祉主管課，保健所や市町村保健福祉センターの精神保健福祉に関する業務などの人材配置，業務や機能において調整や整理が必要になってきます。

2 精神保健福祉センターにおける障害者総合支援法に関わる業務

障害者総合支援法に直接的に関連するセンターの業務は，「**自立支援医療（精神通院医療**[3]）の支給認定」事務（表Ⅳ-2⑨）です。自立支援医療は，精神疾患（てんかんを含む）で通院による医療が継続して必要な病状のある人に，通院にかかる医療費の自己負担を軽減する目的の制度です。また，間接的に関わる業務は，表Ⅳ-2に示した⑧以外の業務内容全般といってよいでしょう。関連の程度は，濃淡があり，各センターによってもまた異なります。

障害者総合支援法内にある支援サービスが，地域精神保健福祉の課題に対応できているのか情報集約や調査分析と，その評価に基づく企画立案が求められます。そして，障害者総合支援法に規定されている「**協議会**[4]」の場において，地域の障害福祉ネットワークにおける，精神保健福祉分野の技術指導や支援としてスーパービジョンやコンサルテーション機能が求められます。障害者総合支援法に規定されている障害福祉サービス事業者職員への教育研修活動といった人材育成は，サービスの質の確保や向上においてとても重要です。

また，精神障害者の地域移行支援においては，地域住民の精神障害やメンタルヘルスに関する理解が必要です。住民に対するメンタルヘルスの教育啓発は，精神障害者への理解促進のみならず，住民自身，周囲の人々，社会にとって多様な側面からの意味があります。センターがかかわるメンタルヘルスの教育啓発活動，あるいは精神保健福祉に関する相談支援活動は，障害者総合支援法のサービス利用とは一見関係がないように思われますが，市民生活の連続上に精神障害の理解，メンタルヘルスの維持増進，重症化の予防，福祉サービスの利用，地域の支援環境づくりというものがあるのです。つまり，センターの活動は直接的に障害者総合支援法のサービスに関わる部分は少なく，間接的，連続線上の先にあるような活動が多いという特徴があります。（清水由香）

▶3 自立支援医療（精神通院医療）
申請受付は市町村で行い，センターは認定の事務のみ担当する。対象となる精神疾患および状態像の基準は，精神保健福祉法の第5条で規定されている精神障害で，具体的な状態像は，基準指針に示されている。自立支援医療の判定の有効期間は1年間である。精神科通院医療と精神科デイケアの医療費の負担に対応している。自己負担額が原則1割であるが，低所得者に対する負担軽減策や市町村独自の負担軽減制度もある。

▶4 協議会
障害者総合支援法の第89条の3第1項，2項に「協議会」は規定され，設置運営にあたっての留意事項の通知（障障発0328第1号 平成25年3月28日 厚生労働省・援護局障害保健福祉部障害福祉課長）がある。そこで「地方公共団体は，単独又は共同して障害者などへの支援体制整備を図るため，関係機関等で構成される協議会の設置に努め，関係機関などが相互の連絡を図ることにより，地域における障害者等への支援体制に関する課題について情報を共有し，関係機関等連携の緊密化を図るとともに，地域の実情に応じた体制の整備について協議を行うもの」とされている。

8 保健所，市町村保健センターと障害者総合支援法

1 地域保健，公衆衛生活動における保健所と市町村保健センターとは

保健所は，かつて公衆衛生の第一線機関でした。**地域保健法**[1]（1994年）制定以後，保健所は広域的，専門的，技術的拠点として企画調整機能を重視する機関になりました。そして，住民に身近な保健サービス（乳児から高齢者までの健康づくりの実施，健診，栄養指導など）は，**市町村保健センター**[2]が担う体制になりました。また，地域保健法第6条にかかげられた，保健所の行う企画，調整，指導，他必要な事業を行うという14事項のうち，精神保健，および治療方法が確立していない疾病その他の特殊の疾病により長期に療養を必要とする者の保健に関する事項が含まれています。そして，「地域保健対策の推進に関する基本的指針」にも保健所が精神障害者や難病対策に取組むことが示されています。つまり，保健所は行政の地域保健活動の立場から，障害者総合支援法の対象である精神障害や難病のある人の支援に関わっています。

保健所や市町村保健センターで，公衆衛生活動の中心を担う職種は保健師です。保健師は，地域住民を対象に健康づくりの一次予防から，早期発見・早期治療の二次予防，そしてリハビリテーションの三次予防までの活動に従事し，行政のサービスとして行っています。運営形態や職員の配置等が自治体によって異なりますが，精神保健福祉業務に保健師が主に従事する場合と，**精神保健福祉相談員**[3]が担う場合があります。平成30年度の保健師活動領域調査（厚生労働省健康局・健康課保健指導室）によると，都道府県保健所の常勤保健師の直接サービスとしての保健福祉事業における1人あたりの1か月の平均活動時間数は34.2時間でした。そのうち精神領域が22.5%，難病領域が17.5%でした。精神保健福祉と難病領域を合計して40%程度を占めており，保健所保健師は障害者総合支援法の対象者への支援と関連が深いことがわかります。

2 保健所と市町村保健センターにおける障害者総合支援法と関連する機能と役割

「地域における保健師の保健活動の指針」（2013年4月19日　厚生労働省健康局長：健発0419第1号）において，精神保健，難病を含む保健活動や保健対策のなかで，「保健サービス等の提供」，「連携および調整として地域のケアシステム構築のための協議会の運営と活用」が示されています。そこで，障害者総合支

▷1　**地域保健法**
1947年に制定された保健所法の改正，改称により成立した法である。地域保健対策に関する基本指針の策定，保健所の機能と市町村保健センターの設置，地域保健対策に係る人材確保に関する支援の計画が定められている。

▷2　**市町村保健センター**
地域保健法第18～20条に市町村保健センターの設置が位置づけられている。健康相談，保健指導および健康診査その他地域保健に関し，地域住民に身近な対人保健サービスを総合的に行う拠点。本書では，「市町村保健センター」と表記するが，自治体により「保健福祉センター」など機関の名称，担当範囲や組織体制は異なっている。

▷3　**精神保健福祉相談員**
精神保健福祉法において，都道府県および市町村は，精神保健福祉センターおよび保健所その他これらに準ずる施設に，精神保健福祉に関する相談や指導を行うための職員として「精神保健福祉相談員」の配置を規定している。精神保健福祉相談員は，精神保健福祉士その他政令で定める資格を有するもののうちから都道府県知事または市町村が任命したものである。

援法に関わる保健所，市町村保健センターの活動を住民への直接支援，地域づくりの視点から整理していきます。

住民への直接支援

(1) サービス利用申請や相談窓口としての機能：障害者総合支援法の利用相談や申請の多くは，市町村の障害福祉担当です。しかし，難病，精神障害のある人のサービス利用申請や相談の窓口として保健所・市町村保健センターが位置づけられている市町村があります。

(2) 地域ケアチームの一員として，またコーディネーター役割として：保健師や精神保健福祉相談員が，家庭訪問や相談支援に携わっています。また身体障害児の療育指導や難病の地域支援ネットワークの中心を保健所が担っています。精神保健福祉領域は「保健所及び市町村における精神保健福祉業務運営要領」(1996年，厚生省保健医療局長通知) に基づき実践されています。また，保健所には，ひきこもりなど精神疾患の未受診者を適切に医療につなげるような**精神障害者のアウトリーチ支援**[4]の役割が期待されています。

難病のある人への在宅療養支援について，保健師の多くは他の業務と兼務し，難病や障害児の療育など高度専門的な知識や技術面が求められます。そのため，保健師らをバックアップできるような研修や相談支援体制の構築が，難病の療養者の支援の質の向上にとって必要であるといわれています[5]。

(3) 地域で潜在している精神保健問題を抱えた当事者や家族への支援において，保健師は重要な役割[6]があります。例えば乳幼児健診の場や虐待事例への対応，精神保健相談，在宅長期療養者への訪問指導の場などで，障害者総合支援法のサービス利用ニーズのある人を発見し，適切な支援につなげていきます。

地域づくり

(1) 難病，障害者福祉にかかわる在宅生活の支援体制整備としての，協議会の設置運営と活用です。例えば「協議会」(Ⅳ-7参照) における，精神障害者の地域移行支援の取り組みでの保健所の役割は重要です。難病領域では，在宅支援体制整備や地域連携づくりに関して保健所全体の業務の位置づけとしては，7割が主体的に実施されていました[7]。また，障害福祉計画策定において，保健所が委員として関与した自治体が37.5%，という報告があります[8] (2011年調査)。

(2) 住民，地域，当事者，当事者家族への疾患や障害にかかわる健康教育や啓発教育，当事者や家族を対象にしたグループワークやグループ育成があります。エンパワメント促進に寄与するグループワークは，直接的支援の機能を持ちますが，インフォーマルな社会資源開発という面もあります。教育や啓発活動も含めて，利用者や家族にとって生活しやすい地域環境形成に貢献します。

(清水由香)

▶4 **精神障害者のアウトリーチ支援**
2011年度から「精神障害者アウトリーチ推進事業」が国の事業として予算化され，2014年度からは精神科医療機関に設置された多職種チームによる治療中断者や自らの意思での受診が困難な在宅精神障害者へのアウトリーチ（訪問）活動と，保健所等がひきこもりなどの精神障害者を医療につなげる支援や関係機関との調整など，アウトリーチを円滑に進める「精神障害者地域生活広域調整等事業」からなる。

▶5 牛久保美津子・川尻洋美「A県における神経難病療養者を地域で支える保健所保健師活動の現況と課題」『日本プライマリ・ケア連合学会誌』34(2) 2011年，124～183頁。

▶6 新村順子「看護学からみた社会精神医学の可能性――支援や治療を受けにくい精神障害者への自治体保健師の支援から」『日本社会精神医学雑誌』24(2) 2015年，177～183頁。

▶7 分担事業者 荒田吉彦／財団法人日本公衆衛生協会「保健所の有する機能，健康課題に対する役割に関する研究報告書」(平成21年度 地域保健総合推進事業) 2010年，63頁。

▶8 後藤基行・赤澤正人・竹島正他「市町村における精神保健福祉業務の現状と課題」『日本公衆衛生雑誌』62(6) 2015年，300～309頁。

参考文献

厚生統計協会『国民衛生の動向』各年版。

9 日常生活自立支援事業の考え方とその流れ

1 日常生活自立支援事業とは何か

社会福祉基礎構造改革は福祉サービス提供の仕方をサービス利用者とサービス提供者との直接契約で提供することを目的としています。詳しくはⅧ-1「障害者総合支援法への歩みとその概要」でふれています。契約をするためには，契約できる人と契約しなければなりません。従来，契約が困難な人に対しては成年後見制度があります。しかし，成年後見制度は手続きの複雑さに加えて，福祉サービスだけでなく，幅広い契約行為に関しての支援制度なので，福祉サービスに限定した契約支援の仕組みの必要性が生じました。

介護保険制度の要支援・要介護判定が始まった1999年10月から地域福祉権利擁護事業（認知症高齢者，知的障害者，精神障害者を主に対象）が始まりました。この事業は，社会福祉法（2000年，社会福祉事業法の改正）によって，「福祉サービス利用援助事業」という制度として位置づけられました。2007年には「日常生活自立支援事業」に名称が変更されました。

この日常生活自立支援事業は，利用者の日常生活上の支援を含んだ各種福祉サービスの適正利用を支援する制度として開始されました。この事業に関しては各地の社会福祉協議会を中心に進めています。

市町村を中心とした身近な地域の社会福祉協議会では，この事業として，サービス利用者に対して，専門員による初期相談，問題の把握と整理，支援計画の策定などを行うことと，生活支援員による福祉サービスの情報提供，サービス利用の助言，サービス利用手続きの援助，日常的な金銭管理などを行うことからなっています（図Ⅳ-7）。

都道府県の社会福祉協議会では，このサービス利用上の苦情・異議申し立てを受けつける専門的な第三者組織を整備しています。また，市町村の社会福祉協議会で利用者の契約能力（福祉サービス提供者との契約ができるかどうかに関する能力）を判断しづらい場合，判定組織として，都道府県の社会福祉協議会に契約締結審査会が設置されました。

2 相談・支援の流れ

初期相談から支援開始までの一連のプロセスを以下説明します。

初期相談は，障害者や家族，その他の関係者からの相談を専門員が対応しま

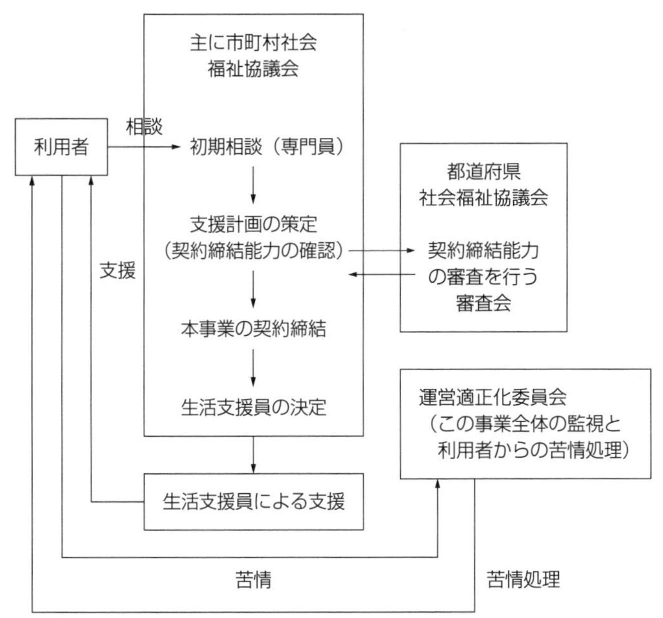

図Ⅳ－7　日常生活自立支援事業の流れ

出所：筆者作成。

す。相談内容は，かなり幅広いことが多く，専門員はその内容を整理して問題の所在を明確にします。場合によっては，相談者だけからの情報では判断できないこともあり，専門員は具体的な調査を行ったり，関係者・機関との調整を行ったりします。提供する権利擁護事業に関するサービス計画を作成するにあたって，利用者（依頼者）である障害者自身との契約を結ぶ必要があります。注意すべき点は，このサービスも契約に基づいたサービスです。そこで，契約書を取り交わします。その後，支援計画を作成します。この支援計画に基づいて，支援が開始されます。具体的には，生活支援員の派遣が多くみられます。

3　日常生活自立支援事業の課題

　このシステム構築は，契約に基づいた福祉サービスの提供において基盤となる点で重要です。問題は，このシステムを有効に機能させる条件の整備が地域でどのくらい進むかにかかっています。特に，サービス提供者から中立的な専門員および生活支援員を地域でどのくらい確保できるか，苦情処理に対する専門的な第三者機関にどのくらい利用者側に立った市民，当事者（高齢者・障害者自身）が参加するのかが条件として重要です。また，意思表明がしづらい高齢者・障害者に対して，表出された苦情だけでなく，表出されない苦情を引き出す働きかけも重要ですが，このような実践はまだ少ない現状があります。このような取り組みに必要な専門員，生活支援員の養成のために，国および都道府県は研修を中心に人材養成を行っています。　（小澤　温）

参考文献

　大国美智子監修『生活を支える権利擁護――大阪後見支援センターの事例をもとに』中央法規出版，1999年。
大阪後見支援センターで実際に対応した事例を中心に，後見支援，権利擁護相談が，どのような形で行われ，どのような形で解決していくのかについて学ぶことができる本。障害者以外の事例も多く，地域での支援のあり方を具体的に考える契機になる本である。

　平田厚『これからの権利擁護――「対話」「信頼」「寛容」を築く』筒井書房，2001年。
権利擁護とは何か，障害者の自己決定の意味は何か，人間的尊厳とは何か，という障害者福祉を学ぶにあたってもっとも重要で基礎的なテーマを，法律の専門家の立場で平易に書いている。

ホームヘルプサービス：地域生活支援の要

1 障害者ホームヘルプ，ガイドヘルプサービスの概要

ノーマライゼーション理念の普及により，病院・施設から地域へという施策の流れにそって，在宅福祉サービスの充実がすすめられてきました。それらの一つとしてホームヘルプサービス・ガイドヘルプサービスがあります。

ホームヘルプサービスは障害のために日常生活を営むのに支障のある人の居宅を**ホームヘルパー**[1]が訪問し，入浴，排泄など身体介護や，調理，洗濯，掃除など家事援助，生活に関する相談や助言を行うものです。また，ホームヘルプサービス事業のサービス類型の一つとして，外出時の付き添いを専門に行う**ガイドヘルパー**[2]の派遣があります。

これまでに障害者福祉で制度化されたホームヘルプサービスは，重度身体障害者で1967年に，重度心身障害児者で1970年に開始されました。その後，身体障害者で重度視力障害，全身性障害者へのガイドヘルプサービスが追加され，2000年より知的障害児者では対象が重度者から中軽度者にまで，そしてひとり暮らしの知的障害者本人への拡大と，ガイドヘルプサービスが追加されています。最後に制定されたのは精神障害者で2002年でした。そしてホームヘルプサービス，ガイドヘルプサービスは，2006年から障害者自立支援法により３障害共通の介護給付に新体系化[3]され，2012年の障害者総合支援法からは難病も対象に加わりました[4]。

2 ホームヘルプの特徴：個別支援と自立に向けた幅広い生活支援

ホームヘルプサービスの特徴として①利用者の生活の場での個別支援，②幅広い生活支援レベルがあげられます。まず①利用者の生活の場での個別支援については，身体機能面や精神的，心理社会的な理由で外出が困難な場合や，自閉的，孤立した生活を送ってきた人に対して，訪問支援は有効な手段です。そして訪問支援者（ホームヘルパーら）は利用者の生活の場所を訪問させてもらう立場であり，利用者のこれまでの生活スタイルや好み，意向を尊重し，利用者の生活環境に合わせた援助の工夫などの利用者中心の支援になります。よって施設のような集団への対応ではなく個別支援が基本です。より，個人の特性にあったサービス利用の方法として，「自薦登録型」ヘルパーの活用があります。たとえば全身性障害者の場合，一人ひとり介護の仕方や言語障害などコミュニ

▶1　**ホームヘルパー**
障害者総合支援法における居宅介護（ホームヘルプサービス）の従事者の資格要件は，介護福祉士，実務者研修修了者，居宅介護職員初任者研修修了者（旧居宅介護従事者養成研修修了者（１・２級）），介護保険法介護職員初任者研修修了者（旧介護職員基礎研修修了者，訪問介護員養成研修修了者（１・２級）），報酬の減算対象である障害者居宅介護従事者基礎研修修了者（旧居宅介護従事者養成研修修了者（３級）），介護保険法　旧訪問介護員養成研修修了者（３級）などである。重度訪問介護の従事者の資格要件は，上記に加え，重度訪問介護従業者養成研修修了者である。

▶2　**ガイドヘルパー**
障害者総合支援法（障害者自立支援法）でガイドヘルプに相当するものは，「行動援護」「同行援護」，地域生活支援事業における「移動支援」がある。それぞれに従事者の養成研修修了等の資格要件があり，その研修修了した内容によってサービス提供できる対象が異なる。

▶3　「居宅介護」障害者の居宅において入浴，排泄または食事の介護・家事などのサービス提供。「重度訪問介護」常時介護を要する重度肢体不自由者その他

ケーションの方法が違うので，あらかじめ自分で確保した介護者を自分専用に登録して利用できます。

②幅広い生活支援レベルについては，介護の概念が，食事排泄などの「生命体の維持」レベルから「日常生活の維持」，さらに「社会生活の維持」レベルと広がったことで，介護が身体的，精神的な障害のための自立援助を必要とする人々に向けられてきていると指摘されています[5]。個別の生活ニーズにそって生存のために必要な支援から，社会の中で生きていることを実感できる支援の可能性があるホームヘルプサービスはまさに地域生活支援の要といえます。

そして，幅広い生活支援が向かっているところは生活の自立です。自立は単に生活行動の自立のことだけではありません。家事援助を利用して食生活の改善や身のまわりが整うことで，利用者は人間的な生活を取り戻し，社会生活への関心や生きる意欲，地域生活の継続への意欲もでてくるでしょう。その意欲や意思は，日常生活行動の自立とは別に，自立生活に必要な要素と考えられます。定藤は日常生活で介助者ケアを必要とするとしても，自らの人生や生活のあり方を自らの責任において決定し，また自らが望む生活目標や生活様式を選択して生きることにより，結果として責任を自らが望む生活目標や行為を自立とする考え方[6]を提示しています。介助を受けている結果だけで自立を評価するのではなく，生活手段としてホームヘルプなどを利用する過程で自己決定権が行使され，その過程こそが自立した生活に貢献していると評価されます。

3 ホームヘルプサービスの今後の課題

今後の課題については，まず，市町村が積極的に取り組み自治体間のサービス格差が埋まること，そして，障害の特性にあった支援方法や制度の柔軟さが求められます。たとえば精神障害者への支援では関係づくりを重視し，保健・医療との連携が重要であり，身体障害者，高齢者分野と同じような枠組みでは難しい点[7]もでてきます。また支援方法については，当事者同士の助け合いである**ピア・ホームヘルプ**[8]の可能性，あるいは自薦登録型のホームヘルプ方式の拡大が期待されます。そして，支援の質の確保についてはニーズを充足できるような豊富な人材確保，研修の充実および苦情対応や人権侵害を防ぐシステムの整備が必要です。

さて，サービスが障害者の個々の生活ニーズに合わせて有効的にかつ効率的に提供されるためにはケアマネジメントの充実が必須です。2006年に施行された障害者自立支援法（現，障害者総合支援法）では，ケアマネジメントが位置づけられました。今後はさらに地域の資源を活用しながら，ホームヘルプサービス等が効果を発揮できるようなシステムが必要と考えます。　（清水由香）

の障害者に居宅における入浴，排泄または食事の介護その他サービスと外出時における移動中の介護を総合的に提供。「行動援護」行動上著しい困難を有し，常時介護を必要とする知的および精神障害者を対象にした外出時における移動中の介護その他のサービスを提供。「同行援護」視覚障害により移動困難な者に移動時，外出時における支援。「重度障害者等包括支援」常時介護を要する障害者でその介護の必要の程度が著しく高い居宅介護その他の障害福祉サービスを包括的に提供。地域生活支援事業における「移動支援」がある。

▶4　難病患者等居宅生活支援事業を実施する市町村では，すでにホームヘルプサービスが利用できていた。

▶5　根本博司「ケアワークの概念規定」一番ヶ瀬康子監修，日本介護福祉学会編『新・介護福祉学とは何か』ミネルヴァ書房，2000年，40～41頁。

▶6　定藤丈弘「障害者福祉の基本的思想」定藤丈弘・佐藤久夫・北野誠一編著『現代の障害者福祉』有斐閣，1996年，1～27頁。

▶7　身体介護を重視した報酬制度では，家事援助中心の精神障害者がサービス事業所から運営上の理由で敬遠されるおそれがある。

▶8　**ピア・ホームヘルプ**
障害のある人が自己の障害を利用者に開示したうえで，ホームヘルパーとしてサービス提供する。当事者同士の共感性がサービスの有効性を高めるなどの期待がある。

 11 グループホームの展開と課題

 1 グループホームとは

わが国において，地域で生活している障害者に対する居住支援として，グループホームをあげることができます。グループホームとは，ケア付きの小規模住居のことで4，5名の障害者が共同生活を行い，そこに世話人（支援者）が入り食事の提供や清掃，相談など日常生活援助を行います。障害者支援の形態として，郊外にある入所施設での集団処遇と比較すると，グループホームは地域に溶け込んだ形で少人数に対して生活の場を提供することが特徴です。また，旧来的な**パターナリズム**[1]による施設処遇との比較においても，グループホームにおける支援は，利用者一人ひとりの主体性を尊重し，管理的にならないことや保護的指導的にならないことも特徴といえるでしょう。

グループホームにおいて，具体的にはどのような支援が行われているのでしょうか。世話人（支援者）の業務についてですが，高梨によると①地域とのかかわりの支援（つきあいや行事など），②金銭管理の支援（買い物や使い方など），③食生活への支援（健康への情報提供など），④職業生活への支援（職場調整・開拓，人間関係など），⑤結婚生活への支援（付き合い方，結婚調整など），⑥余暇活動への支援（ガイドヘルパー，および情報など），⑦当事者活動への支援（仲間との集い，スポーツ参加など），⑧人間関係への支援（家族兄弟・仲間との調整など）の8点を指摘しています[2]。利用者の生活全般にわたっていること，またグループホーム内で完結するのではなく，利用者と地域住民をつなぐ活動も含まれており，障害者の地域生活を支えるさまざまな業務が含まれています。

2 グループホームの展開

施設入所による処遇が中心であった時代のなかで，1963年に愛知県瀬戸市に知的障害者を対象とした「はちのす寮」が誕生しました。これがグループホームの源流であるといわれています[3]。その後滋賀県や神奈川県，東京都といった地方自治体おいてケア付きの小規模住居が制度化され，1970年代半ば以降全国的に広がっていきました。

全国的には，1989年の精神薄弱者地域生活援助事業によって知的障害者に対するグループホームが制度化されました。当時の設置要件として，社会福祉法人等が運営する入所施設によるバックアップ組織の協力が必要であり，入所施

▶1　**パターナリズム**
家父長主義，温情主義とも訳されるが，旧来的な障害者支援において支援者主導で保護し，支配的に利用者に対する支援が行われること。

▶2　高梨正明「知的障害者に対する援助――グループホームでの取り組みの実際」吉川武彦他編著『精神保健福祉ハンドブック』メヂカルフレンド社，2001年，196頁。

▶3　厚生省大臣官房障害保健福祉部障害福祉課監修『地域で暮らす――精神薄弱者の地域生活援助』中央法規出版，1997年，5頁。

設との密接な関わりがありましたが，グループホームの制度ケアは施設ケアから地域ケアへの大きな転換点となりました。

また精神障害者を対象としたグループホームについては，1970年代初めより埼玉県の「やどかりの里」において，精神科病院から退院した患者を対象に共同住居での生活支援が行われていました。神奈川県においても野草の会が運営する共同住居の「すずらん荘」が国の制度に先駆けて実践を行ってきました。全国的な制度化は1992年に精神障害者地域生活援助事業が予算化され1993年の精神保健法によって法定化されました。

1990年代半ばからグループホームの設置数は飛躍的に伸びていきます。これは，障害者プランによって2002年度までに２万人分の数値目標が設定されたこと，バックアップ施設の規制が緩和されたこと，国や地方自治体の施設ケアから地域ケアへの政策転換[4]もグループホーム設置の追い風となりました。

2005年の障害者自立支援法では，グループホームが「共同生活援助」として，また類似サービスとしてケアホームが「共同生活介護」として法定化されました。グループホームとケアホームの違いですが，利用者が介護を必要とするか否かという点があげられます。当初は，両施設とも知的障害者と精神障害者が利用対象となっていましたが，2009年10月からは身体障害者も利用できるようになりました。なお，2012年に成立した障害者総合支援法では，ケアホームのグループホームへの一元化がなされ2014年度からグループホームになりました。

▶4 自治体のコロニー解体宣言としては，宮城県の「舟形コロニー」と長野県の「西駒郷」が有名であるが，地域行政においても，障害者の地域ケアを積極的に進めることを目的に，入所施設の解体宣言を出した。

3 グループホームの意義と課題

グループホームは障害者の地域生活を支える上で，また社会的入院患者や長期施設入所をしている障害者の地域移行を促進する上で，非常に重要なサービスです。施設ではなく，街中で障害をもつ人ともたない人が共生するという点もグループホームの存在意義と考えます。しかしながら，世話人の人員配置や専門性，大都市における住居確保の困難，地域住民との関係性など，課題についてもいくつか指摘されています。また，グループホーム利用者を関連施設からの退院患者や退所者に，実質的に限定している場合があり，ニーズに対して社会資源があるものの，障害者が利用できないケースもあります。

2015年10月のグループホームの利用者数は10万人以上であり[5]，利用者からみると，地域生活する障害者の一大拠点になっています。しかしながら，施設建設にあたっては，地域住民からの反対運動や住民説明会での差別的な発言，入居者や運営主体に対する中傷など，障害者が地域住民の一員として理解されていないケースもあります。

▶5 「障害福祉サービス等の利用状況について」厚生労働省ホームページ（http://www.mhlw.go.jp/bunya/shougaihoken/toukei/）（2016年２月５日）

共生社会の実現を図る上で，障害者に対する地域住民の理解が重要です。街中に数多く整備されてきたグループホームが，地域住民と障害者をつないでいく，啓発活動の拠点として重要な役割を果たすことが期待されます。（榎本悠孝）

12 障害児の地域生活を支える事業

1 障害児の地域生活を支える事業

重度心身障害を含め障害児（者）の6割以上は在宅で生活しており，母親など家族の献身的なケアによって支えられてきました。障害児の地域生活を支える事業は，「障害者プラン――ノーマライゼーション7か年戦略」（1995年）によって**重症心身障害児（者）通園事業等の整備**[1]がはじまりました。2006年には，障害者自立支援法施行によって，居宅介護や重度訪問介護，行動援護，重度障害者等包括支援，児童デイサービス，短期入所，**地域生活支援事業**[2]などのサービスを受けられるようになりました。

2012年6月には，**障害者総合支援法**[3]が成立し，対象者の拡大や地域生活支援事業の追加がなされました。また，障害児支援を強化するために，児童福祉法が一部改正（2012年4月施行）され，それまでの障害児施設（入所施設，通所施設・通所サービス）が一元化され，根拠法も児童福祉法一つになりました。

2 児童福祉法の一部改正に伴う変化

児童福祉法一部改正に伴い，障害児の地域生活を支えてきた従来のサービス（児童デイサービス，知的障害児通園施設，難聴幼児通園施設，肢体不自由児通園施設，重症心身障害児（者）通園事業）は，障害児通所支援として再編され，実施主体も市町村に一本化されました（Ⅲ-7，図Ⅲ-6参照）。

障害児通所支援には，児童発達支援，医療型児童発達支援，放課後等デイサービス，保育所等訪問支援があります。

児童発達支援には，福祉型児童発達支援センターと児童発達支援事業とがあります。児童発達支援の対象は，発達障害児を含め障害（身体・知的・精神）のある児童や難聴幼児，重症心身障害児のほか，児童相談所や医師等により療育の必要性が認められた児童です。

福祉型児童発達支援センターは，障害保健福祉圏域（概ね人口10万人規模）に1～2か所設け，①関係機関との連携・協力による支援機能の充実，②障害児通所支援の提供，③児童発達支援事業や保育所等への専門的支援を行うなど，ワンストップで対応できることを目指しています。

児童発達支援事業は，通園可能な範囲に最低1か所以上設置し，①障害児の通所支援や家族に対する支援，②児童発達支援センターと連携し，地域の様々

▷1　**重症心身障害児（者）通園事業等の整備**
重複障害のため経管栄養や吸引，酸素吸入など常に医療的ケアや見守りが必要であり，介護する家族の精神的・肉体的負担が大きい。これらの負担軽減や地域生活支援のため重症心身障害児（者）通園事業，療育拠点施設，デイサービスや短期入所などの整備がなされた。

▷2　**地域生活支援事業**
市町村（指定都市，中核市，特別区含む）を実施主体とする市町村地域生活支援事業には，相談支援事業，コミュニケーション支援事業，日常生活用具給付等事業，移動支援事業，地域活動支援センター強化事業などがある。
都道府県を実施主体とする都道府県地域生活支援事業には，専門性の高い相談支援事業，広域的な支援事業，サービス・相談支援者や指導者の育成事業などがある。

▷3　**障害者総合支援法**
⇨Ⅷ-1参照。

なニーズへの対応を目指しています。

医療型発達支援は，医療型発達支援センターまたは指定医療機関において，肢体不自由児を対象に児童発達支援や治療を行います。特に，医療型発達支援センターは医療機能を活用し，医療的ケアを必要とする在宅の障害児や家族への相談・支援，保育所等への訪問支援を行います。

放課後等デイサービスは，学校通学中の障害児を対象に，授業終了後または休日に，生活能力向上訓練や社会との交流などを行うとともに，放課後の居場所づくりをすることを狙いとしています。

保育所等訪問支援は，**保育所など**[4]に通う障害児が集団生活に適用できるよう，**訪問担当者**[5]が訪問し専門的な支援を行います。この支援を利用するには，保護者の障害受容を図る必要があり，その役割を障害児相談支援や障害児等療育支援事業などが担うことが期待されています。

▶4 **保育所など**
保育所，幼稚園，認定こども園，小学校，特別支援学校，その他児童が集団生活を営む施設として地方自治体が認めたもの。

▶5 **訪問担当者による訪問指導**
障害児施設で障害児に対する指導経験のある児童指導員や保育士，障害の特性に応じて専門的な支援が必要な場合はその領域の専門職が訪問し，障害児への支援と保育所等スタッフへ支援方法などの指導を行う。

3 今後の方向性

これら障害児への様々な支援は，年齢に従って利用するサービスが変わっても自立した生活ができるよう重層的な支援を継続するとともに，障害者総合支援法などの支援サービスにつなげることを目指しています（図Ⅳ-8参照）。

今後，児童福祉法の改正や障害者総合支援法などの内容を広く知らせ，誰もが支援サービスを活用できるようにすることが求められています。

（和泉とみ代）

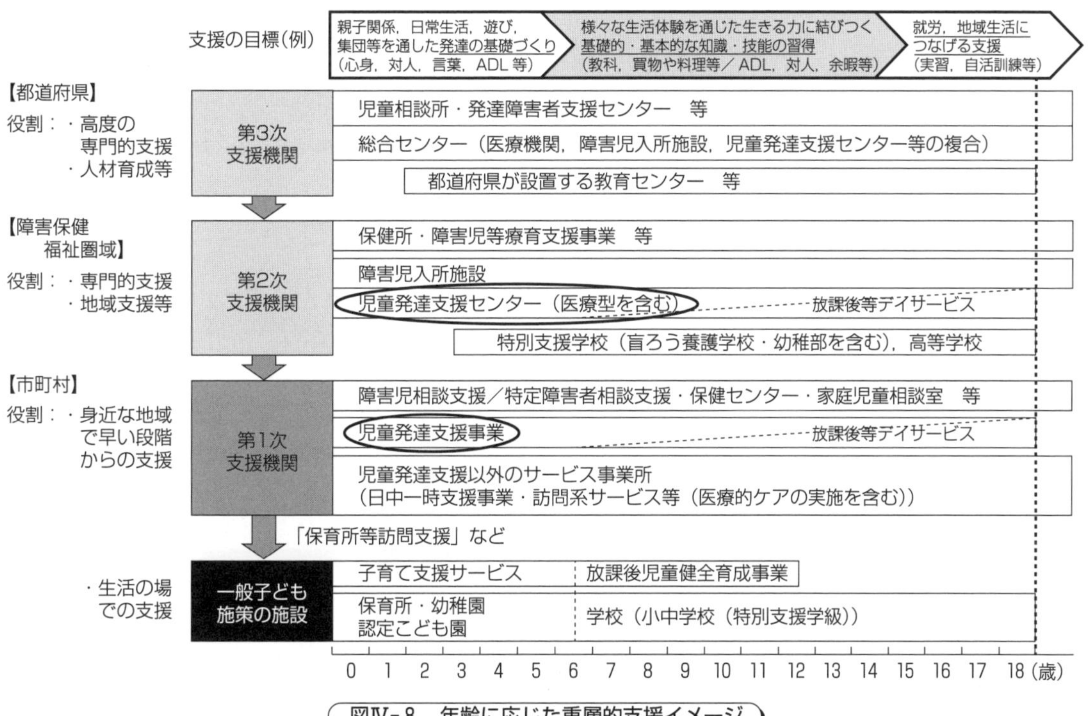

図Ⅳ-8 年齢に応じた重層的支援イメージ

出所：厚生労働省「児童福祉法の一部改正の概要」より。

13 特別支援学校，統合教育：これまでの論争と今後の課題

1 障害のある子どもたちが学習する場

障害のある子どもたちが地域で学び育つ場としては，福祉機関と教育機関があります。このうち，教育機関については，特別支援学校，小・中・高等学校が挙げられます。特別支援学校とは，2006年以前には盲学校・聾学校・養護学校（知的障害・肢体不自由・病弱）と称されていた学校です。

これまで，障害のある子どもたちに対する教育は，その学校の設立の歴史的な背景から分離教育が前提となっていました。しかし，1994年のサラマンカ声明により，インクルージョンの考え方が普及し，これまで盲学校・聾学校・養護学校（知的障害・肢体不自由・病弱）に通っていた障害のある子どもたちも，健常の子どもたちと同様に小学校や中学校へ通うケースが増えてきました。さらに，小学校，中学校において，障害の診断を受けていないにもかかわらず，指導に困難を感じる児童生徒が多く存在することが報告されるようになりました。彼らの多くがこれまで特別支援教育の対象とされていなかった発達障害（LD・ADHD・高機能自閉症等）のある児の可能性が示唆され[1]，ここから発達障害のある子どもたちも特別支援教育の対象として含まれることとなりました。

2 地域の学校で学ぶ

このような流れによって，障害のある子どもたちが地域の小学校・中学校で学ぶようになりましたが，その学びの質を保障するためには，障害のある子どもを担当する各教諭が障害の特性やそれに応じた指導方法を知る必要が生じてきました。それを支えるために，特別支援学校はセンター的機能を有し，これまでに蓄積してきた専門的な知識や技能を生かし，「幼稚園，小学校，中学校，高等学校及び中等教育学校の要請に応じて，発達障害を含む障害のある幼児児童生徒のための個別の指導計画の作成や個別の教育支援計画の策定などへの援助を含め，その支援に努めること[2]」となりました。このようにして，特別支援学校に通っていない障害児であっても，障害に起因する発達上の困難を解決するために必要な指導が受けられるようになっています。さらに，必要に応じて，通級などで専門的な指導を受けることも可能となり，「特別支援学校は，在籍している幼児児童生徒のみならず，小・中学校等の通常学級に在籍している発達障害を含む障害のある児童生徒等の相談などを受ける可能性も広がると考え

▶1　文部科学省初等中等教育局特別支援教育課「通常の学級に在籍する発達障害の可能性のある特別な教育的支援を必要とする児童生徒に関する調査結果について」2012年12月5日。（http://www.mext.go.jp/a_menu/shotou/tokubetu/material/__icsFiles/afieldfile/2012/12/10/1328729_01.pdf）（2016年2月1日）

▶2　文部科学省「特別支援教育の推進について（通知）」2007年4月1日。（http://www.mext.go.jp/b_menu/hakusho/nc/07050101.htm）（2016年2月1日）

られるため，地域における特別支援教育の中核として，様々な障害種についてのより専門的な助言などが期待されて[3]」います。

▶3 ▶2と同じ。

この他にも，障害のある子どもたちへの支援を行うために，特別支援学校は，①個別の教育支援計画の作成，②特別支援教育コーディネーター，③広域特別支援連携協議会などの役割も担っています。①個別の教育支援計画とは，障害のある子ども一人ひとりのニーズを正確に把握し，教育の視点から適切に対応していくという考え方の下，長期的な視点で，乳幼児期から学校卒業後までを通じて一貫して的確な支援を行うことを目的としています。②特別支援教育コーディネーターとは，「(1) 学校内の関係者や関係機関との連絡・調整，及び，(2) 保護者に対する学校の窓口として機能することが期待される。一方，盲・聾・養護学校の特別支援教育コーディネーターはこれらに地域支援の機能として，(3) 小・中学校等への支援が加わることを踏まえ，(4) 地域内の特別支援教育の核として関係機関とのより密接な連絡調整が期待され」ています。③広域特別支援連携協議会とは，これまでに述べてきた，「地域」よりもさらに広く，都道府県単位での特別支援に関わる情報の共有などを目的に設置されています。

3 今後の課題

特別支援学校は，障害のある子どもたちに対して専門的な知識・技術に基づいた指導を行うことができる機関であるとされているものの，実際には，特別支援学校に在籍する教員の特別支援教育に関する免許の保有率（図Ⅳ-9）は学校種全体で平均80％程度に留まり，障害種によっては半数程度の教員しか専門の免許を持っていない状況にあります。さらに，近年の特別支援学校に在籍する児童生徒の障害が重度・重複化してきていることを鑑みると，複数の領域にわたる免許の取得も必要であると考えられます。（茂木成友）

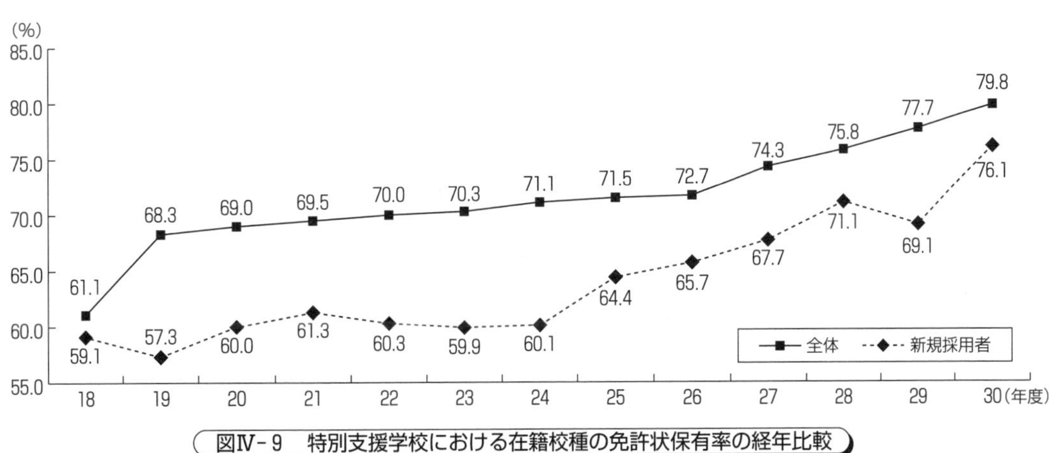

図Ⅳ-9 特別支援学校における在籍校種の免許状保有率の経年比較

注：18年度の全体及び新規採用者の数値は，在籍校種の免許状保有者の割合を示す。平成19年度〜26年度は，いずれの数値も「当該障害種の免許状保有者」と「自立教科等の免許状保有者（当該障害種）」を合わせた割合を示す。
出所：文部科学省 HP。

1 障害者運動の発展と転換点

日本の障害者運動は，障害ごとに別々の団体をつくり，それぞれに活動してきました。ここでは，まず自立生活運動の直接的な背景となった肢体不自由者の運動を紹介します。後半では，近年の他の障害者運動を簡単に紹介します。それぞれの運動の流れには，社会の論理を肯定し保護を求める運動から，障害者自身の存在をそのまま肯定し社会の側の変化を求める運動への移行が見られ，ノーマライゼーション思想へ向かう国際的な動向にも通じるものでした。

1 肢体不自由者の運動[1]

戦後，**障害者に対するいくつかの施策**[2]がとられたものの，いずれも障害者の生活を保障するには不十分であり，1960年代に入ると，障害児をもつ親の苦労，親が亡き後の不安が社会的に注目され，障害者の親の会が次々と作られました。親の立場からは，安全に暮らせる施設の建設が求められていきました。そして1972年７月に施行された身体障害者福祉法の改定により，身体障害者の生活の場としての施設が建設されることになりました。

このようないわば既存の社会の論理を肯定し，その論理の中で社会に保護を求める運動に対し，1970年代以降に活発に展開された障害者本人たちの運動は，新たな価値観，障害者観を提示するものといえます。その中で，1957年に結成された「青い芝の会」の運動はよく知られています。青い芝の会は，1970年の**減刑嘆願運動**[3]に対して，これは障害者自身の存在を否定し，障害者は死んだ方が幸せなのだという位置づけがあり，親もこの論理を肯定しているとして激しく抗議しました。以後，優生保護法改定，養護学校義務化等が，障害者を「あってはならない存在として」位置づけているとして反対運動が続けられました。また，「超近代的」な医療施設として開設された東京都府中療育センターでの施設内の処遇の悪さを糾弾し，また閉ざされた特異な環境で，一般社会から隔絶された状況で生活することそのものに対する抗議，自らが選定した介助者に対する介助料の行政への要求も行いました。この運動により1973年にはじまった，東京都の「重度脳性麻痺者等介護人派遣事業」は，利用者が選んだ介助者に対して，自治体から介助料が支払われる制度で，自立生活運動の理念を具体化する上で重要なものとなりました。また，東京を中心とした一部の地域に限られていた運動が，1986年「全国障害者解放運動連絡会議（全障連）」が結成され，全国的な広がりをみせるようになりました。

▷１　この項は主として次の論文による。立岩真也「はやく・ゆっくり――自立生活運動の生成と展開」安積純子・岡原正幸・尾中文哉・立岩真也『生の技法』（増補改訂版）藤原書店，1995年，165～226頁。

▷２　**障害者に対する施策**
たとえば，1949年の「身体障害者福祉法」は，軽度の障害者の更生を目的としており，就業に就く見込みのない者は対象から除外されていた。1959年の国民年金法の成立に伴い，障害者福祉年金が制定されたことにより生活保障の施策が始まったものの，きわめて低額であった。

▷３　**減刑嘆願運動**
1970年に横浜で，障害児が母親に殺害された事件について，神奈川県心身障害児父母の会は，「施設もなく家庭に対する療育指導もない，生存権を社会から否定されている障害児を殺すのはやむを得ざる成り行きである」という抗議文を横浜市長に提出し，減刑嘆願運動を展開した。

こうした運動を受けて行政側の姿勢も変化し，1969年には，東京都社会福祉審議会の答申，1971年，中央社会福祉審議会の答申の中で，地域でのケアを受ける対象とそのケア内容の拡大の必要が指摘され，施設収容に反省すべき点があること，地域のほうが生活の場として適切であること，また経費面でも合理的であると述べられました。また，障害基礎年金を要求する「全国所得保障確立連絡会」の運動を受けて，1986年には障害基礎年金制度が実施されました。今日でも，この年金だけでは独立して生活することはできず，生活保護に頼らざるをえません。独立して生活する保障を求める運動は今も続いていますが，これらの制度は障害当事者による運動の中でつくられてきました。

2 視覚・精神・知的障害者の運動

視覚障害者の団体は，12世紀頃から職業集団としての組織をもつなど，独自の発展の歴史をもっています。[4] 明治期以降も，各地に独自の盲人組織が作られ，盲学校の開設などの運動もありましたが，視覚障害者にとっては，鍼・灸・あんまがほとんど唯一の職業であったため，その既得権を守る運動がほとんどでした。しかし，1970年代後半以降，職業選択の幅を広げるための運動も行われています。1975年に作られた「視労協（視覚障害者労働問題協議会）」は，東京都に視覚障害者の教員採用を認めさせる運動において，教育委員会の論理を批判しています。[5] また，1996年に視覚障害者労働フォーラムを結成した人々は，1975年から，豊中市の職員採用試験について，「障害者を差別する行政を改革していくためには障害者採用が必要である」という主張のもとに，障害者の「無試験採用」を求めました。[6] どちらの要求も，そのまま受け入れられたわけではありませんが，既得権を守る運動から，新しい展開がなされたといえるでしょう。視労協は1980年代から90年代にかけて，DPI 日本会議をはじめとする他の障害者運動との連携も図るようになりました。

知的障害者は，特に自己決定が難しいと考えられ，本人の意思や意向を無視した「最善の保護を」押しつけられてきました。[7] それに対して，1995年には「ピープルファーストはなしあおう会」が結成され，ピープルファースト世界大会に日本から参加する知的障害者も出てきました。[8]

精神障害者は，特に社会の偏見や差別を受けやすい障害であり，自分が精神障害者であることを明かさない人が多くいます。しかし，1974年には，「全国『精神病』者集団」，1990年には，「全国精神障害者団体連合会」が結成され，当事者のみによる団体の運営とネットワーク化，そして欠格条項の廃止などを求める運動を展開しています。[9][10] こうした動きは，少しずつではあっても，社会の論理をそのまま受け入れるのではなく，当事者が自分たちの存在と自分たちの論理を示し，社会の側に変化を求める運動がすすめられつつあるといえるのではないでしょうか。

（八巻知香子）

▶4　目黒輝美『障害者運動と福祉――国際比較による障害者エンパワーメント』恒星社厚生閣，2000年。

▶5　宮昭夫「視労協がやってきたこと，考えたこと」全国自立生活センター協議会編『自立生活運動と障害文化』現代書館，2001年，89～97頁。

▶6　三上洋「関西視覚障害者運動私史――三氏就労闘争を中心に」全国自立生活センター協議会編，前掲書，98～105頁。

▶7　平田厚『知的障害者の自己決定権』エンパワメント研究所，2000年。

▶8　ピープルファーストはなしあおう会「障害者としてではなく，『まず第一に人間として』」全国自立生活センター協議会編，前掲書，133～138頁。

▶9　長野英子「全国『精神病』者集団の闘い」全国自立生活センター協議会編，前掲書，114～122頁。

▶10　加藤真規子「YES。セルフヘルプを生きる――ぜんせいれんの歩みを振り返って」全国自立生活センター協議会編，前掲書，123～132頁。

2 自立生活運動の問いかけたもの：専門職への懐疑

1 自立生活運動の始まりと考え方

自立生活運動の起こりは，1960年代から1970年代にかけてのアメリカ・カリフォルニア大学バークレー校の障害をもつ学生の運動から始まりました。この運動は公民権運動やノーマライゼーション思想とともに全アメリカに広まって，障害者運動に新しい考え方を吹き入れていきました。ただし，自立生活運動の芽はそれ以前にもさまざまな国で起こっていたということもいわれています。

自立生活運動の代表的な規定は，「他人の助けを借りて15分で衣服を着，仕事に出かけられる障害者は，自分で衣類を着るのに２時間かかるために家にいるほかない障害者よりもより自立している[1]」ことがあげられます。この意味は，これまで医療で絶対視されていた「ADL（日常生活動作）の自立」という自立観から「QOL（クオリティ・オブ・ライフ，生活の質）を充実させること」を自立として考えることへの価値観の移行を意味している点で重要です。

▷1　定藤丈弘・岡本栄一・北野誠一編『自立生活の思想と展望――福祉のまちづくりと新しい地域福祉の創造をめざして』ミネルヴァ書房，1993年，８頁。

さらに，近年では，この考えをより推し進めた形で，障害者の自己決定権と選択権が最大限に尊重されている限り，たとえ全面的な介助を受けていても人格的には自立していると考える方向が生じてきました。これはどんな重度の障害者でも自立はありえることを理念的に示している点で重要です。

専門的援助への批判運動としての自立生活運動を位置づけていく考えもあります。この考えによると，専門的援助は，身体機能や能力における欠如を問題とし，医師や理学療法士，作業療法士などの専門的介入による問題の解決を目指し，提供されるサービスの質のコントロールを専門職が行い，ADL の自立を目標とする点が特徴としてあげられています。

これに対し，自立生活は，専門職や家族への依存を問題とし，同僚のカウンセリング（ピア・カウンセリング）などのセルフヘルプによる問題の解決を目指し，提供されるサービスの質のコントロールを当事者（消費者（コンシューマー））が行い，自己決定のできる自立した生活を目標とする点が特徴としてあげられています。

2 エンパワメントについて

最近の障害者福祉で重視されてきている考えとしてエンパワメントがあります。I－5「エンパワメント：パワレスな状態からエンパワーへ」でふれられているように，エンパワメントにはいろいろな考え方がありますが，問題を抱えた人自身が自己決定，問題解決能力をつけていくことを重視する考えといえます。エンパワメントと自立生活運動とは深い関わりがあります。

自立生活運動は先に記したように専門家主導の援助のあり方に対しての批判運動としての特徴がみられます。この中には，従来のサービス提供の仕方はサービス利用者である障害者の自己決定や問題解決の力を奪い，障害者をパワレスの状態にしていると考え，この状態の克服として，障害者自身がエンパワメントしていく考えを重視しています。したがって，自立生活運動の目指す障害者像はエンパワーされた自立した主体的な生活者像です。しかし，現実の障害には，知的障害や精神障害などの自らの意思を明確にし，主張していく能力に弱い障害者も存在しています。このことに関して，自立生活支援（自己決定能力を支えていく）を行う支援者（エンパワメントを支援する支援者）の重要性がいわれています。この援助者は従来の専門家ともサービス提供者とも異なり，障害者自身の思いを理解・共感できる感性が必要です。

3 セルフヘルプグループの可能性

障害者をエンパワーしていく上で重要なものとして，セルフヘルプグループがあります。セルフヘルプグループは，社会福祉や保健・医療などの領域で新しい援助（サービス提供）のあり方として注目されています。セルフヘルプグループに関してはV-4「セルフヘルプグループ：福祉援助へのカウンター」でふれます。エンパワメントとの関連では，障害者自身の問題解決能力，自己コントロール，生活への意味の発見などの，積極的な消費者像の転換にセルフヘルプグループの活動が寄与しているといわれています。

セルフヘルプグループには，さまざまな定義や考え方がありますが，大きく2つの意味をもっています。一つは「セルフ」の意味している自助，自立です。もう一つは，ヘルプの意味している相互支援，共同，体験の共有です。この2つの意味を兼ね備えた集団（グループ）として，セルフヘルプグループをとらえることができます。

セルフヘルプグループを，**「わかちあい」「ひとりだち」「ときはなち」**[2]という日本語でとらえようとする考え方もあります。この考え方では，自立と相互支援に加えて，「ときはなち」（自己抑制からの解放と社会の差別や偏見への抵抗）という新しい要素が加わっている点が特徴的です。この新しい要素は，これまでの専門職による援助論では，なかなか強調されにくかった点でもあり，セルフヘルプグループを専門職との対比で新たな援助論として位置づけることもできます。特に，障害者の場合は，親や周囲の人たちとの関係で，自己抑制的な態度が身についていることが多いので，この新しい要素は重要な視点を与えています。

（小澤　温）

▶2 「わかちあい」「ひとりだち」「ときはなち」
日本語でセルフヘルプグループをとらえようとする考え方は，岡知史『セルフヘルプグループ――わかちあい・ひとりだち・ときはなち』星和書店，1999年，による。

参考文献

山田昭義編『自立を選んだ障害者たち――愛知県重度障害者の生活をよくする会のあゆみ』愛知書房，1998年。
名古屋市を中心に活動してきた「愛知県重度障害者の生活をよくする会」の25年間にわたる歩みを，運動史としてまとめている。また，後半では，7人のメンバーの個人史をまとめている。日本における自立生活運動の現実を理解する上で貴重な本である。

自立生活運動，自立生活思想の歴史と展望

1 自立生活の理念

日本語で言う自立生活運動（しばしば IL 運動と呼ばれる）言葉は，欧米の Independent Living Movement の訳語として日本に紹介されました。

1970年代のカリフォルニア州バークレーが自立生活運動発祥の地といわれています，最初の自立生活センターは，「米国における自立生活センターの父[1]」とも紹介される，エド・ロバーツ氏ら障害をもつカリフォルニア大学バークレー校の卒業生によって，生活に必要な介助を保障するために設立されました[2]。

自立生活運動の基本的な考え方を示したものとして，デジョング（DeJong, G.[3]）の定義が有名です。デジョングは，「自立生活理念によると，問題は個人にあるのではなく，リハビリテーションパラダイムに基づいて示された処方箋にある。すなわち，医師—患者関係を含めて，専門家—クライアント関係において特徴とされてきた依存的であることを当然であるとする社会状況が問題である。障害者は（消極的・依存的な）患者役割，クライアント役割を脱して，（積極的な）消費者・コンシューマーになるべきである」と述べました。従来，「自立」とは，ADL 自立，経済的自立であると考えられてきましたが，自立生活運動の中で示されてきた「自立」は，自己決定権の行使により自己選択をすること，と定義しました。

つまり，問題は障害者個人にあるのではなく，社会の側にあるという「社会モデル」の主張であり，それまでの障害者に対する見方を180度転換させるものでした。それまで，障害者は社会の規範からはみ出した者であり，できるだけ社会の基準に合うように障害者自身が変わる努力をすることが求められてきており，リハビリテーションもその視点から行われました。ですから，「障害を克服する」ために，歩行訓練をはじめとする身辺自立のためのリハビリテーションがもっとも大切なことだと考えられていたのです。それに対し，自立生活運動では，障害をもつ個人が訓練で矯正されるべきではなく，自分たちが困難になるような状況を作り出している社会，たとえば道路の段差，障害者には使えない交通機関，視覚障害者には読めない案内板があることを許している社会の側が問題であり，矯正されるべきであると主張しました。

また，専門家主導のリハビリテーションには，障害者は身辺自立ができて初めて，生活の選択権を得るという順序が想定されています。「社会モデル」の

▶1　樋口恵子「日本の自立生活運動史」全国自立生活センター協議会編『自立生活運動と障害文化』現代書館，2001年，12～32頁。

▶2　Braddock, D. L., & Parish, S. L., An institutional history of disability, in Albrecht, G. L., Seelman, K. D., & Bury, M., *Hand Book of Disability Studies*, Sage Publications, Inc., 2001, pp. 11-68.（引用箇所 p. 48）

▶3　DeJong, G., Independent Living: From social movement to analytic paradigm, *Archives of Physical Medicine and Rehabilitation*, 60,1979, pp. 435-446.（引用箇所 p. 435）

主張を展開した自立生活運動では，障害は社会の問題であると捉えているので，身辺自立がなされているかどうかとは無関係に，自分の生活を自分で選ぶ権利がある，そしてそれが自立であると考えたのです。たとえば2時間かかって自分で服を着るよりも，人の手を借りて10分で服を着て，残りの時間を社会での活動に使った方がより自立している，そのために人の手を借りることはかまわない，少なくともどちらにするのかは自分で選ぶべきであるという主張です。

2 自立生活を実現するための施設・家族の否定と介助者のあり方

施設での集団生活は，多くの規則があり，プライバシーも制限されます。起床や就寝，食事の時間も規則があり，生活の様々な場面で職員の都合が影響します。また，家族のもとでは，常に介護者である家族の顔色をうかがいながら生活しなければならず，結局十分な自己決定に基づく生活ができない，という点から批判されました。そして，自己決定が可能な自立生活のスタイルとして，「介助者」を使った地域での一人暮らし，という形が創られてきました。

日常生活に援助が必要な重度の障害者が，施設や家族のもとではなく生活していくためには，誰かの援助の手が必要です。自立生活理念では，その援助の手を，障害者の指示に従って手伝う「介助者」として，新たな援助者のあり方を打ち出してきました。従来，障害者は依存的な存在であると考えられ，介護者（職員や家族）が，保護の責任を負うものと考えられてきました。しかし，自立生活運動では，このようなケア概念を批判し，自立生活理念に基づく介助者は「消費者（障害者）の監督によってリクルート，雇用，教育，管理，場合によっては解雇されるべきもの」としています[4]。また，その呼び名についても，「積極的に自分で自分の方向を決めていくサービスの当事者というイメージ」[5]にそうものとして，英語ではパーソナルアシスタント，パーソナルアテンダント（personal assistant, personal attendant）という言葉の方がケアギバー，ケアラー（care giver, carer）より適していると考えられています。わが国においても同様で，「介護」という言葉には保護するという意味合いが強くなることから敢えて「介助」という言葉が好んで使われており[6]，被援助者が主体的に援助内容をコントロールする必要性が強調されてきました。

3 日本における自立生活運動の展開と自立生活センターの設立

自立生活運動が日本で直接広がる以前に，「青い芝の会」による激しい障害者運動があり，自立生活理念が日本で広がる下地をつくったといわれています[7]。

国際的な流れが日本にもち込まれた契機は，1981年の国際障害者年といわれています。欧米からは，19世紀から行われていた大規模収容施設による隔離政策を批判するノーマライゼーション（Normalization）理念が伝えられました。また，80年に障害者自身による障害者インターナショナル（DPI）が設置され，

▶4 Dejong, G., & Wenker, T. Attendant Care as a Prototype Independent living Service, *Archives of Physical Medicine and Rehabilitation*, 60, 1979, pp. 447-482.（引用箇所p. 447）

▶5 ラッカ，A. D.／河東田博，古関・ダール瑞穂訳『スウェーデンにおける自立生活とパーソナル・アシスタンス』現代書館，1991年，16頁。

▶6 岡原正幸「コンフリクトへの自由―介助関係の模索――自立生活運動の生成と展開」安積純子・岡原正幸・尾中文哉・立岩真也『生の技法』増補改訂版，藤原書店，1995年，165～226頁。

▶7 立岩真也「はやく・ゆっくり――自立生活運動の生成と展開」安積・岡原・尾中・立岩，前掲書，165～226頁。

日本でもDPIを作る日本委員会がつくられ，81年には日本からも参加しました[8]。さらに，日本に紹介したのは，バークレーの自立生活センターで研修し，多大な影響を受けた障害者のリーダーたちです。そのリーダーたちによって，日本で最初の自立生活センターである「ヒューマンケア協会」が1986年に作られました。その後，自立生活センターの数も増え，理念も徐々に浸透しつつあります。わが国における自立生活理念も，欧米における自立生活理念とほぼ同義であり，「制約の多い施設での生活や，家族（親）の庇護のもとでの生活ではなく，自分の生活を自分で決定し，普通に自分らしく生きること」と考えられています。1991年には，全国各地で作られた自立生活センターの連携をはかるため，全国自立生活センター協議会（Japan Council on Independent Living：JIL）が設立されました。

▶8　▶1と同じ。

4 自立生活センターの役割

このような理念に基づいた生活を，いろいろな面から支え，またこの理念を広く社会に伝える活動をしているのが自立生活センター（Center for Independent Living：以下CIL）です。現在，自立生活センターであるための要件として，次の4点が定められています。①運営委員の51％以上が障害者であること，②実施責任者は障害者であること，③障害種別を越えてサービスを提供すること，④介助サービス，自立生活プログラム，住宅サービス，ピア・カウンセリングを提供すること[9]です。介助プログラムは，利用会員（障害者），介助会員（健常者）をそれぞれ登録してもらい，利用会員はセンターに介助会員の派遣を要請し，センターの職員がコーディネートして介助会員を派遣するという仕組みです。利用者がセンターに利用料を支払い，若干の手数料を差し引いて自立生活センターから介助会員に介助料が支払われます。住宅サービスとは，障害者が賃貸住宅を借りるのは非常に困難なため，仲介等のサポートをします。ピア・カウンセリングは，障害者は幼い頃から劣等感を植えつけられがちですので，「自分を認める」「障害を認める」「自分らしさをみつける」ための障害者同士のカウンセリングが必要になります。また同時に，自立生活のための情報提供が行われます。自立生活プログラムは，家族の完全な保護の下で生活してきた人，施設の中で生活してきた障害者が，突然自立生活をすることは難しいため，必要な訓練を行うものです。金銭管理や買い物の方法から介助者の管理の仕方など日常生活に必要なことを，宿泊訓練などを通じて練習します。

▶9　中原えみ子「自立生活プログラム――当事者の果たす役割」『総合リハビリテーション』26（10），1998年，931～935頁。
全国自立生活センター協議会ホームページ
（http://www.j-il.jp/）

今までのところ，東京や大阪など大都市圏に集中する傾向がありますが，全都道府県に自立生活センターを作ることを目標に，地方でも徐々に増えつつあります[10]。自立生活センターには，障害者のためのサービスを提供する主体としての側面のほかに，運動体としての側面もありますから，それぞれの地域において，介助や住宅など，公的制度の充実のために運動を展開しています。

▶10　▶1と同じ。

5 自立生活を支える制度的基盤

現在，障害者の自立生活を支える制度的な基盤はきわめて脆弱で，住居，介助者のいずれについても障害者は苦戦を強いられています。

車椅子での生活に適した公営住宅はごくわずかですし，単身入居を認めていないところも多くあります。民間の賃貸住宅も，重度の障害者が生活しやすい住宅は多くありませんし，もしあっても，「万が一」を心配する貸し手が多く，なかなか借りることができません。

現在，介助者としての役割を担っているのは，学生，主婦，会社員などのアルバイトもしくはボランティアが大半です。最近では，ホームヘルパー制度も拡充し，長時間の派遣が行われる自治体もありますが，ほとんどの場合にはごく限られた時間しか利用できません。障害者が自分で選んだ介助者を地方自治体に登録し，地方自治体がその費用を負担する自薦登録ヘルパー制度ガイドヘルパー制度介護人派遣制度などが，運動の過程でつくられてきた地域もありますが，まったく基盤のない地域もあります。その場合には，無償のボランティア介助者を探すか，障害者が自分で費用を負担するほかはありません。介助を中心的な仕事にしている人も少しずつ現れてきましたが，介助者が生活していく上で十分な保障や社会的な位置づけないため，職業として介助者になることはなかなか難しいのが現状です。

6 自立生活運動のこれから

現在，自立生活をする人は確実に増えていますが，そのためにはまだまだ困難がたくさんあります。制度的な基盤の弱さだけでなく，自立生活をすることは，自分の生活を自分で決めていく力，障害者にも介助者を管理する力が必要になります。この理念にある生活を実現するためには，障害者に多くのエネルギーを必要とするのです。自立生活センターは，1980年代の障害者運動を経て，障害者が地域で生活するための財源確保の交渉など，圧力団体として活動してきました。その一方で，障害者への生活を実際にサポートするための安定した運営を目指して，地方自治体の委託事業を受ける団体も増えています。2000年の介護保険制度施行後は，地方自治体のヘルパー派遣事業を受託し，サービス提供主体としての機能を高めつつあります。

2003年の措置制度から支援費制度への移行，2005年の障害者自立支援法，2012年の障害者総合支援法と法制度はめまぐるしく移行する中，理念としては共生社会の実現や社会的障壁の除去が掲げられており，自立生活理念が求めるものと同じ方向を向いているともいえますが，本当に障害者にとって望ましいサービスを得て，自分の生活を作っていくには，これからも運動が進化しながら展開されていく必要がありそうです。　（八巻知香子）

参考文献

全国自立生活センター協議会編『自立生活運動と障害文化——当事者からの福祉論』現代書館，2001年。

安積純子・岡原正幸・尾中文哉・立岩真也『生の技法』（増補改訂版）藤原書店，1995年。

4 セルフヘルプグループ：福祉援助へのカウンター

1 セルフヘルプグループとは

セルフヘルプグループとは，「なんらかの問題・課題を抱えている本人や家族自身が仲間同士で支え合うグループ[1]」です。セルフヘルプグループには，それぞれが共通して抱える課題について，メンバー同士が，互いに援助し合うことで，心理的に癒されたり，自分たちの問題解決に役立てるという内部への働きかけと，社会的に差別を受けている状況や，不十分な施策を改善するための取り組みを行うグループ外への働きかけという大別して２つの役割があります。

レヴィ[2]（Levy, L. H.）は，セルフヘルプグループとしてとらえるための条件として以下の５つをあげています。第１に，会の目的は，相互援助を通じてメンバーの問題を改善し，より効果的な生き方を求めていくことにあること，第２に，外部の権威や機関によって強制的に作られたものではなく，メンバー自身によってつくられること，第３に，援助は専門家が主導するのではなく，メンバーの努力や知識，技術によること，第４に，メンバーは，共通の人生経験や問題をもつ人であること，第５に組織の構造や活動の様式はメンバーが中心になっていることです。

このようなセルフヘルプグループが多く作られてきた背景として，次の４点が指摘されています[3]。第１に，既存の保健医療福祉の制度や技術が，俗に「疾病をみて人間を見ない」といわれるように，非常に専門分化，高度化したことに対する批判，第２に，伝統的に援助の担い手とされてきた家族や近隣，コミュニティのきずなが弱まったこと，第３に，人権意識やコンシューマリズム（消費者運動）の高まりにより，援助される側の積極的な姿勢を求める傾向が強まったこと，第４に，高齢化が進み，慢性疾患患者・障害者が増加したことです。

2 セルフヘルプグループの機能

このような背景の下で生まれたセルフヘルプグループの機能として，山崎善比古，三田優子[4]は６点，三島一郎[5]は，７点の機能があると整理しています。ここではそれらを簡略に紹介します。

第１に，伝統的な医師―患者関係では，消極的な被援助者であった当事者が，セルフヘルプグループでは，援助者の役割を果たすことです。サービスの消費

▶1　久保紘明「セルフヘルプ・グループとは何か」久保紘明・石川到覚編『セルフヘルプ・グループの理論と展開――わが国の実践をふまえて』中央法規出版，1998年，２，３頁。

▶2　Levy, L. H., Self-help groups: Types and psychological processes, *Journal of applied behavioral sciences*, 12(3), 1976, pp. 310-322.

▶3　山崎喜比古・三田優子「セルフ・ヘルプ・グループに関する理論及び論点の整理と考察」『保健医療社会学論集』１号，1990年。

▶4　▶3と同じ。

▶5　三島一郎「セルフヘルプ・グループの機能と役割」久保紘明・石川到覚編『セルフヘルプ・グループの理論と展開――わが国の実践をふまえて』中央法規出版，1998年，39～56頁。

者（consumer）であり，かつその生産者（producer）でもあるとして，リースマン（Riessman, F.）は，prosumer（プロシューマー）であるととらえました。

第2にリースマン[6]が指摘した「ヘルパー・セラピー原則：人は援助することで最も援助を受けることになる」という点です。つまり，自分が援助する側に回ることで，自分の問題をよりよく理解できるようになったり，自分も役に立っているという自尊感情をもつことができるようになります。

第3に，新たな考え方を示すことによって，メンバーのアイデンティティの再建や自尊心を改善していくことができます。つまり，否定的な物として考えてきた「障害」を，別の角度から見ることで，「障害は個性だ」という新たなとらえ方（リフレイミング）をすることにより，障害をもつ自分に対する否定的なイメージを脱却し，新しいアイデンティティを確立することができます。

第4に，仲間集団をもつことで，参加者は孤独から解放され，目標となるロールモデルを得ることができます。また，グループのメンバーに共通する問題に関する知恵やしきたり，信念などが，参加者の行動や意識を変化させることに役立ちます。これをアンツェ[7]（Antze, P.）は「イデオロギー」と呼びました。

第5に，ボークマン[8]（Borkman, T. S.）が指摘するように，グループの中での援助は，メンバーそれぞれの体験的知識（experimental knowledge）に基づいています。体験的知識には，実際的，実用的であり，今ここでの行動に役立つ，全体的・包括的なものであること，感情や評価をもつ，という特徴があります。

第6に，専門家による援助を問い直すという機能があります。岡[9]は，セルフヘルプグループによる援助は「脱烙印化：専門家による診断に伴う否定的な烙印を押すことなく，対等な立場で援助すること，そして否定的な烙印を取り除く価値を見いだすこと」「脱病理化：要治療の対象として見るのではなく身近な誰にでも起こりうる日常のものとみなし，周囲の環境を少し変えるだけで改善できるものと考える」「脱専門化：当事者の問題を細分化してとらえるのではなく，当事者の視点から統合的・全体的にとらえる」という特徴があると指摘しています。

3 今後のセルフヘルプグループが果たしていく役割

2003年，障害者の福祉サービスも措置制度から支援費制度へと移行し，利用者の責任が拡大しようとしています。今後，オンブズマン制度の充実など，利用者の権利を守るための方法がますます必要となるでしょう。障害者のセルフヘルプグループが，情報交換をする場となり，サービスを適切に評価できる力を個人が養うことなど，セルフヘルプグループだからこそ発揮されるメリットを活かして，サービスの質をモニターする役割を果たすことが求められています。セルフヘルプグループの役割はより重要なものとなっていくでしょう。

（八巻知香子）

▶6 Riessman, F., The "Helper" Therapy Principle, *Social Work*, 10, 1965, 27-32. Riessman, F., Restructuring Help: A Human Services Paradigm for the 1990s, *American Journal of Community Psychology*, 18(2), 1990, pp. 221-230.

▶7 Antze, P., The Role of Ideologies in Peer Psychotherapy Organization: Some Theoretical Considerations and Three Case Studies, *The Journal of applied Behavioral Science*, 12(3), 1976, pp. 323-346.

▶8 Borkman, T. S., Experimental Knowledge: A New Concept for the Analysis of Self-Help Groups., *Social Service Review*, 56(3), 1976, pp. 445-456.

▶9 岡知史「セルフ・ヘルプ・グループの働きと活動の意味」『看護技術』34(15)，1988年，12～16頁。

5 ピア・カウンセリングの意味と課題

1 ピア・カウンセリングとは

ピア（peer）とは，「仲間・同等の者」を意味します。よって，ピア・カウンセリングとは，仲間同士のカウンセリング，つまり専門家がクライエントのカウンセリングを行うのではなく，同等な立場の仲間同士がカウンセリングを行うことをいいます。このピアとは，患者や障害者に限ったものではなく，学校でのいじめ問題の解決，性教育などに活かす試み，また学生同士が互いに悩みを相談し合うことなども含まれます。障害者のピア・カウンセリングについては，その特徴や基本となる研究の蓄積も浅く，実践も模索の中で行われているのが現状です。用語についても，専門家の指導を前提とするか否か，基本的な解釈が異なる2つの立場があります[1]。また，ピア・カウンセリングという言葉より，ピア・サポートという言葉の方が適切ではないか，という主張もあります[2]。ここでは，専門家の指導を否定する「障害者が自らの体験に基づいて，同じ仲間である他の障害者の相談に応じ，問題の解決を図ること[3]」という立場をとり，全国自立生活センター協議会（JIL）において，障害者のピア・カウンセリングを主導している安積遊歩，野上温子らの実践[4][5]を紹介します。

2 ピア・カウンセリングの特徴

ピア・カウンセリングの目的は，①ゴールの設定，②力強く積極的な自己イメージを創ること，の2つ，そして最終的なゴールは「障害者が自己信頼を回復し，自らの人生について建設的な決定と選択を責任を持ってできるように，援助すること」と野上温子は紹介しています[6]。カウンセリングを受ける人の視点，価値観に沿ってゴールを設定するというのは，専門的知識に基づいて，病理を発見していくという専門家によるカウンセリングとは対照的なものです。また，「すべての人間は，あふれるほどの想像力と，知恵，喜び，愛，連帯心を持っている」という前提で積極的な自己イメージを創る過程を援助するというのは，クライアント個人の中に原因を見いだそうとするアプローチと，対照をなします。そして，ピア・カウンセリングの中では，その人の生活に必要な情報を提供することも含まれます。

その方法として，安積遊歩らは再評価カウンセリング（リ・エバリュエーションカウンセリング）の理論を用いています。この手法では，カウンセラー（カウ

▶1　岡知史「ピア・カウンセリング――共通の体験を基礎にして」平岡公一・平野隆之・副田あけみ編『社会福祉キーワード』有斐閣，1999年，154～155頁。

▶2　横須賀俊司「ピアカウンセリングについて考える」『障害者の機会平等と自立生活――定藤丈弘その福祉の世界』明石書店，1999年，174～189頁。

▶3　岡知史による引用。厚生省社会・援護局・児童家庭局監修『改訂　社会福祉用語辞典』，岡知史，前掲論文。

▶4　安積遊歩・野上温子『ピア・カウンセリングという名の戦略』青英舎，1999年。

▶5　堤愛子「ピア・カウンセリングって何？」『現代思想　Vol. 26-2　特集身体障害者』1998年，92～99頁。

▶6　▶4と同じ，68～69頁。

ンセリングをする人）とカウンセリー（カウンセリングを受ける人）の関係が，互いに入れ替わるところに大きな特徴があります。専門家が行うカウンセリングは，専門家であるカウンセラーと，クライアントであるカウンセリーの関係は固定していて，役割が反対になることはありません。しかし，ピア・カウンセリングにおいては，カウンセラーとカウンセリーが，一定の時間を分け合い，互いにカウンセラーの役割とカウンセリーの役割をもちます。ここには「専門性を排除し，対等間と仲間性を重要視する」という原則が守られています。

また，この再評価カウンセリングでは，泣く，笑う，ふるえるなど，身体を通して感情を解放していきます。この感情の解放を通じて，自分がどうしたいのか，どうありたいのかを理解することを目指します。

このようなピア・カウンセリングが障害者には特に必要であると安積らは説明しています。もちろん，健常者の日常も社会からのまなざしによって規定される側面も多くありますが，特に社会からの否定的なまなざしによりスティグマを与えられがちな障害者にとって，自己を否定された経験などの深い痛みを吐露すること，そしてそれに共感してもらうことによって，癒しを得て，新たな自己イメージを創ることがより重要になるのです。

このような「対等」「仲間」という側面を強く保ちつつも，リーダーとしてのカウンセラーは，人生のロールモデルとしての役割もあります。安積は自分のロールモデルとしての役割は，社会にいかに働きかけているかが重要であると述べています。彼女が女性障害者への差別の撤廃運動を推進してきたこと，遺伝による障害と知りつつ，出産したことは，そのような生き方も選択肢としてあり得るということを示したモデルの一つになるでしょう。

3 福祉政策とピア・カウンセリング

1996年に施行された市町村障害者生活支援事業では，ピア・カウンセラーの配置が明示されました。これを機に，JIL はピア・カウンセラーの認定制度を設けました。上記のようなリーダーシップを発揮していくためには，障害をもつというだけではなく，障害者の相談にのり，情報提供を含めてさまざまなサポートをする力量もまた必要だという判断です。この認定制度については，「専門性」を排し，「仲間性」に基づいて互いに助け合うという本来の趣旨を脱してしまうのではないかという反対論も多く，議論が紛糾したといいます。通常，職業化されると，職業は専門化の路線をたどりがちです。今後，このピア・カウンセラーの職業としての位置づけが社会的にも認められたとき，仲間性を大事にするという本来の趣旨をどのように守っていくのか，難しい課題を抱えつつ定着をはかっているのが現状と思われます。（八巻知香子）

6 ピープルファースト：知的障害者の自立生活への道

1 ピープルファーストとは

ピープルファーストということば

ピープルファーストとは，1973年にカナダのブリテイッシュ・コロンビア州で開催された知的障害をもつ本人たちの会議で生まれたことばです。このことばには「まず第一に人間として（PEOPLE FIRST）」という主張が込められています。そこには「障害」を理由に過小評価され，自己決定の機会を奪われ，人間としての権利を認めてこられなかった知的障害をもつ人たちの歴史が見えます。

ピープルファーストということばは，その後，知的障害をもつ人たちで組織されるグループの名称としても使われるようになりました。そこでは，グループのメンバーである知的障害をもつ人が，お互いに支え合い，**セルフ・アドボカシー**[1]にむけて活動しています。日本では，このような活動をしているグループを「本人活動」といいます。

▶1　**セルフ・アドボカシー**
知的障害をもつ人自身が自らの権利を擁護すること。また，これまで奪われてきた権利を獲得するために社会に働きかけること。
⇨ I-2 参照。

ピープルファーストの歴史

このようなピープルファーストの活動は1968年にスウェーデンで行われた知的障害をもつ本人による意見交換の場がスタートだといわれています。1970年には，知的障害をもつ人たちが中心となって会議を開きました。その会議は，知的障害をもつ青年たち，24県の代表者50人によって開催され，「施設を小さなものにして欲しい」とか「自分たちの能力を過小評価されたくない」などの意見が話し合われました。そして，会議の最後には自分たちに関する事項の決定に，自分たちも参加したいと**自己決定の権利**[2]の声明を発表しました。この会議は本人活動の原点となり，1980年から1990年にかけてヨーロッパやアメリカ，カナダへと広がり，発展してきました。

▶2　**自己決定の権利**
自分で選択し，決定する権利であるが，それは単なる好みの範囲決定にとどまらない。どこで暮らしたいか，どのような仕事をしたいかなど，人生全体に関わるものである。⇨ I-10 参照。

日本で本人活動が活発になったのは，1990年代になってからです。この動きに大きく影響をもたらしたのは，1990年にパリで開催された国際育成会連盟世界大会に，日本の知的障害をもつ本人が参加したことであるといわれています。その後も，海外で開かれる大会に参加するようになります。そして，1993年にはピープルファースト世界会議に多くの本人が参加をし，日本においてもピープルファーストという考え方やこの考えを取り入れた本人活動が始まりました。

◐ピープルファーストの発展

1994年には，全日本育成会全国大会（徳島）・本人部会が開催されました。この本人部会は，準備から当日の運営まで，そのほとんどに地元の本人活動のメンバーとすでに本人活動として力をつけていた他県の本人活動のメンバーが関与しました。この会の最後には本人部会の中で出された要望をまとめた「本人決議」を発表しました。この決議の中の「精神薄弱者という呼び方を別のものに変えてほしい」という要望を受けて，育成会は組織名から「精神薄弱者」ということばをはずしました。このことは知的障害をもつ人の声が社会を変えていく力があることを私たちに教えてくれました。

これまで，多くの知的障害をもつ人は，「自分のことを自分でできない人」「能力の低い人」と見られ，「保護」「指導」の対象でした。そして，入所施設や作業所など意図的に集団化された環境での生活を強要されてきました。また，さまざまな経験の場や機会も奪われてきました。しかし，1994年の本人部会のように，本人活動の発展はこのような環境や周囲からの関わりについて，仲間とともに話し合い，本人の選択と自己決定に基づく自立生活を求め，地域や社会にむかって自分たちの声を発する機会となっていきました。

2 ピープルファーストの活動と支援者の役割

ピープルファーストは，知的障害をもつ人たちが集まってできた，本人による本人のための活動です。そこではセルフ・アドボカシーという考え方が大切になります。セルフ・アドボカシーによって知的障害をもつ人たちの自立生活への道が切り開かれます。現在，日本には約150以上の本人活動があるといわれています。中には政策立案に関わっているグループもありますが，まだまだ支援者が中心となって活動している会や，ボーリングやカラオケなどのレクリエーションだけにとどまっている活動もあります。このような活動内容のバラつきは，日本における本人活動の歴史が浅く，まだ発展途上にあることと関係しているかもしれません。しかし，一方で支援のあり方についても試行錯誤の途中であることがバラつきを生み出しているとも考えられます。1998年４月，全日本手をつなぐ育成会から出された本人活動とその支援のあり方についての提言では，本人活動はセルフ・アドボカシーであるとした上で，支援者について「本人によって選ばれる」，「役割は本人によって決められる」，「決定権をもたない」という原則を掲げています。この原則に基づきながら，本人活動が知的障害をもつ人の自立生活へとつながっていくために，どのような支援を提供していくかということを，これから私たちは知的障害をもつ人とともに考えていかなくてはなりません。と同時に，本人活動の中から出された知的障害をもつ人たちの声をどのように受け止め，どのように実現につなげていくのかということも，私たちに問われているのではないでしょうか。　（和泉とみ代）

参考文献

ウォーレル，ビル／河東田博訳編『ピープル・ファースト――支援者のための手引き』現代書館，1996年。
ピープルファーストとセルフ・アドボカシーについてやピープルファーストを支援するために支援者に求められる考え方や関わり方について書かれている。

本人活動支援小委員会『地域生活ハンドブック４　本人活動支援'99』全日本手をつなぐ育成会，1999年。
本人活動の歴史や現状，本人活動を支援する際に必要な考え方やどのような支援が望まれるかが書かれている，本人活動支援のマニュアルのようなものである。また，1994年の全日本育成会全国大会・本人部会で発表された「本人決議」も掲載されている。

カルフォルニア・ピープルファースト編／秋山愛子・斎藤明子訳『私たち遅れているの？　知的障害はつくられる』現代書館，1998年。
カルフォルニア・ピープルファーストの実際と，知的障害をもつ人の成長や自立は，彼らに対する周囲の過小評価によって妨げられているということを明らかにした調査や，今後求められるサービスについて書かれている。

7 社会生活力の理念と実際

1 社会生活力の定義

社会生活力は，国際リハビリテーション協会（Rehabilitation International）社会委員会が定義した**社会的リハビリテーション**[1]の中に，次のように明記されています。「社会的リハビリテーションは，社会生活力（social functioning abilities）を高めることを目的としたプロセスである。社会生活力とは，さまざまな社会的な状況のなかで，自分のニーズを満たし，一人ひとりに可能な最も豊かな社会参加を実現する権利を行使する力を意味する」（1986年）（下線部分は筆者による）。つまり，社会生活力とは，障害者が自分の障害を理解し，自分を肯定しながら，社会生活のなかで福祉サービスや人間関係を活用し，主体的に自分らしい生活を営むことができる力といえます。わが国では1995年の「障害者プラン――ノーマライゼーション７か年戦略」で創設された障害者生活支援事業のなかで，身体障害者に対して「社会生活力を高めるための支援」が明示されました。その後，障害者自立支援法（現，障害者総合支援法）の施行により，2006年10月から市町村において，障害者が自立した日常生活・社会生活を営むことができるように「障害者相談支援事業」が実施されるようになりました。具体的な各種の相談や必要な支援の一つとして，「社会生活力を高めるための支援」があげられ「日中活動の場」「自立訓練（生活訓練）事業」「地域活動支援事業」等において実施されることが期待されます。

▶１　**社会的リハビリテーション**
リハビリテーションの分類の一つ。世界保健機構では，このほかに，医学的リハビリテーション，教育的リハビリテーション，職業的リハビリテーションをあげ，それぞれに組み合せ，相互に調整することの重要性を提唱している。

2 社会生活力プログラムの基本理念

わが国では，奥野英子らによって，障害者（身体障害者，知的障害者・発達障害者・高次脳機能障害者・精神障害者）の「社会生活力」を高めるためのプログラムが開発されています。その理念として，①リハビリテーション（自分のできることを増やすとともに，適切なサポートを活用して自立し，QOL の高い生活を営めることを目指す），②QOL（生活の質：日常生活や社会生活のあり方を自らの意志で決定し，本人自身が身体的，精神的，社会的，文化的に満足できる豊かな生活を営めることを目指す），③生活モデル・社会モデル（障害をもつ人とその環境の相互作用において課題をとらえ，本人だけではなく環境にも働きかけることで課題の解決を目指す），④エンパワメント（社会の抑圧構造によって不利な状況におかれた人々の環境整備とともに本人の得意分野や関心ごとに着目した支援によって，本人の主体的な生活の実現を目指す)，⑤パートナーシップ（支援者がサービス利用者と同等の立場に立ち，パートナーとなることを目指す)，⑥ノーマライゼーション（誰もが個人として尊重され，偏見や差別を受けることなく，地域において自分らしい生活を実現することを目指す)，⑦社会参加（「完全参加と平等」「機会均等化」「ノーマライゼーション」の理念を実現するための実践であり，教育，経済，政治，就労，文化活動などへの参加を目指す)，⑧サポート（自分らしい生活の実現のために，さまざまなサポートを活用できることを目指す）の８つがあります。

3 社会生活力プログラムの実際

社会生活力プログラムを実施する者を「ファシリテーター」，プログラムに参加する人を「参加者」と呼称します。参加者は身体障害，知的障害，精神障害など全ての障害者が対象となります。効果の大きい参加人数は６名から８名程度で，グループで実施することにより，参加者同士の意見を聞くことや互いの生活の知恵を分ち合うことが可能になると言われています。

社会生活力プログラムには，部門，モジュール[2]，学習目標の構造があります。たとえば，精神障害者を対象とした『地域生活を支援する社会生活力プログラム』[3]は，「第１部　生活の基礎をつくる」「第２部　自分の生活をつくる」「第３部　自分の理解とコミュニケーション」「第４部　地域社会を充実する」「第５部　自分の権利をいかす」の５部門があり，各々の障害種別にあわせた５つから６つのモジュールがあります。各々のモジュールには，学習のねらい，学習目標，学習のポイント，学習課題，進め方，話し合いのヒント例，実施計画案のヒント例があります。以上のような社会生活力を高めるためには，障害者の実生活の拠点がある地域で体験学習を行うことが望まれます。

4 今後の課題

社会生活力プログラムが広く普及されるためには，プログラムの標準化が望まれます。また，社会生活力プログラムは社会的リハビリテーションの一つですが，障害者の自立生活を目指して，医学的リハビリテーション，職業的リハビリテーション，教育的リハビリテーションのプログラムを組み合わせて包括的・体系的に支援することが求められます。

いままで社会生活力プログラムの普及を目指して，そのプログラムを実施するファシリテーターの養成研修を行うことが望まれます。研修には，社会生活プログラムの必要性や内容の理解に加え，障害をもつ人自身が本来有する力を高めるというエンパワメントの視点や，ファシリテーターと障害をもつ人とのパートナーシップに基づく対等な関係形成が可能となる技術の習得が求められます。

（栄セツコ）

▶２　精神障害者のモジュールの例
第1部　生活の基礎をつくる
モジュール１　精神科医療
モジュール２　健康管理
モジュール３　食生活
モジュール４　セルフケア
モジュール５　生活リズム
モジュール６　安全・危機管理

▶３　奥野英子・野中猛編者『地域生活を支援する社会生活力プログラム・マニュアル――精神障害のある人のために』中央法規出版，2009年。

参考文献

奥野英子・佐々木葉子他『自立を支援する社会生活力プログラム・マニュアル――知的障害・発達障害・高次脳機能障害等のある人のために』中央法規出版，2006年。

奥野英子編『実践から学ぶ「社会生活力」支援――自立と社会参加のために』中央法規出版，2007年。

奥野英子・野中猛編『地域生活を支援する社会生活力プログラム・マニュアル――精神障害のある人のために』中央法規出版，2006年。

8 障害者雇用促進法の展開

1 障害者雇用促進法とは

障害者の雇用の促進等に関する法律（以下，障害者雇用促進法）は，「障害者の職業の安定を図ることを目的」（第1条）としています。この法律に定める事項は大きく分けて3つあります。一つ目は職業リハビリテーションの推進，二つ目は雇用の分野における障害者に対する差別の禁止，三つ目は雇用義務等に基づく雇用の推進（障害者雇用率制度）です。

2 職業リハビリテーション

職業リハビリテーションとは，障害者に対して職業指導，職業訓練，職業紹介等を行い，職業生活における自立を図ることです。障害者一人ひとりの障害の種類・程度や，希望，適性，職業経験等の条件に応じ，総合的・効果的に実施することとしています。障害者雇用促進法に定める職業リハビリテーションの推進に関する主な機関は以下のとおりです。

❍ハローワーク（公共職業安定所）

ハローワークは障害者求人の開拓，職業紹介，職業指導，適応訓練のあっせん，事業主に対する助言及び指導等を行います。ハローワークの設置数は全国544か所（2019年度）です。ハローワークを通じた障害者の就職件数は10万2318件，同就職率は48.4％（2018年度）で，2010年度以降連続して増加しています。

❍障害者職業センター

障害者職業センター[◁1]は，職業リハビリテーションに関する調査・研究，障害者雇用に関する情報収集及び情報提供，障害者職業カウンセラー及び職場適応援助者の養成・研修，障害者の職業評価，障害者の雇用管理に関する事業主への助言・指導等を行う機関です。厚生労働大臣が設置・運営するものですが，その業務の全部又は一部を独立行政法人高齢・障害・求職者雇用支援機構に行わせることと規定されます。障害者職業センターのうち都道府県区域を担当するセンター（地域障害者職業センター）の設置数は全国47か所（支所除く）です。

▷1　**障害者職業センター**
都道府県区域を担当する地域障害者職業センター（全国47か所及び支所5か所）のほか，調査研究や情報収集，職業カウンセラー及び職場適応援助者の養成・研修を行う障害者職業総合センター（全国1か所），広範囲の地域を単位に系統的な職業リハビリテーションを提供する広域障害者職業センター（全国2か所）がある（設置数はいずれも2019年度）。

❍障害者就業・生活支援センター

障害者就業・生活支援センターは，職業生活における自立を図るために就業及びこれに伴う日常生活又は社会生活上の支援を必要とする障害者の職業の安定を図ることを目的とした事業所です。運営主体は一般社団法人，一般財団法

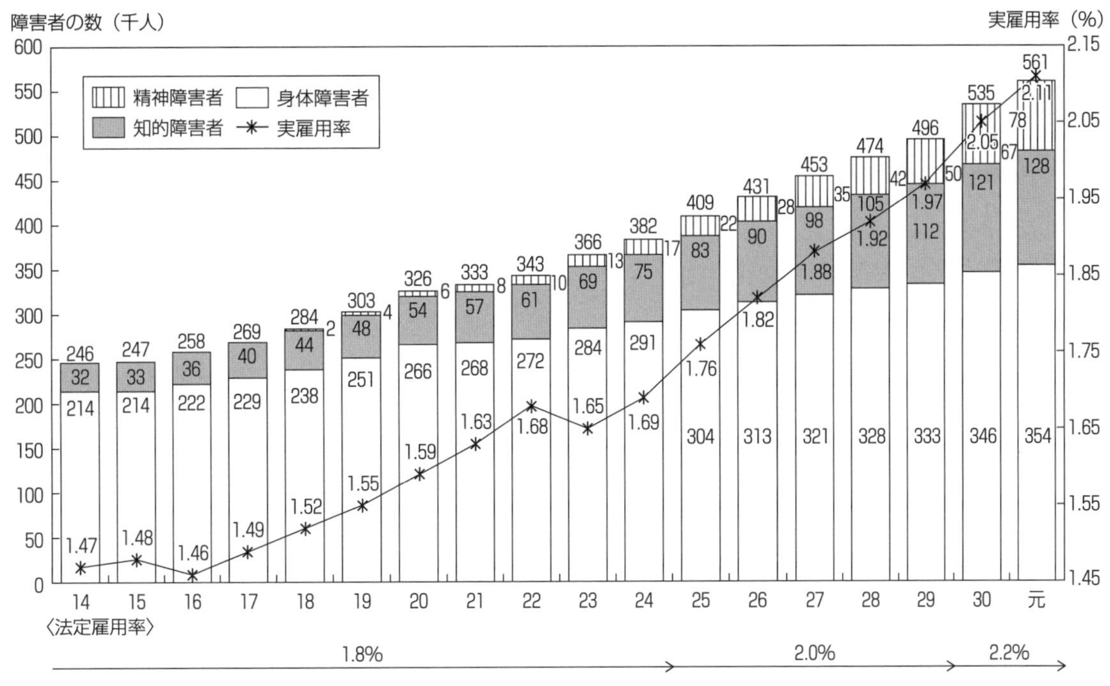

図V-1 実雇用率と雇用されている障害者の数の推移

注：雇用義務のある企業（平成24年までは56人以上規模，平成25年から平成29年までは50人以上規模，平成30年は45.5人以上規模の企業）についての集計である。
出所：厚生労働省職業安定局高齢・障害者雇用対策部障害者雇用対策課「令和元年障害者雇用状況の集計結果」2019年。

人，社会福祉法人，NPO 法人等で，設置数は全国334か所（2019年度）です。

3 障害者雇用率制度のあらましと現状

❍障害者雇用率制度のあらまし

わが国の障害者雇用は，障害者雇用促進法に定める障害者雇用率制度を中心としています。これは，**事業主**[2]に対して，その雇用する労働者に占める身体障害者・知的障害者の割合が一定数（法定雇用率）以上になるよう義務付けています。このとき，重度の身体・知的障害者に関しては，それぞれ１人の雇用で２人を雇用しているとみなされます。また，2018年度からは精神障害者についても法定雇用率の算定基礎とされました。

法定雇用率は以下の計算式を基準として設定し，少なくとも５年ごとに，この割合の推移を考慮して政令で定めます。最近では，2018年４月に法定雇用率が引き上げられ，民間企業で2.2%，国，地方公共団体，特殊法人等で2.5%，都道府県等の教育委員会で2.4%です[3]。

$$\text{法定雇用率} = \frac{\text{身体障害者，知的障害者，精神障害者である常用労働者の数} + \text{失業している身体障害者，知的障害者，精神障害者の数}}{\text{常用労働者} - \text{除外率相当労働者数} + \text{失業者}}$$

障害者の雇用に伴う事業主の経済的負担の調整を図るため，法定雇用率を達

▶２　**事業主**
雇用義務が課せられているのは従業員45.5人以上（2018年４月〜）の事業主である。2021年３月から従業員43.5人以上の事業主に拡大される。

▶３　精神障害者の算定基礎化に伴う激変緩和措置として，2018年度からの５年間に限り，法定雇用率は本来の計算式で算定した率よりも低く設定ができる。2021年３月にさらに0.1%引き上げられる。

成していない企業から**障害者雇用納付金**◁4が徴収されます。また，雇用率を達成した企業に対しては**障害者雇用調整金**◁5または**報奨金**◁6が支給されます。

なお，雇用義務を履行しない事業主は，雇入れ計画作成命令などの行政指導を受けるとともに，その後も改善が見られない場合は企業名が公表されます。

❍雇用率の現状

障害者施策の基本方針である障害者基本計画では2003年からの10年間に講ずべき施策の重点の一つに経済自立基盤の強化が盛り込まれ，障害者の働く力の向上を図ることとされました。2006年に施行された障害者自立支援法における就労支援の強化など，障害者雇用をより強化する政策の影響を受けて，障害者雇用は着実に進展しています。2019年の民間の実雇用率は2.11％，雇用障害者数は56万608.5人（ダブルカウント後）と，いずれも過去最高を更新しました（図V-1）。

実雇用率は年々上昇し，法定雇用率達成企業の割合も着実に増加しています。近年，大企業を中心とした法令遵守の強化を背景に，雇用率を達成する手段として障害者雇用促進法に定める特例子会社の設置が選択される傾向にあります。特例子会社は，事業主が障害者の雇用に特別の配慮をした子会社を設置して一定の要件を満たす場合に，子会社の労働者を親会社の雇用率に算定できる仕組みです。障害者の就労支援を行う事業所の一つとして，官公需の増進を図る**障害者優先調達推進法**◁7の対象となっています。

しかし，法定雇用率未達成企業の割合は52.0％と依然として半数を数えています。その過半数は不足数が0.5人または１人の企業であり，障害者を１人も雇用していない企業が未達成企業に占める割合は57.8％と高くなっています。また，公的機関は法定雇用率を満たすよう障害者の採用計画を作成する義務がありますが，国，都道府県，市町村の機関や，都道府県等の教育委員会，独立行政法人等の一部が未達成です。2018年には中央省庁が雇用する障害者数で国のガイドラインに反して不正に算入していることが明らかになり，再発防止策が2020年４月より施行されます。民間における障害者雇用への理解促進が重要なのはもちろんのことなのですが，公的機関における障害者雇用の着実な実施が求められます。

4　差別禁止と合理的配慮の提供

障害者雇用の現場においては，これまで，採用や雇用の条件，雇用の継続の面などで障害がない人と平等に労働者の権利が守られているといえない状況もありました。障害者権利条約の批准に伴い，雇用の分野における障害者に対する差別禁止と合理的配慮の提供義務が障害者雇用促進法に規定され，2016年４月から施行されました。障害者雇用促進法上の規定は以下の３項目です。

①　障害者に対する差別の禁止

▶4　**障害者雇用納付金**
常用労働者100人超の企業から不足１人あたり月額５万円を徴収する。

▶5　**障害者雇用調整金**
常用労働者100人超の企業に対して超過１人あたり月額2万7000円が支給される。

▶6　**報奨金**
常用労働者100人以下で障害者を４％または６人のいずれか多い数を超え雇用する事業主に対して超過１人あたり月額２万１千円が支給される。

▶7　**障害者優先調達推進法**
障害者就労施設等に対する官公需の増進を図るための法律として，2013年４月に施行された。国や地方公共団体，独立行政法人等に対し優先的に物品・サービスを購入する努力義務を課して，障害者就労施設等の受注の機会を確保し，その物品やサービスの需要の増進を図る。優先調達の対象となる障害者就労施設等は，障害者支援施設，地域活動支援センター，生活介護事業，就労移行支援事業，就労継続支援事業，小規模作業所，重度障害者多数雇用事業所，特例子会社，在宅就業障害者及び在宅就業支援団体である。国の機関や地方公共団体，独立行政法人等は，毎年度，障害者就労施設等からの物品等の調達方針を作成するとともに当該年度の終了後に調達実績を公表する。また，障害者の就業を促進するために必要な措置を講ずる努力義務がある（公契約において競争参加資格に法定障害者雇用率を満たしている事業者に配慮する等）。

雇用の分野における障害を理由とする差別的取扱いを禁止

② 合理的配慮の提供義務

事業主に，障害者が職場で働くに当たっての支障を改善するための措置を講ずることを義務付け（ただし当該措置が事業主に対して過重な負担を及ぼすこととなる場合を除く）

③ 苦情処理・紛争解決援助

5 今後の展望

障害者雇用率制度は，そもそも，積極的改善措置（ポジティブアクション／アファーマティブアクション）の具体的な制度である**クォータ制**[8]の一つです。障害者雇用率制度はわが国の障害者雇用をすすめる上で基幹的な制度として現在も位置づけられ，機能を果たしています。しかし，本来的には障害者への雇用分野における差別が解消するまでの暫定的で特別な措置と考えるべきでしょう。障害者が雇用の場面で差別されることのない社会が実現することが望まれます。

（大村美保）

▶8 **クォータ制**
割り当て制ともいう。人種差別や女性への性差別がある社会等において，公的な方針決定機関や政党の選挙比例名簿，学生の選考などにおいて，マイノリティグループが一定割合以上となるように割合を規定するもの。

参考文献

日本職業リハビリテーション協会編『職業リハビリテーションの基礎と実践』中央法規出版，2012年。
職業リハビリテーションの歴史，現状，及び実践がコンパクトにまとまっている。

9 福祉的就労：福祉支援か就労支援か

1 雇用就労と援護就労

障害者の就労支援施策は大きく分けると，雇用就労と援護就労の２つになります。雇用就労と援護就労の大きな違いは，前者が雇用契約を結ぶのに対して，後者は厳密な意味で雇用契約を結んでいないことです。

❍雇用就労

雇用就労は，事業所に雇用される就労で，いわゆる，通常の雇用形態です。ただし，障害者施策では，事業所が通常の会社や官公庁だけでなく，**特例子会社**[1]，**重度障害者多数雇用事業所**[2]といった障害者を多数雇用する事業所があります。また，就労継続支援事業所（Ａ型）のように障害者を対象にした事業所による取り組みもあります。この場合は，雇用就労と分けて，保護的就労と呼ぶことがあります。

雇用就労施策の中で，もっとも重要なものは，一般事業所（いわゆる普通の会社や官公庁）で障害者を雇用する施策でしょう。この施策の柱は，「障害者の雇用の促進等に関する法律」によって，身体障害者と知的障害者を対象にした法定雇用率が定められています。法定雇用率は，官公庁と一般事業所とで異なった基準になっています。2013年からは一般事業所（雇用56人以上）で2.0%，官公庁（国・地方公共団体）で2.3%となっています。しかし，一般事業所の法定雇用率は未達成事業所が全体の50%以上（2012年）を占めています。

保護的就労は，一般の雇用就労が困難な障害者を対象にした制度で，歴史的にはイギリスのレンプロイ社，アメリカのグッドウィル・インダストリーズなどが有名です[3]。わが国では，就労継続支援事業所（Ａ型）が保護的就労に該当します。就労継続支援事業所（Ａ型）は，障害者と提供施設との間で雇用契約が結ばれるので，大きな区分では雇用就労施策の中に入ります。

❍援護就労

援護就労には，障害者を支援しながら事業所で働いてもらう支援就労と障害者施設で作業などの労働を行う援護就労の２つに分けられます。支援就労には，障害者総合支援法における就労移行支援事業（それに付随して就業定着支援事業）があります。援護就労には，就労継続支援事業所（Ｂ型），地域活動支援センターがあります。

援護就労は，雇用就労の対象になりにくい重度の障害者や雇用機会の少ない

▷１　**特例子会社制度**
1976年の「身体障害者雇用促進法」の改正が行われたときに認められ，1987年の改正により要件が明記された。現在は，「障害者の雇用の促進等に関する法律」第44条に規定されている。内容は，親会社，子会社それぞれに要件が記載され，特に，子会社に関しては，障害者の人数，割合について明記されている。

▷２　**重度障害者多数雇用事業所**
障害者雇用納付金制度による「重度障害者多数雇用事業所施設設置等助成金」の支給を受けた事業所で，重度障害者を10人以上雇用し，１年以上雇用継続をしている事業所。

▷３　今日の英国では，保護的就労から社会的企業（ソーシャルファーム）での雇用に，障害者の就労政策のシフトが起こりつつある。

障害者に対する施策として位置づけられています。就業継続支援事業所（B型）では，厳密な雇用契約が結ばれないこと，収入も一般に低賃金なこと，といった問題もありますが，障害者の社会参加として働くことは重要な役割を果たしています。ただし，就労継続支援事業所（B型）の前身として数多かった授産施設は障害者福祉施設として展開してきた経緯があり，職業訓練の場，働く場，社会参加・自己実現の場，自立生活支援の場といったさまざまな要素が混ざり合い，事業者もさまざまな目的で展開していました。そのため，授産（仕事を授ける）という名称を，今日の多様な展開にふさわしい「社会就労センター」という名称に呼び変えたところもあります。

2 雇用・就労支援制度の課題

このように障害者の雇用・就労支援を支える制度は複雑になっていますが，制度の複雑さ以上に，制度の所管が労働行政と厚生（福祉）行政の２つに分断されてきた歴史があります。雇用就労は労働行政，保護的就労は厚生行政，援護就労は厚生行政といった形です。このような行政による分断は，授産施設や小規模作業所から一般就労に移行するような障害者の生活ニーズにあわせた移行支援を行う際に大きな障壁になってきました。今日ではこの弊害を減らすために，V-10「障害者就業・生活支援センター：就労支援と生活支援をつなぐもの」でふれたような「あっせん型雇用支援センター」「障害者就業・生活総合支援事業」を基盤とした「障害者就業・生活支援センター」などの施策によって，厚生行政による施策と労働行政による施策の相互乗り入れ的な取り組みが始まっています。既存の制度を徐々に改善していくことは重要ですが，就労支援と生活支援との制度的な分断を根本的に克服するには，理念や障害者の生活ニードや生活ステージに応じた制度の枠組みづくりが重要です。

就労支援と生活支援とを含んだ支援の理念は，インクルージョンがもっとも重要な理念と考えます。インクルージョンは，I-4「インクルージョン：インテグレーションを越えて」で詳しく書かれていますが，ここでは，個別のニードに対応した多様な選択枝を用意することとして簡単に考えます。

これまでの就労支援の理念は機会平等の理念に基づいた一般就労の機会を障害者にも開いていくことを中心に考えてきました。もちろん，この理念は現在でも非常に重要ですが，就労の継続支援や就労以外の地域・社会生活の支援に対しての視野が開かれにくかったことがあります。これに対して，インクルージョンは，障害者の個別の生活，個別のニードを強調するので，就労の継続支援や就労以外の地域・社会生活の支援についての方策を考えやすくします。

就労支援と生活支援を統合した形の支援方法としては，ケアマネジメントによるニード把握と統合的なケア計画作成，サービス提供が重要な役割を果たすことが考えられます。

（小澤　温）

10 障害者就業・生活支援センター：就労支援と生活支援をつなぐもの

1 障害者就業・生活支援センターとは

障害者就業・生活支援センターは，障害者雇用促進法に規定される職業リハビリテーションの推進を担う機関で，職業生活における自立を図るために就業やこれに伴う日常生活又は社会生活上の支援を必要とする障害者への支援を行います。地域障害者職業センターが都道府県を単位とした区域内で職業カウンセリングや職業評価などの専門的な職業リハビリテーションを行うのに対し，障害者就業・生活支援センターは，障害者のより身近な地域において就業面と生活面の一体的な相談・支援を行うものです。

❍運営主体

運営主体は一般社団法人や一般財団法人，社会福祉法人，NPO 法人等で，都道府県知事が指定します[1]。全ての障害保健福祉圏域への配置を進めていくこととしており，現在の設置数は全国で334か所です（2019年４月現在）。就業支援担当者と生活支援担当者が配置[2]されるほか，職場定着支援に関する豊富な知識と経験のある「主任職場定着支援担当者」や精神障害者の支援に特化した担当者，企業支援担当者が配置されるセンターがあります。

▶1　運営主体は，社会福祉法人が87.7%を占め，次いで NPO 法人7.3%，社団法人又は財団法人，医療法人がともに2.5%である（平成24年度）。

▶2　就業支援担当者が１か所あたり２～６名（職業安定局予算），生活支援担当者が１か所あたり１名（障害保健福祉部予算）配置される。就業支援担当者は，障害者就業・生活支援センターの実情や実績に応じて追加配置される。また，2013年度より就業支援担当者の配置数が１名の小規模センターの設置が可能になった。

2 業　務

就業及びそれに伴う日常生活上の支援を必要とする障害者に対し，センター窓口での相談や職場・家庭訪問等により指導や相談を行います。その業務は就業面での支援と生活面での支援の２つに大きくわけられ，それぞれの支援には以下のような内容が含まれます。

❍就業面での支援

- 就職に向けた準備支援（職業準備訓練，職場実習のあっせん），就職活動の支援，職場定着に向けた支援
- 事業所に対する障害者の障害特性を踏まえた雇用管理に関する助言
- 関係機関との連絡調整

❍生活面での支援

- 生活習慣の形成，健康管理，金銭管理等の日常生活の自己管理に関する助言
- 住居，年金，余暇活動など地域生活，生活設計に関する助言
- 関係機関との連絡調整

3 沿　革

障害者就業・生活支援センターが障害者雇用促進法上に位置付けられたのは2002年です。あっせん型障害者雇用支援センターを移行して制度化しました。

1994年に制度化された障害者雇用支援センター（2012年に廃止）は，職業生活に至るまで継続的な支援の必要な障害者に対して，職業準備訓練から就職・職場定着に至るまでの相談，援助を一貫して行い，就職が特に困難な障害者の雇用の促進を図るもので，原則として１年間の訓練期間でした。この障害者雇用支援センターの機能のうち，職業準備訓練を他の機関にあっせんしたり，職業準備訓練の前の基礎訓練を設置者の施設や機関で実施することができるのが，1998年に制度化されたあっせん型障害者雇用支援センターで，社会福祉法人が設置する通勤寮（就労している知的障害者の利用する20人以上の施設：2012年に廃止）や障害者能力開発施設に併設される形で設置されていました。

4 支援実績

2016年度の全国での支援実績を見ると，年間就職件数は２万428件（１センターあたり61.2件）です。登録者数は18万8440人で，その障害種別は知的障害が最も多く47%，次いで精神障害37%，身体障害12%，その他５%の順，就業状況別では在職中が55%，求職中35%，その他11%です。支援対象者への相談・支援件数は137万3901件となっています。また，事業所に対する雇用管理に関する相談では，対象事業所は５万5292か所，事業所に対する相談・支援件数は44万6709件に上ります。これらの実績からも，障害者就業・生活支援センターが，障害者の就業に関わる地域の支援機関の中心として機能していることが窺えますが，就労移行支援事業所等の活動の増加に伴い，相談・支援件数は減少傾向にあります。

5 今後の展望と課題

整備にあたっては，小規模センターの設置が可能になったことから未設置圏域をなくすことが最も重要です。また，障害者の就業に関わる地域の支援機関の中心として機能してきた障害者就業・生活支援センターですが，近年，地域における就労支援の充実に伴い，市町村を基礎とする相談支援事業（障害者総合支援法）や，都道府県を単位とする支援機関（発達障害者支援センター，難病相談支援センター，地域生活定着支援センター等），就労移行支援事務所との機能の重複が見られます。今後は「地域の支援機関のネットワークのハブ」としての役割が期待されるでしょう。　　　　　　　　　　　　（大村美保）

参考文献

「地域の就労支援の在り方に関する研究会報告書（第２次）」2014年。

「今後の障害者雇用促進制度の在り方に関する研究会報告書」2019年。

11 障害者職業センターの意義と役割

1 障害者職業センターとは

障害者職業センターは，障害者の雇用の促進等に関する法律（以下，障害者雇用促進法）のなかに規定されている施設で，障害者に対して**職業リハビリテーション**[1]を実施しています。障害者雇用促進法第19条によると，厚生労働大臣は障害者の職業生活における自立を促進するために障害者職業センターを設置するとし，その業務は，**独立行政法人高齢・障害・求職者雇用支援機構**[2]に実施させるとしています。障害者職業センターは，同じく第19条において，「障害者職業総合センター」，「広域障害者職業センター」，「地域障害者職業センター」に分類されています。

障害者職業センターの業務は，先にあげた三者によって異なっています。全国に１か所だけ設置されている障害者職業総合センターは，職業リハビリテーションに関する調査研究，障害者の雇用に関する情報の収集，分析及び提供，障害者職業カウンセラーや職場適応援助者の育成・研修，広域障害者職業センターや地域障害者職業センター，障害者就業・生活支援センターその他の関係機関に対する職業リハビリテーションに関する技術指導などを業務としています。

広域障害者職業センターは，全国に２か所設置されていますが，障害者職業能力開発校又は療養施設やリハビリテーション施設と連携して，障害者に対する職業評価，職業指導，職業準備訓練，職業講習を行うことを業務としています。

地域障害者職業センターは，各都道府県に１か所設置され，就労を希望する障害者に対して職業準備訓練を実施したり，雇用事業主に対して，雇用管理上の課題を分析し，専門的な助言等を実施するなど，個別的かつ具体的な実践を行っています。

支援について具体的に見てみると，就労前支援では障害者職業カウンセラー等が，個別に障害者の希望を把握した上で職業能力の評価を行い，それらを基に職業リハビリテーション計画を作成します。計画には，作業体験や社会生活技能訓練などの訓練内容，職場定着のために必要な支援も含まれています。作成された職業リハビリテーション計画に基づき，地域障害者職業センター内で作業体験や職業準備講習等が行われます。

▶1　**職業リハビリテーション**
総合的なリハビリテーション過程において，障害者自身が適切な職業の場を得てそれを継続することができるようにするためのサービス。たとえば，職業指導，職業評価，職業訓練，就職後の障害者に対するアフターケアなどを指す。

▶2　**独立行政法人高齢・障害・求職者雇用支援機構**
1971年に発足した障害者雇用促進協会が前身であり，障害者の雇用の促進と職業の安定に貢献するために活動している。障害者職業センターの設置運営業務のほかに障害者雇用納金制度による雇用促進事業，障害者に関する啓発活動，調査研究活動を実施している。

また，地域障害者職業センターでは，職場適応援助者（ジョブコーチ）の派遣を行っています。職場適応援助者が障害者と一緒に事業所に入り，技術的指導や障害特性に応じた指導を実施するほかに，事業主や従業員と障害者との間に入り，円滑な関係が築くことができるよう調整を行います。

事業主に対しては，障害者の雇用管理上における課題を分析し，事業主支援計画を作成します。それらに基づき事業主に対して助言や援助を実施します。

2 精神障害者に対する雇用支援と課題

地域障害者職業センターにおいて，2005年から精神障害者総合雇用支援が行われてきました。地域障害者職業センターが，主治医や雇用事業主との連携のもとで，精神障害者の雇用促進・職場復帰・雇用継続のため支援を実施します。

雇用前の支援として，事業主に対して事業主支援計画を作成し，精神障害者の採用計画を含む雇用管理に関する助言・援助を実施します。支援対象者に対しては，就職や職場定着のために必要な職業リハビリテーション計画を作成し，それらの計画に基づき，センター内での対人技能訓練や作業体験，センター外では，事業所見学や事業所での作業体験などの職業準備支援が実施されます。

また，休職中の支援対象者への職場復帰に向けた支援を行います。リワーク（復職）支援では，雇用事業主に対して，復職にあたっての労働条件の設定に関する助言や援助を，職場の上司や同僚に対して，支援対象者への理解を図るための情報提供等を行います。そして，支援対象者に対しては，センターへの計画的な通所によって，生活リズムの構築や体力向上を図ります。

復帰予定の職場における**リハビリ出勤支援**[3]では，持続力や集中力の向上を図ることを目的に援助を行います。ストレス場面での気分や体調の自己管理や対人技能の習得など，職場復帰に必要な対人対応力の向上を図るために，コミュニケーション方法の習得などの援助を行っています。

このように精神障害者に焦点を当てた支援がおこなわれてきましたが，平成25年度障害者雇用実態調査結果[4]によると，従業員規模５人以上の事業所に雇用されている障害者数推計63万千人のうち，身体障害者が約70％の43万３千人，知的障害者が23.7％の15万人，最も少なかったのが精神障害者で，7.6％の４万８千人でした。それぞれの障害者数からみても，精神障害者の雇用にはまだまだ課題があることがわかります。

今後，地域障害者職業センターは，精神科病院，障害者就業・生活支援センターや公共職業安定所，障害者支援施設，さらには一般の事業主とのネットワークを構築し，その中心的な機関として，障害者が住み慣れた地域で一貫した職業リハビリテーションが受けられるような体制づくりを行っていく必要があると考えます。

（榎本悠孝）

▶3　**リハビリ出勤支援**
雇用事業主の協力を得て，復職予定の職場おける体験や上司や同僚との交流によって，職場復帰時の不安やストレスを軽減し，職場への適応を向上させるための支援。障害者職業カウンセラー等が事前に事業所に訪問し，作業体験や交流方法等についての助言や指導を行う。

▶4　厚生労働省職業安定局　雇用開発部　職業雇用対策課　地域就労支援室「平成25年度障害者雇用実態調査結果」（http://www.mhlw.go.jp/file/04-Houdouhappyou-11704000-Shokugyouanteikyokukoureishougaikoyoutaisakubu-shougaishakoyoutaisakuka/gaiyou.pdf）（2015年12月20日）

12 ジョブコーチの活動と役割

1 ジョブコーチのこれまでの歩み

ジョブコーチは，障害者が職場で働きやすい環境を整えるため，障害者と企業を支援する障害者雇用に携わる専門家や専門的役割を指します。1986年に米国でリハビリテーション法の改正によりSupported Employment（援助付き雇用）として制度化し，1980年代後半に日本に紹介されました。

米国における職業リハビリテーションは，身体障害者を対象として発展してきたため，職業相談，職業評価，職業訓練など，就職前の準備にポイントがおかれてきました。一方，知的障害者や精神障害者の就労においては成果があがりにくい状況があり，実際の職場において，仕事の訓練や人間関係の調整，休憩の過ごし方など，就職して働くために必要かつ具体的な環境整備をサポートする役割をジョブコーチが担うことにより，成果をあげています。

日本においては，厚生労働省が，ジョブコーチによる雇用後の支援を試験的に実施し，ジョブコーチの考え方と方法論を取り入れ，就労支援事業を進めてきました。2002年に職場適応援助者（ジョブコーチ）事業を開始し，2005年に職場適応援助者助成金が創設されています。この背景には，障害者の雇用の促進等に関する法律により，事業主が一定数の障害者を雇用するように定められている**障害者雇用率**[1]が関係しています。

▷1　**障害者雇用率**
2018年からは，民間企業における障害者雇用率が2.2%，つまり従業員45.5人に対して1名の障害者雇用が定められています。大企業だけでなく中小企業でも障害者雇用の取組が進んでいます。

2 ジョブコーチの活動と種類

ジョブコーチの活動は，障害者が職場に適応できるように，職場に出向き，本人を支援することや，職場の環境を整えることが含まれます。例えば，障害者本人に対する支援としては，担当する業務を遂行できるような仕組みづくりとしてスケジュールや，マニュアルの作成をします。また，職場内での人間関係を円滑にするために担当者を決めて，報告・連絡・相談などのコミュニケーションの練習を行います。職場で一緒に働く従業員には，障害特性の理解を深める研修を行ったり，障害に配慮した雇用管理，職務内容や配置等についての相談に応じます。

ジョブコーチは，一般的には**職場適応援助者養成研修**[2]の修了者とされています。ジョブコーチは次の3種類に区分されています。

▷2　**職場適応援助者養成研修**
独立行政法人高齢・障害・求職者雇用支援機構や厚生労働大臣が認めるNPO等の団体で行われています。

• 配置型ジョブコーチ

地域障害者職業センターに配置されており，直接的に支援を行ったり，間接的に訪問型ジョブコーチ及び企業在籍型ジョブコーチと連携して必要なアドバイスを行うこともあります。

• 訪問型ジョブコーチ

障害者の就労支援を行う社会福祉法人等に所属するジョブコーチです。

• 企業在籍型ジョブコーチ

サポートする障害者と同じ企業に所属するジョブコーチです。専任ジョブコーチとして活動するジョブコーチもいますが，管理的な業務と兼務するジョブコーチもいます。

このほかにも，地方自治体が独自に開催している研修を受講して就労支援に携わるジョブコーチや各所属先においてジョブコーチという職制のもとに活動している人もいます。なお2005年に，ジョブコーチ助成金制度が新設され，訪問型ジョブコーチ，企業在籍型ジョブコーチは助成金の対象になり，地域の社会福祉法人などが生活支援とあわせてジョブコーチ支援を担うとともに，雇用する企業自らもジョブコーチを配置し，自社内で必要な援助を行うことが期待されています。

3 ジョブコーチの役割

ジョブコーチの役割は，障害者が働く環境を整えることです。ジョブコーチは，障害者に仕事を教えることと捉えられることが多いのですが，直接仕事を教えること以外にも，幅広い役割が求められています。また，サポートする内容は就職する障害者の能力や特性，雇用する企業の社風，規模，業種，障害者雇用経験の有無，就職支援機関・特別支援学校等の連携状況により異なります。

ジョブコーチ支援では，障害者と職場の双方に対して事前に情報収集し，どのようなサポートが必要なのかを見極めます。そのために障害者が所属する支援機関からの情報や，職場の仕事内容や受け入れ環境の確認を行いますが，これは障害者と職場を適切に組み合わせるジョブマッチングにとても有効的です。ジョブコーチは障害者が働けるようにサポートしますが，いつまでもサポートし続けることはできません。そのためジョブコーチは障害者と職場の従業員とのコーディネータを行ない，ジョブコーチがいなくても仕事ができるような**ナチュラルサポート**[3]の体制をつくります。一度職場で仕事ができるようになったとしても，職場の環境や障害者本人の環境は変化し続けているので，時間の経過とともに問題や課題がでてくることがあります。そのような時にはナチュラルサポートへ移行しても，必要に応じてジョブコーチがサポートすることにより職場定着に役立つことがあります。

ジョブコーチは，障害者の雇用と職場定着を図るため障害者と職場のニーズを把握し，柔軟に対応するスキルや資質が求められています。　（松井優子）

▶3　**ナチュラルサポート**
職場の上司や同僚が，職場で障害者が仕事を行なううえで必要なサポートを行なうことです。サポート内容には業務遂行に関わるサポート他に，昼食や休憩時間等の社会的行動に関するサポート，対人関係の調整なども含まれます。

参考文献

小川浩編著『障害者の雇用・就労をすすめるジョブコーチハンドブック』エンパワメント研究所，2012年。

小川浩・志賀利一・梅永雄二・藤村出『ジョブコーチ実践マニュアル』エンパワメント研究所，2001年。

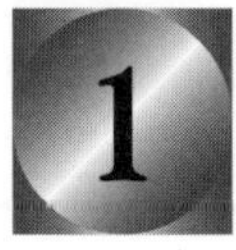

障害者個人支援か家族支援か

1 家族支援と当事者支援

障害者福祉では，主に，成人期（18歳以上）の障害者の制度・政策を扱うことになっています。児童期（18歳未満）の障害児の制度・政策は児童福祉が扱うことになっています。いずれの制度も障害児あるいは障害者個人の問題解決（特に，介護問題）や支援に焦点があてられ，家族への支援にあまり焦点があてられてこなかったことがあります。

障害者の在宅での生活をみると，ほとんどが家族と同居しています。この場合，家族は介護者として位置づけられてきました。したがって，これまで障害者福祉で家族支援の意味するところは，家族介護の肩代わり支援という意味が大きかったと思います。家族介護の肩代わり支援だけで，障害者自身（ここでは当事者と呼びます）の地域生活や自立生活への支援になるのでしょうか。当事者の要望，希望と，家族の要望，希望は同じなのでしょうか，異なるのでしょうか。Ⅴ-1「障害者運動の発展と転換点」やⅤ-6「ピープルファースト：知的障害者の自立生活への道」で論じられているように，障害者の自立の中には，家族からの自立，家族と異なった一つの人格として認めてほしいという主張が近年強まっています。

2 家族支援と当事者支援との関係

ここでは，家族支援と当事者支援を考える上で，一つの事例を紹介したいと思います。重度の知的障害のある男子（小学校５年生），中度の知的障害のある女子（小学校３年生），と母親の３人暮らしの家族です。生活保護によって生活している家族ですが，母親の希望は外で働きたいことでした。この働きたいという希望の背景には，障害児の介護者として家の中に閉じこもってばかりいる生活から解放されたいことがありました。この母親の希望を実現するだけでしたら，２人の障害児を施設に入所させることが簡単です。しかし，障害児の現在の学校生活を継続しながらという希望も当事者や母親がもっています。したがって，支援は，母親の就労を支えることと障害児の学校生活を支えることの２つの側面を同時に対応しなければなりません。具体的には，放課後は，近所の児童館の学童保育を利用し，母親が帰宅するまでの夕方の時間は，レスパイトサービス（Ⅵ-5「レスパイトサービス，ファミリーサポート：家族支援の施策化は可能か」参照）を実施している機関での一時あずかりを利用しながら対応しました。これらの相談やサービスの調整はレスパイトサービスを提供している機関の職員が行いました。

この事例では，母親の就労という社会参加を支えるために，さまざまなサービスを組み合わせて対応しています。ここで，重要なことは，家族介護の肩代わり支援ではなく，母親の社会参加や自己実現，障害児の生活の継続支援，といった点です。これまでの障害者福祉施策は，在宅サービスとして，ホームヘルプサービス，ショートステイ（短期入所），**デイサービス**[1]があり，施設サービスとして入所施設がありました。これらのサービスを利用する目的として，長年，家族の介護負担からの軽減，解放がありました。また，利用した場合，自宅から遠い施設でのショートステイが行われ，障害児の生活の継続性に大きな問題を生みだしてきました。こういったこれまでの制度の弊害を克服するために，レスパイトサービスやケアマネジメント（IV-3「相談支援事業について（その1）：ケアマネジメントの多様性」参照）が重視されてきています。

▶1 **デイサービス**
通所することによって，日常生活の向上，機能訓練，社会的孤立の解消などを目的とした取り組みである。レスパイトサービスでは，障害児・者の日中の一時的なあずかりを意味することが多い。

3 家族支援と当事者支援と社会福祉士，精神保健福祉士の役割

知的障害や精神障害領域では，従来，家族会（親の会）運動が盛んでした。しかし近年，当事者自身の運動が世界的に広まっており，家族会（親の会）運動の変質が生じ始めています。このことはVI-2「家族会，親の会，きょうだいの会の展開と運動の意味するもの」でふれます。家族会は，障害当事者の活動に比べると，その歴史が長く，制度や社会資源の不備から，その改善を行政に求めていく形で始まることが多くみられます。家族会も障害当事者の会と同じように，セルフヘルプグループとして位置づけられますが，専門職援助への批判，障害者自身のエンパワメントという点では，障害当事者の活動に比べてかなり弱いと思われます。むしろ，これまでの家族会活動は，専門職援助の強化，入所施設の整備といった要求を行政に求めていく運動面が強く，障害当事者活動の主張とはしばしば対立することもありました。こういった問題を克服するために，障害当事者も主要なメンバーとして幅広く組織化していく取り組みも生じ始めています。

社会福祉士（精神保健福祉士）の支援実践では，障害のある当事者の支援を中心に置き，家族については当事者を支える資源として捉えることが多くなされてきました。これに対して，家族も当事者であり，家族自身が抱えている問題に対して，家族のエンパワーメントを目指すことが必要であるという認識も，介護負担の問題，家庭内の虐待問題などを通して広まってきています。このような障害のある当事者支援と家族支援の調整を図りながら，障害のある当事者を含んだ家族システムを支えていく取り組みが，これからの社会福祉士（精神保健福祉士）の支援に求められています。

（小澤　温）

参考文献

全日本手をつなぐ育成会編『地域の暮らしと援助』全日本手をつなぐ育成会，1998年。
知的障害者が結婚して家庭生活を始める際に，どのような支援が必要になるのかについて詳しく書いてある。結婚のための準備，子育て，金銭管理といった重要な問題がよく説明されている。また，実際に結婚している12組の夫婦の聞き取りが最後に載っており，知的障害者の結婚生活の現状を理解することができる。

2 家族会，親の会，きょうだいの会の展開と運動の意味するもの

1 障害者の家族の会の展開と活動目的

家族会，親の会は，対応する保健・医療・福祉サービスの体制整備の立ち遅れから，社会的支援の改善や充実を求めるようになったのが始まりです。同じ病院や施設の利用者の家族を中心に，あるいは保健師らの専門家の呼びかけや問題意識の高い家族らの自主的な活動が核となっていきました。やがて会員数や団体数が増え，広域地域単位，全国的な組織となっていきます。1950年代後半から1960年代にかけて障害児・者の家族会の全国組織が結成されていきました。たとえば現在の知的障害児者の親の会である「社会福祉法人　全日本手をつなぐ育成会」は1952年に，「社会福祉法人　全国重症心身障害児（者）を守る会」は1964年に，「財団法人　全国精神障害者家族会連合会[1]」は1967年に結成されました。

山手茂は社会運動の一つとしての患者運動についてその目的を，①政府・国会・自治体などに対して保健・医療・福祉サービスや医療保障・生活保障を拡充し患者の療養条件を改善するよう要求するソーシャルアクションを行うこと，②患者・家族に対して主体的に療養生活を改善するよう援助する情報提供・相談・体験交流などセルフヘルプ活動を行うことの２つをあげています[2]。患者運動の目的は障害者運動や障害者の家族会活動にもあてはめることができます。

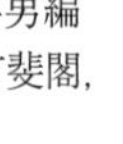

2 家族会の活動における自助活動の重要性

家族（親）は子どもの世話や責任を背負い込み，孤独で閉鎖された環境におかれるおそれがあります。家族がその状況から脱する手段として，**セルフヘルプ活動**[3]の果たす役割は重要です。療養，福祉制度に関する学習や情報の獲得が本人・家族の生活面に有益であるばかりでなく，仲間との出会いによって経験をわかちあうことや孤独感が解消されること，運動体として社会に貢献するなどの経験から，家族は癒されたり，新たな役割や生きがいを見出すことが可能です。それらの出会いや経験を通じて，ひとりの人間としてどのように自分が生きていくべきか自己の変革の機会を得ることができます。これらの経験の過程は**エンパワメント**[4]の過程と重なります。

障害児者から見て家族は情緒的支援の提供や介護者として，あるいは障害者の代弁者のような具体的，手段的な支援の資源として位置づけられます。一方

▷1　2007年４月に会は破産申し立て，解散となった。各都道府県単位の家族会連合会への直接的な影響はない。全国組織の活動はNPO法人全国精神保健福祉会連合会が引き継いでいる。

▷2　山手茂「保健・医療問題と患者運動，住民運動」園田恭一・米林喜男編『保健医療の社会学』有斐閣，1983年，208～209頁。

▷3　**セルフヘルプ活動**
家族会の活動の中には，セルフヘルプグループとして自律して活動しているものもあるが，仲間同士の相互援助という意味で，セルフヘルプという語を用いた。詳しくは，⇨Ⅴ-4参照。

▷4　**エンパワメント**
⇨Ⅰ-5参照。

で家族を中心に見ると，家族に障害者がいる家族関係をもつ当事者，または子どもの介護や責任をとる立場の当事者としてもとらえられます。障害者の家族会の展開や意味は，多様な側面をもつ家族の立場が反映されています。

3 家族会活動の多様性

❍社会福祉事業の実践主体としての家族会

大島巌ら[5]は，精神障害者家族会の活動から家族会の役割をまとめ，前述したソーシャルアクション，セルフヘルプ活動のほかに，家族自らがサービス提供者や実施主体になり，社会復帰実践主体としての活動を加えています。全国組織が社会福祉事業に取り組むほかに，地域家族会でも無認可作業所づくりなどが1980年代に活発化しました。昼間の行き場のないわが子らのためにせめて日中の居場所をつくろうという願いから，行政の対応を待ちきれずに親たち自らが動きはじめました。特に福祉サービスが乏しかった精神障害者分野ではその活動がかつての日中活動の主力であった作業所の隆盛する基盤となり，作業所づくりを通して家族会活動は活性化していきました。しかし一方で，家族会によるサービス実践活動の組織づくりや運営に関する技術的な課題や問題，会員の高齢化，そしてサービス実践活動の比重の高まりにより家族会会員の相互支援活動が弱まるなど，新たな課題もでてきました。

▶5 大島巌・加藤真規子・滝沢武久「精神障害者家族の現状と社会的援助の必要性」全家連保健福祉研究所 岡上和雄・吉住昭・大島巌・滝沢武久編『精神保健福祉への展開』相川書房，1993年，108～109頁。

❍きょうだいの会

障害児者とその家族との人間関係の変化や家族力動関係は，家族一様ではありません。きょうだいは障害のあるきょうだいに対し，親とは違った立場でさまざまな困難や不安を抱えています。主な不安は障害のあるきょうだいとの関わり方，自身の結婚問題，親が亡くなった後の世話や介護の責任などさまざまです。兄弟姉妹の会の組織は，1963年に現在の全国障害者とともに歩む兄弟姉妹の会が，精神障害者については1974年に東京兄弟姉妹の会が組織され，現在ではいくつか各地で結成されています。兄弟姉妹の会は，運動や社会福祉事業を実践する主体に発展するような活動の色合いは薄いようです。主な活動は悩みや不安の共有や親睦，学習や情報交換などです。障害のある兄弟姉妹と自分のそれぞれの生活を大切にしながら，ほどよい距離を保ち関係をつくっていこうとすること[6]が活動の根底にあるようです。

▶6 東京・川崎・横浜兄弟姉妹の会編『やさしさの距離──精神障害とつきあうきょうだいと私たち』萌文社，1998年，3頁。

❍多様化した活動の今後

さて，障害者本人の活動が活発化してきた今日，家族会のソーシャルアクションがすべて障害者本人の代弁であるのか再考が必要でしょう。また，同じ障害種別でも会の規模や参加構成員の特徴や組織の位置づけによって活動内容や目的が異なります。福祉サービスの充実への願いは共通していても，家族の多様な価値観や立場，個々の人格や人権が尊重される時代ということを考慮すると，家族の会の意義や役割が今後もまた変化しうるでしょう。 （清水由香）

保護者（知的障害，精神障害）規定の意味と課題

1　精神保健福祉法改正（2013年）により，廃止に至った保護者制度

精神障害者[1]に対する**保護者制度**[2]は，2013（平成25）年の精神保健及び精神障害者福祉に関する法律（精神保健福祉法）の改正（2014年４月施行）を受けて廃止されました。2013（平成25）年の精神保健福祉法改正前の保護者制度の義務内容と役割は，①精神障害者に治療を受けさせること，②財産上の利益を保護すること，③精神障害者の診断が正しく行われるよう医師に協力すること，④精神障害者に医療を受けさせるに当たって医師の指示に従うこと（以上，第22条），⑤回復した措置入院者等を引き取ること（第44条），⑥医療保護入院の同意をすることができること（第33条），⑦退院請求等の請求をすることができる（38条）。ただし，任意入院者および通院医療を継続して受けている者について，①②④の義務は除かれています。

保護者制度が存在した背景には，「精神障害者がその疾病特性から病識を欠き，医療を受ける機会を逸することなどがあるため，そのための人権尊重と利益の擁護をする観点」[3]があります。医療保護入院の制度では，「保護者」の同意が要件でしたが，法改正により「保護者」から，「家族等（配偶者，親権者，扶養義務者，後見人又は保佐人。また，該当者がいない場合は，市町村長）のうちいずれかの者」の同意という制度（33条）に変更されました。「保護者」の制度は廃止になりましたが，課題は多く残されています。

2　「保護者」制度の歩み

保護者制度の歴史は，1900（明治33）年の精神病者監護法で親族が監護義務者となる規定が最初です。この頃は，精神病が理解されず，社会にとっての一つの脅威であり，家族にとって恥であり，不名誉なことと見なされていました。[4]警察の許可を得て私宅監置（家庭での保護監督）を行う責任が課され，社会防衛的な色合いが濃いものでした。1950（昭和25）年の精神衛生法の成立を受けて私宅監置が禁止されるまでは，医学的対応よりも私宅監置が主たる対応でした。私宅監置の廃止以降も，家族に治療を受けさせる義務や自傷他害防止義務，強制入院としての「同意入院」の同意者として「保護義務者」制度の責任は継続されました。この保護義務者制度からみた家族について，南山浩二は「家族は，患者の意思を代替する位置，そして患者の治療過程や生活全般を管理し精神医

▷１　**精神障害者**
精神保健及び精神障害者福祉に関する法律（第５条）における精神障害者の定義は，「（前略）統合失調症，精神作用物質による急性中毒，又はその依存症，知的障害，精神病質その他の精神疾患を有する者をいう」である。

▷２　**保護者制度**
精神障害者の「保護者」を規定し，保護者に対して受療や療養についての義務と役割を課した制度。

▷３　精神保健福祉研究会監修『三訂　精神保健福祉法詳解』中央法規出版，2007年，192頁。

▷４　ザルツバーグ，S.「人権の視点からみた日本の精神保健法制度」秋元波留夫・調一興・藤井克徳編『精神障害者のリハビリテーションと福祉』中央法規出版，1999年，210～237頁。

▷５　南山浩二『精神障害者――家族の相互関係とストレス』ミネルヴァ書房，2006年，12頁。

▷６　大島巌・加藤真紀子・滝沢武久「精神障害者家族の現状と社会的援助の必要性」岡上和雄・吉住昭・大島巌・滝沢武久編『精神保健福祉への展開――保健福祉ニードからみた到達点と課題』相川書房，1993年，105頁。

療と患者をつなぐ位置に置かれた[5]」と述べています。精神障害者のケアや生活は，精神科医療と地域社会，家族，本人の社会システムのなかで，パワー（権力），コントロール（管理）の課題を常にはらんでいると考えられます。

さて，精神障害者の家族の立場から全国精神障害者家族会連合会では，保護者制度撤廃に向けて意見書をまとめるなどの活動[6]を継続していましたが，1993（平成５）年の法改正では，実質的な改変はなく名称が「保護義務者」から「保護者」に改められただけでした。それは，保護者制度撤廃の困難性を改めて浮き彫りにしました。1999（平成11）年の法改正で，自傷他害の監督義務が削除された若干の変更があり，そしてついに2013年に**保護者制度撤廃を含む精神保健福祉法の改正**[7]となりました。保護者制度の見直しの理由は，家族の高齢化に伴い保護者の負担増大の他にいくつかあります。医療保護入院の同意などに関連して，本人と家族の葛藤，家族の同意が得にくいために退院促進が進展しにくいという指摘や，財産上の利益保護については，義務対象範囲が曖昧なため，保護目的として不十分であることなどです。

3 「保護者」制度が廃止された後の課題

保護者制度廃止後の課題は，大きく２つあります。まず，家族の負担軽減の効果についてです。「保護者」が「家族等」に変更された医療保護入院の同意の件は，本人と家族，家族員間での入院や退院の意見相違などで，本人，家族のそれぞれが心理的葛藤や負担を一層，幅広く背負う可能性があります。また，保護者制度の存在は，「精神障害者には一生保護者がいないと，一人では何もできないのかという偏見[8]」や，差別助長が懸念されました。保護者制度廃止により偏見の改善が期待されるところですが，社会の精神障害者やその家族に対する見方の変化には，時間が相当かかると思われます。一方，精神保健福祉法以外にも民法の面でみると，精神障害者の事件や事故の監督義務を家族が問われ，**賠償責任**[9]の問題に発展する例があります。全般的にみて，家族の負担軽減効果があるとは言い難い法改正と考えられます。

２つめの課題は，権利擁護です。旧制度では，医療保護入院の同意者が法的地位の明確な人でしたが，改正法では「家族等のいずれか」となりました。医療保護入院の同意者の範囲が拡大し，家族等の順位づけがなく，責任の曖昧さが残り，誰が適切な判断をする家族員なのか第三者の確認の機会がありません。「非自発的入院のハードルを下げ（中略），人権擁護制度という観点からは，後退[10]」と指摘されています。

今後，強制的な入院については，権利擁護のための代弁者制度の導入や精神医療審査会の機能の整備など，検討されていくことと思われます。精神障害者の人権擁護と家族一人ひとりの自立と安心した暮らしを守るための仕組みをさらに追求していかなければならないでしょう。（清水由香）

▶7　**保護者制度撤廃を含む精神保健福祉法の改正**
「障害者権利条約の締結に必要な国内法の整備を始めとする我が国の障害者制度の集中的な改革を行うため」に内閣に障害者制度改革推進本部が設置され（平成21年12月），そこでの閣議決定（平成22年６月）「障害者制度改革の推進のため基本的な方向について」に，保護者制度の見直し等を含めた検討事項が示され，これが法改正の契機となった。厚生労働省は平成22年10月に「新たな地域精神保健医療体制の構築に向けた検討チーム」の第３ラウンドとして「保護者制度と入院制度」を取り扱い，「入院制度に関する議論の整理（平成24年６月28日）」という報告書を提出した。「新たな地域精神保健医療体制の構築に向けた検討チーム」の議事録からどのような議論が展開されたか確認できる。（http://www.mhlw.go.jp/stf/shingi/2r9852000002jhda.html）（2020.1.10）

▶8　川﨑洋子「『精神保健福祉法の改正』保護者制度の削除の意義」大田順一郎・岡崎伸郎 編『精神保健福祉法改正』 批評社，2014年，114～122頁。

▶9　**賠償責任**
精神保健福祉法の保護者とは別の民法第714条の監督義務がある。親権者や後見人のように被監督者と密接な関係を有しているものについては，被監督者の行為によって不法な結果が生じた場合は，原則として監督義務者の監督義務不履行の責任が推定されることになる。

▶10　岡崎伸郎「精神保健福祉法2013年改正の教訓」大田順一郎・岡崎伸郎編『精神保健福祉法改正』 批評社，2014年，165～185頁。医療と保護について法的観点からの解説が参考になる。大谷實『新版　精神保健福祉法講義　第二版』成文堂，2014年。

4 性教育，結婚支援：障害者問題で無視されてきた深刻な問題

1 無視され奪われた人生

恋愛や結婚に対する夢は誰もがもち，憧れることです。しかし，障害者が結婚や性を楽しむことへの支援は，一般社会だけでなく，福祉に携わる専門職の人たちからも，長い間無視され現在も充分になされていません。障害者の性が無視されてきたのは，さまざまな要因が複雑に絡み合っていると考えられます。

❍障害者に対する視点：優生学や優生思想の影響

障害者をどのようにとらえるかによって，国の政策決定の方向性と質が左右され，わたしたちの考え方や生活に影響を及ぼしてきます。19世紀末，イギリス，ドイツから始まった**優生学**[1]に基づく優生運動が，世界各国に広まり，障害者を抹殺・根絶するために，本人の承諾なく，**不妊手術**[2]が行われてきました。わが国においても，1940年，ドイツの遺伝子病子孫予防法（1933年）をモデルに，国民優生法を制定，戦後も優生保護法（1948～1996年）のもとで「不良な子孫の出生防止」「母体保護」を目的に，医師の申請のみで多くの不妊手術が行われてきました（表Ⅵ-1参照）。

国の政策として展開されてきたこのような動きは，障害者を「不良な子孫」，「弱者」や「害」のあるものとしてとらえる考え方や障害者差別を増幅し，障害者の「生きる」権利だけでなく，結婚や恋愛を阻む要因となりました。

表Ⅵ-1　優生保護法（第3条1項1号，2号，4条，12条）に基づく不妊手術件数

年　次	総　数	当事者同意によるもの（本人，配偶者遺伝・近親遺伝）	医師の申請によるもの（遺伝性疾患・非遺伝性精神疾患）
1955～59年	7,630	1,864（1,149・715）	5,766（5,422・344）
1960～64年	4,833	1,124（817・307）	3,709（3,345・364）
1965～69年	2,744	756（558・198）	1,988（1,597・391）
1970～74年	1,865	717（622・95）	1,148（819・329）
1975～79年	637	333（287・46）	304（193・111）
1980～84年	296	184（157・27）	112（60・52）
1985～89年	172	144（128・16）	28（15・13）
1990～94年	133	132（124・8）	1（0・1）
1995～96年	48	48（38・10）	0
計	18,358	5,302（3,880・1,422）	13,056（11,451・1,605）

注：表には優生保護法第3条1項3号（ハンセン氏病）は含まれていない。
出所：厚生大臣官房統計調査部『母体保護統計報告』1998年，を参考に筆者作成。

▷1　**優生学**
1883年イギリスの遺伝子学者ゴールトンが提唱。ダーウィンの『種の起源』をもとに，人類の遺伝的素質の向上または減退させる社会的要因を研究し，遺伝的素質の悪化の防止・改善を目的とした応用遺伝学。

▷2　**不妊手術**
優生手術ともいうが，生殖腺を除去することなしに，生殖を不能にする手術のこと。具体的には男性は精管切除結紮術，女性は卵管結紮術や子宮摘出術などがある。不妊手術の対象となったのは精神分裂病，そううつ病，てんかん，知的障害，性欲異常，犯罪傾向，進行性筋萎縮症，難聴，ろう，血友病，ハンセン氏病などに罹患した本人や配偶者，その親族（4親等内）だった。現在，ほとんどの疾患において遺伝性が否定されている。

❍「性」のタブー視：「無性」の存在としての障害者

中国から伝来した仏教や儒教の影響によって，「性」は「いやらしい」「はずかしいこと」であると考え，「性」を蔑視する文化がわが国には根強くあります。そのため「性」を人間関係を育むことや結婚・子育てなどパーソナリティ全体を含んだ**セクシャリティ**[3]としてとらえることがなされず，「性」についてタブー視されてきました。さらに，障害者はいつまでも成長しない子どもとして，大人の女性でも男性でもない「無性」の存在として両親や施設職員などからとらえられ，十分な性教育がなされず，結婚も許されていませんでした。

❍閉ざされた環境による弊害：隔離，母子分離の困難性

さらに，小さな頃から施設に預けられたり，在宅で生活をしていても常に母親の介護を受けるなど，閉ざされた環境に置かれていました。このような状況のもとで，プライベートな時間がないだけでなく，人間関係を広げる機会もなく，愛情を育むチャンスさえ与えられてこなかったのです。

❍本人の意思よりも，障害から生じるさまざまな困難に目が向けられてきた

また，本人の恋愛や結婚をしたいという願いがあっても，家族や施設職員は，身体的・経済的・精神的自立ができないと「一人前」ではないととらえ，身の回りのことができないことや経済的な基盤がないことなど障害から生じる困難ばかりに目を向けてきました。そのため，支援を得ながら結婚生活を営むことは「とんでもないこと」と，避けてきたのです。

2 性教育と結婚支援

ノーマライゼーション理念の浸透とともに，障害者が自らの権利を主張することによって，近年になってようやく性教育や結婚支援の取り組みがなされるようになり，**ピア・カウンセリング**[4]においても「性」が語られ始めています。しかし，このような取り組みは，「性」をセクシャリティとしてとらえきれない支援者側の問題が障壁となり，少ないのが現状です。さらに，障害の状況や理解度によって，求められる支援内容に違いがあり，個々人の状況にあったきめ細やかな性教育が必要です。また，身近な人との人間関係を築くことや特定の人との愛情を育み合うことは，人間的な豊かさや社会的能力を向上させるうえで重要です。結婚支援も単に「性生活」を支援するという狭い考え方を捨て，人生の豊かさを支えるための支援の一つとしてとらえることが大切です。これらの支援は，国連障害者権利条約（2006年）第23条においても結婚し家族をもち必要な支援を得ることが権利として謳われているのです。このことを実現するには，支援者や本人・家族の意識改革を進め障害があるからと奪われてきた「生と性」の権利を回復できるような教育・支援プログラムを実施していくことが課題となるでしょう。さらに，無視され奪われてきた人生を取り戻すための闘いに対する支援も求められています。

（和泉とみ代）

▶3　**セクシャリティ**
この言葉が使われるようになったのは，1964年アメリカで性情報・性教育協議会（SIECUS）が設立された時だといわれている。1999年の世界性科学会議で性の権利宣言が採択された。宣言では，セクシャリティとは，人間一人ひとりの人格に不可欠な要素であり，個人と社会的構造の相互作用を通して築かれ，個人の対人関係，社会の幸福に必要不可欠のものであると述べられている。

▶4　**ピア・カウンセリング**
障害を受容し，前向きに生きる力を養うための障害をもつ人同士のカウンセリング。⇨V-5参照。

参考文献

谷口明広編『障害をもつ人たちの性　性のノーマライゼーションをめざして』明石書店，1998年。
身体障害，知的障害をもつ人たちの「性」の援助や親，施設職員の関わり方などについて，各分野の専門家が書いている。

コルベリィ，E.・フォルケソン，Y.／河東田博・河東田誠子訳『性について話しましょう』太陽社，1994年。
知的障害をもつ人たち自身が学習できるように考案されたスウェーデンの性教育のテキストの一つ。指導者・援助者用学習の手引きもついている。

5 レスパイトサービス，ファミリーサポート：家族支援の施策化は可能か

1 レスパイトサービスとは何か

「レスパイトサービスとは，障害児・者をもつ親・家族を，一時的に，一定の期間，障害児・者の介護から解放することによって，日頃の心身の疲れを回復し，ほっと一息つけるようにする援助」（厚生省心身障害研究，1991年）という定義が有名です。この定義は，レスパイトの語源に忠実な定義であり，わが国のレスパイトサービスという言葉の広がりとともに広まりました。しかしながら，この定義では，従来のショートステイサービスとの違いが明確でないこと，親・家族の休息に重点が置かれているために障害児・者本人へのサービス提供の視点が不明確な点などの問題がありました。

そのため，「レスパイトサービスは，サービスの利用者（障害をもつ本人を含めた家族）が必要とする一時的な介護サービスを利用者中心に提供するサービスである」（厚生省心身障害研究，1994年）という定義づけを行いました。この定義づけの背景には，実際のサービス利用形態の分析と利用理由の分析の結果，家族の地域生活全体への支援効果の重要性が認識されたことがあげられます。ただし，この定義づけでは，在宅の障害児・者に対する地域福祉サービスすべてがあてはまる可能性があり，レスパイトサービスの固有性を主張する根拠が希薄になります。そのことを認めるように，その後の研究では，レスパイトサービスの研究ではなくて，市町村障害者生活支援事業の研究に内容を変えています。このように，わが国のレスパイトサービスの考え方は変化を遂げており，現在は，**相談支援事業**[1]，ケアマネジメントといった課題に中心が移ってしまいました。

▶1　**相談支援事業**
障害者自立支援法施行前には市町村障害者生活支援事業（主に身体障害者を対象），障害児・者地域療育等支援事業（主に障害児・知的障害者を対象），精神障害者地域生活支援センター，の3つがあった。これらは共通してサービス利用援助，相談，グループ活動の支援，などの業務を行っていた。障害者自立支援法（障害者総合支援法）では，市町村の行う地域生活支援事業のうちの相談支援事業に位置づけられた。

▶2　小澤温「障害者の地域生活支援の歴史と展望——身体障害者及び知的障害者を中心にして」右田紀久恵・上野谷加代子・牧里毎治編『福祉の地域化と自立支援』中央法規出版，2000年，209〜225頁。

2 レスパイトサービスの方法

レスパイトサービスの方法は，障害児・者が施設に短期入所する方法およびフォスター・ファミリー（里親）の家庭に短期滞在する方法（これをアウト・オブ・ホーム・サービスといいます）と家庭にホームヘルパーなどの介護者を派遣する方法（これをイン・ホーム・サービスといいます）の２つがあります。

レスパイトサービスが発達しているアメリカやカナダの実践[2]から考えると，わが国との違いがみられます。特に，サービス提供に関連する社会資源の状況の違いは考慮する必要があります。アメリカ，カナダいずれの実践事例も，自宅を開放するフォスター・ファミリーやグループホーム（レスパイトホーム）などがレスパイトサービス提供の大きな社会資源になっており，入所施設はそれほど大きな役割を担っていないことは，わが国と大きく違う点です。

レスパイトサービスの具体的な実践としては，ホームヘルパーなどを派遣する在宅派遣型のサービスと障害児・者を一時的に預かるショートステイ型のサービスの組み合わせを行っている点は，わが国の制度では，在宅派遣型のサービスはホームヘルプサービスとしてレスパイトケアとは別サービスになっているので，ショートステイ型のサービスがレスパイトケアの中心になっている状況とはかなり異なっています。

また，カナダの実践事例にみられるように，地域開発（コミュニティ・ビルディング）が究極の目的で，レスパイトサービスはそのための手段として位置づけ，理念を明確にする実践のあり方も，スタッフの意欲の向上や新しいサービス開発の推進の点で重要です。

3 わが国のレスパイトサービスの展開

レスパイトサービス自体は，社会福祉の法律に基づいていないため，運営主体も，実践内容も，その実態はかなり多様な状況がみられます。

レスパイトサービス事業所の実態調査（全国地域生活支援ネットワークによって実施，2000年）では，設置運営主体は，社会福祉法人，個人，住民組織，家族会，NPO など，多岐にわたっています。また，その支援内容も，従来のショートステイ（短期宿泊滞在），デイステイ（日中滞在）に加えて，職員やホームヘルパー訪問による在宅派遣型サービスもみられます。これらのサービスは福祉制度に基づいていないため，多くの場合は，利用者の自己負担（会費・利用料などを直接事業所に支払うこと）によって実施されています。ただし，自己負担はマイナスだけではなく，利用者から評価され，信頼されるサービスを作り出すことを，事業者が意識する点で重要です。

この実態調査報告書では，レスパイトサービス事業者の特徴を，顔の見えるサービス，柔軟で即応性のあるサービス，個別化・小規模化されたサービス，連携のとれたサービス，の4点にまとめています。

このうち，顔の見えるサービスとは，サービス提供者とサービス利用者とが直接契約をすることによって，利用者と提供者とがコミュニケーションしやすくなることを意味しています。また，柔軟で即応性のあるサービスとは，制度の枠に入っていることが，かえって，利用者のさまざまなニードに対応しやすい柔軟性を生み出すことを意味しています。特にこの2点は，既存の障害者福祉サービスに欠けていたものとして考えることができます。その後，デイステイに関しては，2012年に改正された児童福祉法において，放課後等デイサービスとして制度化され，2013年度から開始しています。（小澤　温）

参考文献

日本知的障害福祉連盟編『発達障害白書（各年版）』日本文化科学社。
毎年刊行されていて，知的障害福祉に関するほとんどの施策動向が解説されており，全体状況を把握するのには，最適な本である。特に，レスパイトサービスに関しては，項目として起こされており，毎年，この取り組みの状況把握と変化をみることができる。

全国地域生活支援ネットワーク『全国地域生活支援サービスガイドブック』糸賀一雄記念財団，2000年。
全国地域生活支援ネットワークによるレスパイトサービス事業所実態調査報告書に加えて，全国の実践事例も網羅されており，実態を把握する上で貴重な資料である。通常の書店では手に入りにくいので，糸賀一雄記念財団（滋賀県）の事務局に問い合わせて入手する必要がある。

1　障害者への理解は進んだのか，進んでいないのか

 施設コンフリクトにみる障害者への理解

障害者施設への反対運動（Ⅶ-5「施設コンフリクト：なぜ繰り返し全国的に起こるのか」参照）に関する全国的なデータとしては，1999年に毎日新聞が実施した調査（以下，毎日新聞調査）と1988年に国立精神・神経センター・精神保健研究所が実施した調査（以下，精神保健研究所調査）の２つがあります[1]。

この２つの調査は毎日新聞調査が精神障害者施設に絞っているのに対し，精神保健研究所調査では知的障害者施設を含んだ障害者施設への反対運動をとっている点で異なっています。しかし，両者は，調査時点から10年前までさかのぼって反対運動数をとっており，この２つの調査をつなげると1978年から1998年までのほぼ20年間にわたる変化を把握することができます。

そこで，精神障害者施設に限って，この２つの調査を比較すると1978年から1988年までの反対件数は32件（精神保健研究所調査），1989年から1998年までの反対件数は83件（毎日新聞調査）です。反対件数だけを単純に比較するとここ10年間は，それ以前の10年間に比べて２倍以上の増加になっています。

反対運動の帰結は，いずれの調査結果でも，「住民の理解を得て予定どおり開設」と「条件付き開設」の割合に対して，「理解が得られず場所を変更して開設」と「計画の中断ないしは中止」の合計割合は50％前後であり，両調査ともほとんど類似の傾向になっています。反対理由も，２つの調査に共通して，「治安上の不安」，「住環境の悪化」，「町のイメージダウン」といった住民意識に関連する理由に加えて，「事前に説明がなかった」といった行政の進め方への不信感もみられました。

2　障害者への理解を阻むもの

この２つの調査結果をまとめると，精神障害者施設への反対件数は近年増加していること，反対運動の帰結と反対理由はここ20年間ほとんど変化がみられないこと，の２つが明らかになりました。

反対件数が増加した理由としては，精神障害者の利用する小規模作業所の急増にみられるように，精神障害者施設が地域の中で急増していることがあげられます。ここ20年間の増加率は他の障害者の作業所を大きく引き離しています。しかし，住民の意識が**国際障害者年**[2]（1981年）の啓発活動やその後の障害者施

▶1　2000年～2010年に関しての精神障害者施設への反対運動に関しては，全国精神障害者地域生活支援協議会に加入している全施設，事業所に対して，調査が行われている。その結果を含めて施設コンフリクト全般にわたる考察は以下の本に詳しい。野村恭代『精神障害者施設におけるコンフリクト・マネジメントの手法と実践──地域住民との合意形成に向けて』明石書店，2013年。

▶2　**国際障害者年**（IYDP）
1976年の国連総会で決議された。障害者問題に関しての国際的な啓発活動と国際的な行動を目的に1981年を国際障害者年とし，「完全参加と平等」をテーマとして行った。

策における啓発活動によって変化していれば，これほどの反対運動の増加はなかったと思えます。反対運動の帰結や反対理由から察すると，少なくとも精神障害者施設に関しては意識の変化はほとんど起こらなかったといっても過言ではありません。ただし，身体障害者の理解は国際障害者年以降の啓発活動によって前進したということも言われており，精神障害者の状況とは異なっていると思われます。

それではなぜ国際障害者年以降も依然として精神障害者に対する市民意識はあまりかわらなかったのかという疑問が生じます。これにはいろいろな理由が考えられますが，ここでは2点ほど考えられます。

一つは，外からみて理解しやすい身体障害者に比べて精神障害者への障害の特徴についての理解のしにくさがあり，市民啓発の取り組みがむずかしいことです。

もう一つは，身体障害者の場合は国際障害者年以降，次々と社会参加の制度が登場したのに対して，精神障害者の場合は非常に遅れて1987年の精神保健法以降，社会復帰対策が徐々に始まりました。そして，精神障害者が，障害者福祉の対象として初めて明確に位置づけられたのは障害者基本法（1993年）からです。したがって，最近まで障害者福祉の課題として位置づけられてこなかったことが大きな理由として考えられます。

3 障害者への理解を進めるためには

国際障害者年以降，市民への啓発活動は盛んになってきました。障害者プラン（1995年）とその後，全国の自治体で策定された市町村障害者計画においても，市民への啓発活動は重要な柱として位置づけられています。

しかし，その具体的な内容では，パンフレット（冊子）などによる障害者に関する知識の普及が主流で，偏見やスティグマ（詳しくはⅦ-3「偏見，スティグマ，差別：表面的な啓発活動ではすまない深刻な課題」参照）の軽減の有効性が疑われます。障害の特徴を記述した解説冊子は，その障害のある集団に共通する特徴に焦点をあててしまい，かえって，その障害のある人へのスティグマ化を助長する危険性があります。

障害者自身の著した自伝的な本や障害者自身を講師とした講演，研修などの企画は，障害者自身の人格にふれるような理解を生み出す点で，偏見が生まれにくいと思われます。また，障害者の利用している施設や障害者が通っている場所などにおける市民のボランティア活動を，啓発活動の中に組み込んでいくならば，これも障害者に対する社会的距離（詳しくはⅦ-4「社会的距離：偏見を測定するには」参照）を縮小させることにつながり，これも効果的な啓発方法だと思われます。

（小澤　温）

参考文献

大島巌編『新しいコミュニティづくりと精神障害者施設──「施設摩擦」への挑戦』星和書店，1992年。
国立精神・神経センター・精神保健研究所が1988年に実施した調査の分析が載っている。また，障害者施設と地域との関係が良好な地域事例と施設反対運動のある地域事例に対して，関係者・機関，地域住民への面接調査の分析も載っている。反対運動という研究しにくい問題に対して，実証的な調査をもとに分析した貴重な本である。

障害者差別解消法の意義

「障害者の権利に関する権利条約」の批准と障害者差別解消法の成立

日本政府は2007年に障害者権利条約に署名（日本政府として条約の趣旨に賛同することの表明）をしました。その後，国内で条約批准に向けての法整備を行い，2014年に国連で条約に批准し，同年に国内で条約が発効し，国内においても障害者権利条約の定める事項が国内法と同等以上の効力を持つことになりました。

この条約の条文はこれまでの国際人権法における人権規定を踏襲していますが，この条約において，障害者の権利として改めて明確化したことは権利保障を実行性のあるものにする点で意義深いことです。

この条約で特に重視されていることは，「合理的配慮」という考え方です。障害者が権利を行使できない環境に置かれている場合，個々の状況に応じて，その環境を改善したり調整したりする必要があります。個々の状況に対応する環境の改善，調整を怠った場合は「合理的配慮」の不提供と考え差別として位置づけることができます。また，条約および規定の実行のために，国内モニタリングを行う中心機関を政府内に設置することを規定したことは，条約の実効性の推進の点で重要です。

障害を理由とする差別の解消の推進に関する法律（以下，障害者差別解消法）は，差別禁止部会[1]の審議を経て，2012年に「『障害を理由とする差別の禁止に関する法制』についての差別禁止部会の意見」がまとめられ，その後の国会の審議を経て2013年に成立しました。ただし，この法律の施行は2016年度からであり，その間に，差別と合理的配慮の不提供の禁止に関して，国・地方自治体においては対応要領の策定，事業者においては事業分野別の指針（ガイドライン）を策定することとしました。

▶1　障がい者制度改革推進会議の下に，2010年11月に，「差別禁止部会」が設置され，障害者差別禁止に関する法制度の審議が行われた。

この法の本格的な施行に向けての対応要領の策定は具体的な差別を定義する上で重要です。その他，差別を解消するための支援措置として，紛争解決・相談の体制整備，障害者差別解消支援地域協議会の組織化と関係機関の連携，普及・啓発活動の実施，差別及び差別解消に向けた取り組みにかかわる情報の収集・整理・提供，などを遂行する必要があります。

2　障害者差別解消法の概要

この法の目的は，障害者基本法の理念に基づき，同法第４条の差別の禁止の規定の具体化として位置づけられています。政府は，このための基本方針として，差別解消に関わる施策の基本方向，行政と事業者がとる必要な措置の基本事項を定めることとしました。基本方針の検討には，障害者自身の意見反映をする必要があり，（障害者基本法によって定める）障害者政策員会の意見を聴く必要があります。さらに，政府は，内閣府での関係行政機関の連携の整備推進，行政機関・事業者が適切に対応できるガイドラインの整備を行う必要があります。

差別解消の措置としては，差別的取扱いの禁止と合理的配慮不提供の禁止の２つがあげられています。差別的取扱いの禁止は，行政および事業者が事務または事業を行う際に，障害を理由として不当な差別的取扱いをすることによる障害者の権利利益侵害の禁止です。合理的配慮不提供の禁止は，行政および事業者が事務または事業を行う際に，障害者から社会障壁除去の意思表明がある場合，その実施が過度の負担でない時に社会的障壁の除去の実施に合理的な配慮をしないことによる障害者の権利利益侵害の禁止です。

具体的な対応としては，国・地方公共団体においては対応要領の策定，事業者においては対応指針の策定が必要とされています。差別解消のための支援措置では，①国・地方公共団体における相談および紛争の防止・解決のための体制の整備，②国・地方公共団体による啓発活動，③国による差別解消に関わる方法の収集，整理および提供，④国・地方公共団体における障害者差別解消支援地域協議会の設置，が示されています。

3　障害者差別解消法の施行に向けて

2016年度の施行に向けて，2015年には，「障害を理由とする差別の解消の推進に関する基本方針」が閣議決定されました。基本方針では，法の対象範囲，不当な差別的取扱い，合理的配慮，行政機関による対応要領，事業者による対応指針，相談および紛争の防止体制，啓発活動，障害者差別解消支援地域協議会などに関しての基本的な考え方が示されています。さらに，国と地方公共団体においては，この基本方針を踏まえた対応要領の策定が求められています。また，事業者においては，事業の状況に応じた対応指針の策定が求められています。この基本指針では，障害者差別解消法の対象者を障害者基本法（Ⅷ-4参照）の定義に基づいていることを指摘しています。特に，障害者手帳の所持者に限らないことを指摘した点は重要です。　（小澤　温）

偏見，スティグマ，差別：表面的な啓発活動ではすまない深刻な課題

偏見とは

心理学や社会学の事典の定義から考えると，偏見とは，①十分な根拠がないこと（不十分な情報による判断），②非好意的な感情や態度をもつこと，③場合によっては非好意的な行動を伴うこと，の３点が特徴として理解できます。

障害者への偏見はどのような形成過程を経ているのでしょうか。偏見は学習されながら，徐々に形成される特徴があるといわれています。それでは，どのような学習をへて形成されるのでしょうか。精神障害者を例にすると，それは新聞や雑誌などのマスコミによる事件報道の影響が大きいことが考えられます。犯罪者の経歴に精神病院の入院歴や精神科の受診歴などが記載されれば，事件との因果関係にかかわらず，精神障害者＝犯罪者のイメージが生じやすくなります。そして，このイメージが繰り返し，さまざまな事件を通して報道されると，このイメージは学習を通してゆるぎないものになっていきます。一度，長時間にわたって形成されたイメージは，精神障害に関する正確な知識が後に示されても変化しにくいといわれています。「偏見は誤解ではないので，正しい知識を与えられても即座に解消するとは限らない[1]」と指摘されています。

▶1　『新修部落問題事典』解放出版社，1999年，433頁。

1981年の国際障害者年以降，障害者問題を理解するために，さまざまな市民啓発活動がなされてきており，その内容は主に，一般市民に障害や障害者に関する正しい知識を普及することを中心にしてきました。さらに，障害者基本法の2011年の改正，2013年の障害者総合支援法の施行により市民啓発活動の強化が法律に明示されました。しかし，偏見は長期の学習によって形成され，正しい知識を与えても即座に解消するとは限らないとなれば，障害や障害者に関する正しい知識を普及する市民啓発の内容の再検討を要することになります。

2　スティグマとは

スティグマは偏見のように日常的に使われる言葉ではないですが，障害者福祉では重要な言葉です。「ある人が，他の同類の人々と異なっていることを示す，望ましくないと見なされる徴をスティグマ（烙印(らくいん)）と呼ぶ。第１に身体上の障害，第２に個人の性格上の欠点，第３に人種，民族，宗教などの集団的な価値剝奪が，スティグマとして日常的かつ典型的に操作される[2]」とされています。

▶2　『社会学事典』弘文堂，1993年，510頁。

原語的には不名誉の徴としての烙印の意味でしかなかったスティグマを社会

的な関係性でとらえたのは，ゴッフマン（Goffman, E.）です。ゴッフマンはスティグマを固定的な属性（その人に備わった特徴）としてとらえることはせず，スティグマを負うこととスティグマを負わせることとの相互作用で生じると考えました。このスティグマを負うこととスティグマを負わせることは固定的でなく，さまざまな相互行為の場面で生じるので，誰でもスティグマを負うことになる可能性をもっている点で重要な考えです。

このスティグマの考えを用いて，精神障害者施設への反対運動を考察してみましょう。反対している地域住民の思い描いている精神障害者は，さまざまな人生をへて精神疾患を患い，病をもちながらもさまざまな人生を歩もうとしている個々人ではなく，精神障害という烙印を押し，精神障害者集団というカテゴリーに押し込める対象になっています。まさに，スティグマを負わせる人（地域住民）とスティグマを負う人（精神障害者）との相互作用によって生じているとも考えられます。

3 差別とは

これまで検討してきた偏見，スティグマがどちらかといえば拒否的な意識を背景にした言葉なら，差別は，具体的な不平等，不利益な取り扱いをうけることであり，拒否的な意識の具体化を示す言葉として考えることもできます。差別のもっとも顕著な形態は，法的，制度的な差別です。

人間は長年にわたって，身分や民族によって差別を制度化してきた歴史があります。近年は，人権意識の高まりから明確な身分や民族による差別を制度化している国は少なくなっています。しかし，障害者に対する制度化された差別として代表的なものは欠格条項があります。欠格条項とは，心身の障害を理由に，資格や免許の取得や業務の許可を制限している法律や政令とされています。現在，障害を理由とした欠格条項のある制度の見直し，再検討が進められています。

欠格条項に関しては，時代にあわないものや障害者の生活実態にあわないものなどさまざま存在しています。そのため，国は1999年に見直し対象として63種類の資格制度をあげて，継続的に見直すことを公約しました。2019年には，成年後見制度における「欠格条項」の原則廃止を含んだ成年後見制度適正化法が成立しました。日本障害者協会が国に対して1998年に提出した見直しの要望書には，欠格条項の見直し基準が詳しく書かれています。ここでは，９つの基準が提案されています。特に，障害名，疾患名ではなく，当該資格に要求される能力や技能による基準であること，障害者の社会参加促進の観点から欠格条項を設けるべきでない場合，などの基準は重要な指摘です。ただし，見直すべき欠格条項には，11以上の省庁がかかわっているため，省庁間の対応や考え方に違いがあり，すぐに解消することが困難なものもあります。　（小澤　温）

参考文献

要田洋江『障害者差別の社会学――ジェンダー・家族・国家』岩波書店，1999年。
障害児をもつ親の言説分析を中心に，障害者差別の構造を解明した本。障害児をもつ家族の分析から，家族福祉や共生社会のあり方とそれを支える社会福祉政策に至るまで幅広く考察をしている。

社会的距離：偏見を測定するには

1 偏見とは何か

オルポート（Allport, G. W.）は，偏見（prejudice）を，「ある集団に所属しているあの人が，たんにその集団に所属しているからとか，それゆえにまた，その集団のもっている嫌な性質をもっていると思われるという理由だけで，その人に対して向けられる嫌悪の態度，ないしは敵意ある態度である[1]」（1954年）と定義しています。この偏見は，うわさなどによってつくられた先入観よりも根強く，説得などによって容易に変容されない場合が多いといわれています。このような偏見は，障害者施設建設に対する反対運動などの差別という行為に発展する危険性があります。近年では偏見の低減に向けた多様な取り組みが見られるようになってきましたが，その効果測定にはどのような尺度があるのでしょうか。その一つとして，「社会的距離」について説明します。

▷1　オルポート，G. W.／原谷達夫・野村昭訳『偏見の心理』培風館，1968年，7頁。

2 社会的距離とは何か

社会的距離は，パーク（Park, R. E.），バージェス（Burgess, E. W.）が紹介した概念で，態度尺度の一種です。個人と個人の間，あるいは集団と集団の間における親近性の程度を指します[2]。また，特に個人と個人の間の疎遠・親近の度合いを表す場合を「心理的距離」と称する場合もあります。

▷2　『新版 心理学事典』平凡社，1981年，635頁。

3 偏見を測定する社会的距離尺度：精神障害者に対する偏見を主に

1900年代はじめのアメリカは多民族国家であり，移民への偏見や態度が社会的課題となっていました。そこで，バージェスは，アメリカ人の移民人種との親近性の程度を測定する社会的距離尺度を開発しました[3]。この尺度を精神障害者の社会参加の問題に適用したのがクロセッティ（Crocetti, G. M.）です。それらの先行研究をもとに，日本では大島巌らが地域住民の精神障害者に対する社会的距離を尺度化しています。以下，それぞれの特徴についてみていきます。

▷3　細江達郎「社会的距離尺度」岡堂哲雄編『社会心理用語事典』至文堂，1987年，141頁。

⑴バージェスが開発した尺度は，①結婚して近い縁者になる，②自分の属するクラブのメンバーになる，③隣人として同じ町内に住む，④自分と同じ職業につく，⑤アメリカの市民権を得る，⑥アメリカに旅行者としてくる，⑦アメリカから追い出したい，という項目から作成されており，特定の集団，民族などを想定して回答を求める方法です。そして，「イエス」の項目を回

答者の得点とし，回答者の集団，属性ごとに得点の平均値を求め，それを想定したグループと回答者のグループを社会的距離としています。態度が好意的になるほど社会的距離の値は小さくなります。

(2)クロセッティ[4]らが開発したこの尺度は，健康的な市民生活を営んでいる事例を紹介し，その親密性の度合いを測定するというものです。この事例は，精神科病院に入院経験がある場合とそうでない場合が比較され，精神科病院に入院経験がある人の精神的・社会的に健康的な部分が記載されている場合は，最も緊密な関係を除いてはほぼ受容されることが明らかになりました。しかし，事例において，社会的に好ましくない部分について記載されていないため，**ステレオタイプ**[5]の回答をする危険性があります。

(3)大島[6]は，クロセッティの事例をもとに，地域で生活する精神障害者の様態を示す必要性を指摘しました。精神病の後遺症状をもちつつも安定した状態にある社会復帰途上にある人が「アパートに入居する場面」という事例を設定し，これに対する地域住民の親密性を測定するというものです。

▷4 クロセッティ，G.M. 他／加藤正明監訳『偏見・スティグマ・精神病』星和書店，1978年。

▷5 **ステレオタイプ**
紋切り型のこと。ある特定の社会集団において広く受け入れられている固定的なイメージ。

▷6 大島巌他「日常的な接触体験と精神障害者観の変化」大島巌編『新しいコミュニティづくりと精神障害者施設』星和書店，1992年，204～205頁。

4 偏見を低減するには：社会的距離尺度の調査結果をもとに

社会的距離に関する先行研究から，障害者との好ましい接触体験が障害者への偏見を低減することが明らかになっています。

❍好ましい接触体験とは何か

好ましい接触体験とは，「障害者」に対する否定的なイメージを「障害を経験した（している）一人の人間」という肯定的なイメージへと意識変容や態度変容を生む接触体験を指します。障害者は常に保護される存在ではなく，一人の人間として尊重されるべき存在であり，価値ある存在として捉えることができる接触体験の場や機会が必要といえます。

❍個人の持ち味であるストレングスを発揮する場や機会の提供

障害をもつ人の「障害」はその人の一部分であり，その他には**ストレングス**[7]といわれる健康的な部分があります。

▷7 **ストレングス**
病理・欠損の対極に位置しその人の性質や関心ごと，得意分野，そして本人をとりまく環境を意味する。それらを介在した接触体験の場や機会を提供することが求められる。

❍「障害」の経験を生かす場や機会の提供

近年，障害の経験から得た知恵を生かす活動として，障害の経験を同様の生活のしづらさをもつ障害者に生かすピアサポートや，障害の経験がない人々へ障害の経験に基づく語りが見聞きされるようになってきました。このように，障害をもつ人が一人の人間として社会貢献できる場や機会や，障害の経験を生かす場や機会を地域住民に提供することで，障害者に対する社会的距離が縮小され，障害者に対する偏見が低減することが望まれます。　（栄セツコ）

5 施設コンフリクト：なぜ繰り返し全国的に起こるのか

1 障害者福祉の法側面からみた施設コンフリクト

施設コンフリクトとは障害者施設などの設置の際に，地域住民から反対を受けて設置がうまく進まない状況を意味しています。障害者の人権侵害に関わる問題としてとらえ，人権摩擦と呼ぶこともあります。

障害者施設に関する住民の態度は法律的にはどうあるべきでしょうか。身体障害者福祉法第３条第２項によれば，「国民は，社会連帯の理念に基づき，身体障害者がその障害を克服し，社会経済活動に参加しようとする努力に対し，協力するように努めなければならない」とあります。また，障害者基本法第４条によれば，「何人も，障害者に対して，障害を理由として，差別することその他の権利利益を侵害する行為をしてはならない」とあります。さらに，精神保健及び精神障害者福祉に関する法律（略称：精神保健福祉法）第３条によれば，「国民は，精神的健康の保持及び増進に努めるとともに，精神障害者に対する理解を深め，及び精神障害者がその障害を克服して社会復帰をし，自立と社会経済活動への参加をしようとする努力に対し，協力するように努めなければならない」とあります。これらの法律の文言に共通していることは，障害者の社会参加に関わる取り組みへの協力は国民の努力義務であるということです。つまり，障害者福祉に関する法律の条文では住民自治か福祉理念かという対立は生じず，住民は福祉理念実現への協力しかないことになっています。

2 施設コンフリクトの背景

しかし，現実に全国いたるところで障害者施設への反対運動（施設コンフリクト）は起きています。さらに，多くの反対事例では，「施設はどこかに必要だ。しかし，なんでここに」と住民のとまどいがあります。「障害者福祉理念はわかったし，このような施設が必要なこともわかった。しかし，なぜここに設置するのか」，この思いは多くの反対運動の根底に流れているのではないでしょうか。この問題を理解するには，Ⅶ-3「偏見，スティグマ，差別：表面的な啓発活動ではすまない深刻な課題」でふれたように，住民の障害者観（障害者への見方），偏見などの意識，さらに，その意識を生み出す背景といった問題まで掘り下げる必要があります。

障害者施設への反対運動といっても，誰が何に対して反対しているのかはわかりにくい場合が多くみられます。Ⅶ-1「障害者への理解は進んだのか，進んでいないのか」でふれている精神保健研究所調査では反対事例の分析も行っています。そこでは，大都市部における障害者施設への反対運動の特徴として，伝統的なコミュニティが解体されている状況の中では，反対者は地域住民の一部で，多くの住民は無関心が多いことが示されています。しかし，住民の一部でも反対者が頑強に反対している場合は行政交渉などを通して反対運動が長期化する傾向がみられることも示されています。したがって，反対運動があるからといって，その地域全体が障害者施設に対して拒否的なわけではありません。むしろ，一部の頑強な反対者の住民につきあって反対している住民層が多いことが予想されます。

また，何に対する反対運動かについて考えてみます。先の精神保健研究所調査の反対事例をみると，反対運動は多くの場合，障害者（この調査では特に精神障害者）への危険意識をベースにしているが，この意識に加えて，障害者施設を設置しようとしている団体や設置を認可した行政への不信感も加わっていることが重要です。地域住民の反対理由も，多くの場合，あからさまな障害者への危険意識よりは，住民の合意を取り付けなかった手続きの問題，事前の説明会がなされないことへの不信，行政の強引な施設建設計画への抗議といったことに移っていく状況がみられます。したがって，背景には，潜在的な障害者への不安感があることは事実ですが，必ずしもそれだけではなく，現実はもっと複雑な背景が潜んでいて反対運動が生じていると理解する必要があります。

3 施設コンフリクトの克服に向けて

精神保健福祉研究所の調査研究では，施設反対の事例だけでなく，地域と良好な関係にある施設事例も取り上げています。この研究から，良好な関係を生み出す施設の特徴として，次の４点をあげることができます。

①施設運営者が地域住民との関係を重視し，地域への働きかけの戦略をもっていること。

②施設の積極的な地域活動によって，多くの人材（施設の論理と地域住民の感情をつなぐ仲介者）が育成されていること。

③住民ボランティアの受け入れ，地域住民の雇用者の多い施設の場合。地域との相互関係が生じていること。

④施設長，病院長など運営者の，温厚，柔和，低姿勢などの個性による住民との信頼形成。

これまで啓発活動は地域住民に対してのみ行われてきましたが，施設運営者の戦略，地域における人材育成，などの施設の取り組みも重要です。このためには，施設職員・運営者に対しても啓発活動に関する研修が必要であると思われます。

（小澤　温）

解説記事

2000年に厚生労働省は障害者施設新設への国庫補助協議に市町村などの自治体に求めていた「地域住民の同意書」の添付を廃止することにした。障害者施設新設のさいの「地域住民の同意書」は慣例的になされてきたが，これが逆に地域住民の障害者施設設置反対運動への有力な手段とされてきたことも事実である。

この厚生労働省の考えよりも１年前の1999年に，大阪府では施設への住民の反対運動に対する見解を答申書および報告書という形でまとめている。これによれば，精神障害者への地域生活支援施策の整備は行政責任であり，地域住民の反対運動は市民である障害者に対する人権侵害であるとしている。そして，施設の設置に地域住民の同意書は不要であるとの立場を明確にした。このように，行政の住民の施設反対運動への立場は明確になりつつある。しかし，現実の施設反対運動は身近な自治体である市町村が直面する場合が多いので，行政としてどこまで取り組めるのかが課題になっている。

6 ソーシャル・サポート：福祉援助の相対化

1 ソーシャル・サポートの概念と視点

❍ソーシャル・サポートとは

1970年代に疫学や地域精神医学の分野において，対人関係のあり方が人の健康と関わっていることが報告され，以来ソーシャル・サポートに対する関心が向けられるようになりました。疫学者のキャッセル（Cassel, J., 1974[1]）はソーシャル・サポートに注目して「社会的環境のありようが疾病に対する人々の脆弱性を規定する」という仮説を立てました。また，カプラン（Caplan, G., 1974[2]）は人が人生上の危機に遭遇したとき，その人をとりまく家族や友人の支援的関係がその人を支えるのにきわめて重要であると指摘し，ソーシャル・サポート，ソーシャル・サポート・システムの概念[3]を打ち出しました。**ソーシャル・サポート**[4]についてストレスの緩和効果や健康，主観的幸福感にポジティブに影響することなどの研究や理論がその後も数多く蓄積されています。

ソーシャル・サポートの概念定義についてはあいまいな点も多く，それぞれの研究者によってさまざまです。野口裕二は包括的な定義としてアントヌッチ（Antonucci, 1985）による「援助，感情，肯定を主要な要素として含む対人交流」を示し，そのような包括的定義をふまえてそれぞれの実証研究で示した操作的定義がそのどの部分に位置し，どのような限界をもつのか明示することが重要と論じています[5]。また，ソーシャル・ネットワークという類似の語がありますが，これは家族，親戚，近隣，友人など自分をとりまくすべての人間関係を対象にした個人の対人関係の広がりを表します。そしてそれは，支援の内容や質ではなく，対人関係を構造的に理解することに役立ちます。

❍ソーシャル・サポートの支援内容

ソーシャル・サポートの支援内容は，まず，専門家によるものや制度化されているフォーマルな（公式的）支援と，家族や友人，近隣関係などによる対人的相互支援関係であるインフォーマルな（非公式的）支援に区別されます。

インフォーマル・サポートの内容は，①共感や愛情という情緒的支援，②実際的な対処の知識という情報提供，③相手から評価されたり相手を支えることで自分の評価が上がるという相互関係の提供，④物や行動による具体的な援助の提供（④を含むべきでないという考え方もある）があり，専門的な支援に比べ，柔軟で持続する，といわれています[6]。またソーシャル・サポートは研究者によ

▷1　Cassel, J., Psychological processes and "stress": Theoretical formulations, *International Journal of Health Service*, 4, 1974, pp. 471-482.

▷2　Caplan, G., *Support Systems and Community Mental Health*, New York: Behavioral Publications.（近藤喬一他訳『地域ぐるみの精神衛生』星和書店，1979年）。

▷3　木島伸彦「ソーシャル・サポート研究」山本和郎編『コミュニティ心理学』東京大学出版会，1986年，84頁。

▷4　**ソーシャル・サポート**
社会的支援と訳されるが，これらの研究は主に対人的相互支援関係に関するもので，社会的な制度や専門的な支援はほとんど含んでいない。

▷5　野口裕二「高齢者のソーシャルサポート——その概念と測定」『社会老年学』No. 34，1991年，38頁。

▷6　野中猛『図説　ケアマネジメント』中央法規出版，1997年，103頁。

って多様な種類が考えられていますが，大まかには道具的サポート（②と④があたる）と社会情緒的サポート（①，③）の２種類に大別することができます。[7]

2 社会福祉援助とソーシャル・サポート

❍インフォーマル・サポートの重要性

地域生活をおくる障害児（者），高齢者の支援について，従来のフォーマルなサービスを中心に，サービスの専門家との関係のみに焦点をあてていました。その後，クライエントの生活全体をとらえることの重要性が認知されるようになりました。フォーマル・サービスを利用していない間の生活の把握においてソーシャル・サポートは特に社会関係の質を評価，把握するために有効な概念と認識されるようになりました。[8]そして，専門的な援助だけでなく，非専門的な援助としてインフォーマルな援助の意義[9]が注目されてきました。

「ソーシャル・サポート」に「ネットワーク」が加わる概念もあります。在宅ケアやコミュニティケアの展開において，援助対象者をとりまく人間関係から，保健・医療の社会資源（医療機関，保健所，地域福祉関連機関）を含めたより広いサポート・ネットワークとしてとらえ実践に応用することが重要といわれています。[10]つまりフォーマル，インフォーマルという２つのサポートを包括的にとらえることは，援助対象者の生活の全体を把握する重要な視点になってきます。さまざまな資源をつなぎ合わせてネットワークをつくり多面的に生活全体を支援することは，コミュニティ・ケアで活用される援助技術の一つになります。

❍ソーシャル・サポート・ネットワークとケアマネジメント

社会福祉分野では，サービスの多元化や提供機関が増えてきたことから，フォーマルおよびインフォーマル・サービスを効率的に有効に使いこなす技法が必要になりました。ソーシャル・サポート形成による援助方法としてケアマネジメントといわれる技法があります。ケアマネジメントは利用者の QOL の維持，向上をめざし，利用者のストレングスをのばすことができるように，生活の目標を本人の意向にそって設けます。支援計画にのっとり，多様なフォーマル・インフォーマルサービス（サポート）を活用して生活を支えていきます。フォーマルなサービス・ネットワークは既存の資源の利用によってある程度はできますが，インフォーマルなサポートをネットワークにつくりあげることは比較的むずかしい場合があります。すでにその人がもつ資源を調整しながら十分活用できるネットワークの形にしていくことが専門職の役割となります。[11]対象者のもつソーシャル・サポートを把握し，支援関係が効果的に働くように，そして対象者がより力をつけられるように関係機関やサービスをつなぎ，資源を開発していくことがソーシャル・サポート・ネットワークの形成，ケアマネジメントに求められます。

（清水由香）

▶7　浦光博『支えあう人と人――ソーシャル・サポートの心理学』サイエンス社，1992年，60頁。

▶8　湯浅典人「ソーシャルサポートに焦点をあてた援助についての考察」『社会福祉学』1995年，75頁。

▶9　専門的援助と比較した非専門的援助の特性については，セルフ・ヘルプ・グループの研究によって示されており，たとえば非専門的な援助においては援助を受けてきた側の当事者が，主体性や意思が尊重されるようになる，といった特性がある。

ガートナー，A.，リースマン，F.／久保紘章監訳『セルフヘルプ・グループの理論と実際』川島書店，1985年。

▶10　小澤温「ソーシャルサポート研究のあゆみと保健・福祉」園田恭一・川田知恵子編『健康観の転換』東京大学出版会，1995年，272～273頁。

▶11　多賀聡子「高齢者の生活を支えるネットワーク」山本和郎編『臨床心理学的地域援助の展開』培風館，2001年，153～154頁。

福祉教育：社会への啓発とその課題

 福祉教育の基盤にある考え方と定義

福祉教育の福祉には，日本国憲法第25条の生存権の保障を基盤として，第13条の幸福追求権の実現を目指すという意味があります。それは「よい暮らし」を意味する「welfare」というよりは，「他者との関係のなかで自己実現を図り，よりよく生きる」という「well-being」に相応するといわれています。これをふまえると，福祉教育とはすべての人がかけがえのない存在として尊ばれ，共に支えあい共に生きる力を育むことを目標とした教育といえます。

1960年代からの高度経済成長がもたらしたライフスタイルの変化によって，地域や家族の中で子どもたちの福祉を学ぶ機会が減少しました。1970年代に入りその必要性が強調され，学校による「子どもたちの豊かな成長を促すための福祉教育」と社会福祉協議会による「地域福祉を推進するための福祉教育」の試みがみられるようになりました。しかし，当時は**福祉教育の概念**[1]があいまいであり，明確な定義がありませんでした。ようやく1981年に全国社会福祉協議会において福祉教育委員会（委員長：大橋謙作）が設置され，翌年に福祉教育の定義が公表されました。1990年にはボランティア学習や福祉教育が正式に学校の教育課程に位置づけられ，2000年には「総合的な学習の時間」に規定されることになります。このような動向により，小・中学校の児童・生徒に福祉を学ぶ機会が増えてきましたが，地域や家庭における福祉力の脆弱化が顕著になるなかで，より一層福祉教育の必要性が高まってきていると言えます。

2　福祉教育の３つの領域

原田正樹は福祉教育の３つの領域として[2]，①学校を中心とした領域（学校福祉教育），②地域を基盤とした領域（地域福祉教育），③社会福祉専門教育の領域（社会福祉教育）をあげ，これらは相互に関連しあうと指摘しています（図Ⅶ-１）。その中心には「福祉教育原理」が通底し，どの領域にも共通する基本的人権の尊重やノーマライゼーションなどの価値があります。ａの部分の典型的なものに高校の教科「福祉」や福祉科での学習があります。ｂの部分は学校が地域と連携しながら行う総合学習や課外活動並びにまちづくりを目指した福祉教育などがあります。ｃの部分は地域住民が参加する体系的なカリキュラムを有した福祉教育を指し，認知症サポーター講座などが代表的なものです。

▶１　**福祉教育の概念**
「憲法13条，25条等に規定された人権を前提にして成り立つ平和と民主主義社会を作りあげるために，歴史的にも，社会的にも疎外されてきた社会福祉問題を素材として学習することであり，それらとの切り結びを通して社会福祉制度，活動への関心と理解をすすめ，自らの人間形成を図りつつ社会福祉サービスを受給している人々を，社会から，地域から阻害することなく，共に手をたずさえて豊かに生きていく力，社会福祉問題を解決する実践力を身につけることを目的に行われる意図的な活動である」（全国社会福祉協議会・福祉教育研究委員会委員長大橋謙策，1982年）

▶２　原田正樹「福祉教育の領域」上野谷加代子・原田正樹監修『新 福祉教育実践ハンドブック』全国社会福祉協議会，2014年，25～26頁。

3 「障害者」と福祉教育

障害者領域における福祉教育の必要性は，「障害」や「障害者」に対する知識の欠如がそれらに対する偏見をもたらし，障害をもつ人々を排除してきた歴史にあります。近年のノーマライゼーションやインクルージョンの思潮を背景に，2006年12月に国際連合において障害者権利条約が採択され，その目的には障害者が社会の構成員の一人として尊厳をもって生活することが掲げられています。わが国においても，条約の批准をめざして，障害者基本法の改正，障害者総合支援法や障害者虐待防止法の成立，そして2013年6月には障害者差別解消法が成立しました。これらを背景として，2014年1月20日にわが国においても障害者権利条約が批准されたことから，今後，ますます障害者に関する正しい知識の習得や差別解消に向けた福祉教育が必要と言えます。

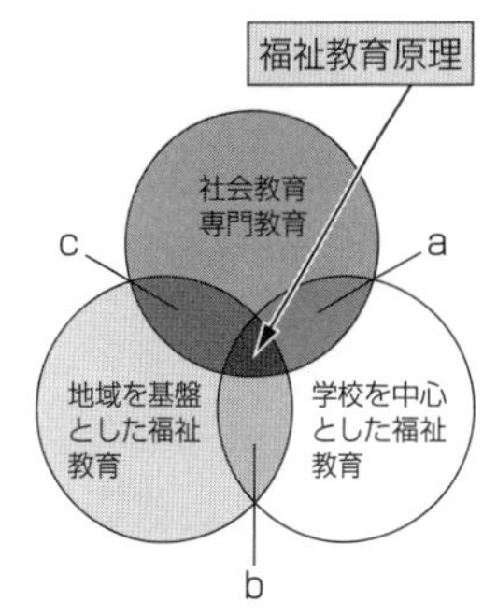

図Ⅶ-1　福祉教育の3領域

出所：全国社会福祉協議会・全国ボランティア活動振興センター地域を基盤とした福祉教育・学習活動の推進方策に関する研究開発委員会編『福祉教育実践ハンドブック』全国社会福祉協議会，2003年。

福祉教育において，障害を題材としたプログラムには次の4つがあります。第一に，アイマスク体験や車いす体験などの障害による疑似体験です。第二は点字や車いすの押し方等の技術・技能の習得です。第三は障害福祉施設などの訪問，第四に障害の経験者からその体験談を聞くというものです。近年，当事者の語りを題材とする福祉教育が増えてきました。当事者は障害をもつ経験から得た知恵や学びを子どもに語ることになり，それは聞き手の子どもにとって生きる力を育む教訓を得る機会になります。一方，子どもに教育的効果がみられたことで，その語りを行った当事者に社会貢献の感覚をもたらしエンパワメントが図られます。さらに，当事者の語りが聞き手の承認を得て理解者を得ることで社会変革の可能性が生まれるといえます。また，福祉教育における語りは語り継ぐという特性があり，時代を越えて理解者を生む可能性もあります。

このように，福祉教育は子どもの生きる力を育むとともに地域福祉を推進する可能性があります。効果的な福祉教育の実施には，子どもをはじめ地域住民の地域福祉を目指す社会福祉協議会と子どもたちのニーズを把握し多様な教授法をもつ教育機関，そして障害をもつ当事者とその支援者が三位一体となって福祉教育プログラムを考案することが望まれます。プログラムを考案する過程そのものが相互の学びや理解をもたらし共生社会の実現に向けた一歩になると言えます。福祉教育には少なくとも2点の課題があります。第一に，障害の疑似体験や施設訪問の省察が形骸化され，貧困な福祉観を生むことがあります。教材はあくまでも手段であり，その教材から何を学ぶかに重点を置くことが望まれます。第二は教材に用いる障害が身体障害など可視化できるプログラムに偏重していることです。知的障害，発達障害，精神障害など可視化が困難な障害を理解することは子どもの想像力を高めるとともに他者に対する共感力が育まれます。これらをふまえて，学校と社協が協働して教材作りを行うことが望まれます。

（栄セツコ）

8 ボランティア：その固有な意義と課題

1 ボランティアとは

ボランティア（volunteer）の volo とはラテン語で「意志」という意味があります。ボランティアとは，この言葉から派生した voluntas という自由意志を意味する言葉に人名称の er をつけた合成語です。ボランティア活動の性質には，自発性，主体性，連帯性，**無償性**[1]，先駆性，開発性などがあり，すべての人々の福祉の向上を目指して，市民の立場で関わる一つの形態として位置づけられています。

▶1　**無償性**
近年では有償ボランティアという形がみられる。

2 ボランティアの意義と機能

障害者の「完全参加と平等」が実現される社会とは，障害者に対する各種制度・施策の整備だけではなく，その社会の構成員が障害者を同じ地域を構成する一員として理解する社会を指します。1993年に策定された「障害者対策に関する新長期計画[2]」には，①障害者は，障害のない人と違った特別な存在ではなく，障害のない人と同じ社会の構成員であること，②障害者は，一人の人間として基本的人権を有しており，障害者による差別・偏見を受ける理由がないこと，③障害者も大きな可能性を有していること，④障害者の問題は，全ての人々自身の問題であることを十分認識し配慮する必要があることと示されています。障害者に関わるボランティアは，このような認識をもって活動してほしいものです。

▶2　総理府内閣総理大臣官房内政審議室（障害者対策推進本部担当室）編『障害者白書（平成７年版）』大蔵省印刷局，1995年。

では，障害者領域におけるボランティアの４つの機能についてみていきます。

①　障害者の生活の質を高める機能：障害者のなかには閉鎖的な人間関係のなかで社会生活や余暇活動の経験が少ない人々がいます。そこで，ボランティアには自らの特技や趣味を活かし，障害者とともに楽しい時間を共有するなかで，障害者の生活の質が向上する役割が期待されます。それは，障害をもつ人の障害の背景に追いやられていたストレングスを掘り起こす役割や，障害者のニーズに応対できる資源との調整，資源そのものを創出する役割も含まれます。

②　障害者と市民の橋渡しをする機能：障害者施設や病院に長く入所・入院していると，社会性や社会関係が乏しくなります。そこで，ボランティアには「外からの風」となって社会とのかけはしを架ける役割が期待されま

す。また，ボランティアが活動のなかで得たポジティブな障害者観や貧困な障害者施策など，ありのままの実態を一般市民に伝えることで，市民の障害者に対する理解が促進し，障害者に対する内なる偏見の低減が期待されます。

③　ボランティア自身が成長する機能：障害者との出会いや交流を通じて，ボランティアは自身と向き合う機会を得ることができます。その機会が障害者に対する内なる偏見への気づきとなり，障害者観の変容や新しい自分の発見といった自己成長の機会になる役割が期待されます。

④　共に生きるという市民感覚でつきあう機能：ボランティアは，障害者を同じ地域を構成する者同士としてかかわり，障害者の生活上の困難を地域の生活課題として認識して活動することが求められます。そうしたボランティア活動が課題解決の糸口となり，障害者をはじめ誰もが住みよいまちづくりにつながるといえます。

このように，ボランティアと障害者が地域を構成する者同士として相互理解を深めることで，地域の多様なニーズに応じる機会になります。それは，地域住民の生活課題を解決する地域の福祉力を高めることができると言えます。

3 今後の課題

コーディネーターの質の向上

コーディネーター[3]は地域福祉の理念に基づき，障害をもつ市民の生活課題を地域の課題として認識し，障害者の**ニーズ**[4]に応じたボランティアの紹介や調整が求められます。そのためコーディネーターには，障害者の生活実態やニーズ並びに地域のボランティア活動やネットワークの情報収集，ボランティア活動の実績や効果の分析など，多様な役割があります。今後，障害者のニーズの多様化や複雑化に伴い，コーディネーターはボランティア活動の蓄積を地域福祉計画や障害者福祉計画に反映する役割が求められます。

障害者の社会参加

障害者がボランティアの受け手だけでなく，地域を構成する一員として，ボランティアの担い手になることが望まれます。それには，障害者自身が障害をもつことで得た経験知をボランティアに語ったり一人の人間としてもつ健康的な部分を活かす活動が考えられます。このように，障害者によるボランティア活動は，障害者自身の社会参加が促進されるとともに，障害者に対する地域住民の偏見が低減されることになります。ボランティア活動を介して，障害者が地域住民との支え支えられる相互支援により，障害者が地域を構成する一市民として住みよい地域が実現されることが望まれます。　（栄セツコ）

▶3　**コーディネーター**
（ボランティア・コーディネーター）
ボランティアの需給調整や連絡調整など，ボランティア活動を支援する専門職。

▶4　**ニーズ（needs）**
必要，要求などと訳される。日常生活・社会生活を営む上で，必要不可欠な基本的要件に欠く状態をいう。

参考文献

栄セツコ「精神保健福祉ボランティアの役割と働き」石川到覚編『精神保健福祉ボランティア――精神保健と福祉の新たな波』中央法規出版，2001年。

9 バリアフリー法の意義

1 バリアフリー法の概要

わが国では，**ハートビル法**[1]を中心とした建築物に関するバリアフリー施策と**交通バリアフリー法**[2]を中心とした移動交通に関するバリアフリー施策が並列したかたちで展開されてきました。建物と交通機関のバリアフリー化が別々に進められるといった二法間における連携の問題や2005年の**ユニバーサルデザイン政策大綱**[3]の策定を受け，建築物と交通機関，道路などを一体的・総合的に整備していくことを目的とした「高齢者，障害者等の移動等の円滑化の促進に関する法律（通称：バリアフリー法）」が2006年６月に制定され，同年12月から施行されました。

バリアフリー法の目的は，旅客施設や車両等，道路，路外駐車場，公園施設並びに建築物の構造および設備を改善する措置を講ずることによって，高齢者，障害者等の日常生活及び社会生活における移動上および施設の利用上の利便性や安全性の向上の促進を図ることです。具体的には，公共交通事業者や建築主に対して，駅舎やバスターミナル等の新設，新車両を導入する際や**特定建築物**[4]や**特別特定建築物**[5]などを建築する際に，それらの利用者の移動等が円滑にできるよう一定の基準を適合させることを義務等として定めています。

また市町村は重点整備地区として一定地区における旅客施設，建築物等およびこれらの間の経路を構成する道路，駅前広場，通路その他施設の一体的なバリアフリー整備を推進していきます。この整備推進にあたり地区内の施設や経路の移動等を円滑化するための基本構想が策定されます。その基本構想には地域住民やそれらの施設を利用する障害者や高齢者の意見を反映させることになっています。

バリアフリー法には国や地方公共団体，施設管理者，国民の責務について明記されています。国の責務には，関係者との協力による持続的・段階的な発展を目指すこと，国民への高齢者，障害者等の自立した日常生活や社会生活へ理解促進，その実施への協力を求めていくことが明記されています。また国民の責務には高齢者，障害者等の自立した日常生活や社会生活について理解を深めるとともに，高齢者，障害者等の円滑な移動や施設利用を確保するために協力することが明記されています。

▶1　**ハートビル法**
正式名称は「高齢者，身体障害者等が円滑に利用できる特定建築物の建築の促進に関する法律」である。1994年に成立，スロープやエレベーター，手すりのついた階段，視覚障害者用のブロックなど，不特定かつ多数のものが利用する建築物のバリアフリー化の基準を明確化した。バリアフリー新法の成立とともに廃止された。

▶2　**交通バリアフリー法**
正式名称は「高齢者，身体障害者等の公共交通機関を利用した移動の円滑化の促進に関する法律」である。2000年に成立，駅・鉄道車両・バスなどの公共交通機関，駅などの旅客施設周辺地域のバリアフリー化の基準を明確化した。バリアフリー新法の成立とともに廃止された。

▶3　**ユニバーサルデザイン政策大綱**
2005年国土交通省が示したバリアフリー化の推進をはかるための指針。どこでも，だれでも，自由に，使いやすくというユニバーサルデザインの考え方を踏まえ，今後，身体的状況，年齢，国籍などを問わず，可能な限り全ての人が，人格と個性を尊重され，自由に社会に参画し，いきいきと安全で豊かにくらせるよう，生活環境や連続した移動環境をハード・ソフトの両面から継続して整備・改善していくという理念に基づき，「利用者の目線に立った参加型社会の構築」，「バリアフリー施策の統合化」，「だれもが安全で円滑に利用できる公共交通」といった政策の推進が示された。

2 バリアフリー法の意義

ハートビル法や交通バリアフリー法の正式名称にある「高齢者，身体障害者等」が，バリアフリー法では「高齢者，障害者等」となりました。これは，法の対象が身体障害者だけではなく，知的障害者や精神障害者，発達障害者など全ての障害者が対象となることを明確に示したものです。

次に，バリアフリー化基準の対象となる範囲の拡大があげられます。バリアフリー法では，先の２法におけるバリアフリー基準の範囲（公共交通機関や建築物など）に加え，道路や路外駐車場，都市公園まで広がりました。これらによって，交通機関，建物といった単体による環境整備から生活空間としての総合的かつ連続的なバリアフリー整備が行われることが期待されます。また，公共交通機関においてタクシー事業者も対象となりました。このことによって，高齢者や障害者等の輸送を目的とした「福祉タクシー」を新たに導入する際には，バリアフリー基準に適合させることが必要となりました。

３点目は重点整備地区の範囲が拡大したことです。先の交通バリアフリー法では大規模な旅客施設を含む地域をバリアフリー化の重点整備地区としていましたが，バリアフリー法では，小規模な旅客施設の周辺地区において，また旅客施設が存在していない地区においても重点整備地区に認定することが可能となりました。

４点目は重点整備地区におけるバリアフリー化の基本構想において，地域住民や高齢者・障害者等の当事者が参画していく機会があることです。基本構想作成時の協議の場である協議会を制度化し，そこに市町村関係者や事業者，当事者である高齢者や障害者が参画することになります。また整備対象施設の利用者である障害者や高齢者，地域住民が基本構想の内容を提案する制度を設けています。これらのことによって，地域において利用者の視点を十分に反映したバリアフリー整備が行われることが期待されます。

最後に，スパイラルアップの導入と心のバリアフリーの促進をあげることができます。スパイラルアップとは，バリアフリーの具体的な事業内容について，進行状況のなかで当事者を含めたかたちで事業評価を行うことです。その結果を新たな事業に反映させていくことによって段階的・継続的な発展をし，効率的で効果的なバリアフリー整備が行われることが期待されています。

心のバリアフリーについては、いままでも多く施策のなかで推進されてきました。しかしながら、現在でも乗車拒否や入店拒否の問題が発生しています。**バリアフリー法の2018年の改正**[6]では国民の努力義務として障害者等の移動における支援の実施が明記されました。今後も施設や交通機関といったハード面における一体的な整備とともに、地域住民の障害者に対する偏見を除去していくソフト面の支援が大切であると考えます。　（榎本悠孝）

▷4　特定建築物
学校，病院，劇場，観覧場，集会場，展示場，百貨店，ホテル，事務所，共同住居，老人ホームその他の多数の者が利用する政令で定める建築物またはその部分のこと。

▷5　特別特定建築物
不特定かつ多数の者が利用し，または主として高齢者，障害者等が利用する特定建築物のこと。

▷6　バリアフリー法の2018年の改正
改正バリアフリー法では、法に基づく措置が「社会的障壁の除去」や「共生社会の実現」を目的とすることが基本理念のなかに明記された。また国民の責務に、障害者等の移動における支援が努力義務化されている。さらに、法の適用対象に、貸し切りバスや遊覧船等が付け加えられ拡大した。また各施設管理者に対して、利用者等へのバリアフリー情報の提供が努力義務とされている。公共交通事業者等によるハード・ソフト一体的な取組の推進として施設整備だけではなく、職員教育としての接遇・研修といったソフト面について国交大臣が基準を作成するとされている。

住宅を保障するための取り組み

なぜ住宅の保障が必要なのか

住宅の保障とは，簡単にいうと，住む場所がなくて困る人がないよう，様々な取り組みによって住まいの場を確保することです。東日本大震災後，多くの被災者に災害公営住宅を供給していますが，これも住宅の保障の範疇に入ります。

さて，それでは障害者にとって住宅の保障はどのような場面で必要となるのでしょうか。住まい探しに至る理由は，施設から出たい，親元を離れたい，同居人が亡くなった，など人それぞれですが，とりわけ早急に住まいを確保しなければならない場合，多くのケースで経済的な問題や入居制限の問題が生じます。物件を探す際に，まず候補となるのは公営住宅です。しかし実際には，公営住宅には空きも少なく，抽選倍率は数十倍になることも珍しくありません。では民間賃貸住宅なら簡単に入居できるかというとそうでもないのです。障害者にとっては，住むことが可能な物件は限られています。身体に障害があるとバリアフリーの物件でなければならないですし，日々の通所や通院を考えると公共交通機関を利用しやすい場所を選ぶことになります。残念ながらそういった物件は人気もあり家賃も高く，所得が限られる障害者にとっては，手の届く物件を探すのに苦労します。

もし適切な物件が見つかりお金も工面ができても，家主や不動産が部屋を貸してくれない，いわゆる入居制限といった問題もあります。火災などの事故発生の懸念，病気になって家賃が未納となるのでは，など，様々な不安によって障害者に部屋を貸すことを渋る家主や不動産も少なからずいるのです。

このように，経済的問題，入居制限などの課題があり，障害者にとっては，なかなか住まいの確保が難しいために，住宅の保障をするために様々な取り組みが不可欠なります。

2　障害者権利条約にみる住宅の保障

社会のルールとして，障害者の住宅の保障を取り決めるために，いろいろな法律があります。現在，もっとも新しく重要なものとして，2014年に日本が批准した国連の障害者権利条約があります。その第19条には，“住宅の保障”についても触れられています。条文内では，「障害者が，他の者との平等を基礎として，居住地を選択し，及びどこで誰と生活するかを選択する機会を有すること並びに特定の生活施設で生活する義務を負わないこと」と記載されています。つまり，条約の批准国には，住まいを選ぶ機会の確保や障害をもっていても特定施設以外の選択が可能なよう，適切な措置をとることが求められているのです。

国は条約の批准に先立ち，2007年に障害者を含めた住宅の確保に困っている人を対象とした，「住宅確保要配慮者に対する賃貸住宅の供給の促進に関する法律」を定めました。法律では，不動産取引に関わる民間事業者や国，県，市町村などが果たすべき事柄が定められています。また，障害者総合支援法のもとでも，住宅の保障の実現を目指す取り組みが定められています。次にこれらの法律に基づいて，現在実施されている具体的な取り組みを紹介しましょう。

3 具体的な取り組み——入居の支援と居住継続の支援

“住宅の保障”を実現する取り組みは，物件を探す入居の際の支援と，入居後の居住を継続する支援にわかれます。前者は，**居住サポート事業**[1]によって中心に執り行われ，後者は地域の支援団体が担うことになります。

入居の支援では，「物件相談」からはじまります。障害特性や経済的状況を踏まえながら，その人が望む暮らしが実現できる住まいについて，支援者と利用者が話し合います。次いで，「物件探し」がはじまります。一般的には，支援者と利用者で，不動産屋をまわりますが，障害をもっているがゆえに断る事業者もいます。一方で，障害に理解ある不動産屋や大家もいるので，根気強く探すことも必要です。物件が決まり賃貸借契約を結ぶ際には「契約時の立ちあい」も行います。契約の際には，生活ルールや禁止事項の説明もあり，内容の理解を助ける支援も重要です。

入居が決まれば，安心して住み続けるために支援することになります。主な内容は，利用者の「生活相談」や「安否確認」の２つです。生活相談では暮らし全般についての悩みや問題を話し合いながら解決していくことになります。また安否確認ですが，その方法は，直接訪問，電話での確認，機器を利用する方法等が考えられます。定期的に見守ることで，利用者にとっても，また不動産屋や大家にとっても，安心感が増します。

これ以外にも利用者によって様々な内容の取り組みが必要な場合もあります。住宅の保障は本人にとっては地域での暮らしの基盤づくりです。障害をもっていても，自分で住む場所や一緒に住む人を選ぶことができる社会，そのための環境づくりに向けて，今後も様々な取り組みが求められています。

（古山周太郎）

▶1 **居住サポート事業**
地域生活支援事業のひとつ。賃貸契約により一般住宅へ入居希望しているが，様々な理由により入居が困難な障害者に対し，入居に必要な支援を行う。市町村により実施している場合とそうでない場合がある。

参考文献

早川和男『居住福祉』岩波新書，1997年。

11 社会参加を促進する事業

1 今までの経緯

障害者の社会参加を促進する事業としては，都道府県，政令指定都市が実施主体となる障害者の明るい暮らし推進事業や市町村が実施主体となる市町村障害者社会参加促進事業がありました。その後，いくつかの再編や事業名の変更があり，障害者自立支援法施行以降は，地域生活支援事業へとほぼ移行しています。

2 地域生活支援事業の内容と実態

2015年４月現在，地域生活支援事業は市町村が実施する市町村地域生活支援事業と都道府県が実施する都道府県地域生活支援事業に分類できます。具体的な事業内容は表Ⅶ-１と表Ⅶ-２になります。市町村の実施する事業が地域で生活する障害者の社会参加への支援などを目的としているのに比べ，都道府県が実施する事業は専門性の高い相談支援事業や広域的な事業，専門職の養成を行っているのが特徴です。

これらの事業は，その地域の特性を生かして実施することから，必須事業以外の事業実施については，各市町村，各都道府県の判断に委ねられています。たとえば，必須事業としてあげられている意思疎通支援事業を実施している市町村は９割を超えています。しかし，内訳をみると手話通訳派遣事業を実施している市町村は９割を超えています。それ以外の手話通訳者設置事業の実施率は37%，要約筆記者派遣事業の実施率は73%という結果が示されています[◁1]。また，外出の支援を行うことにより，地域での自立生活や社会参加を促すことを目的とした移動支援事業は，約９割の市町村が実施していますが，利用者１人当たりの利用時間等には都道府県ごと（市町村ごとの報告を厚生労働省が都道府県別に集計）に大きな差があります[◁2]。この要因としては，障害者自立支援法施行以前のその地域の事業への取り組みの有無や社会資源の有無などが影響していると考えられます[◁3]。

3 今後の課題

2013年４月施行の**障害者総合支援法**[◁4]では，市町村地域生活支援事業（表Ⅶ-１）に，障害者に対する理解を深めるための研修・啓発，障害者やその家族，

▷１　厚生労働省「障害者総合支援法の地域生活支援事業の実施状況」2015年。

▷２　▷１と同じ。

▷３　国立重度知的障害者総合施設のぞみの園『知的障害者・精神障害者利用する移動支援における課題と重度の知的障害者・精神障害者在宅生活を快適に暮らすために必要なサービスについての調査・研究』2011年。

▷４　**障害者総合支援法**
⇨Ⅷ-１参照。

地域住民等が自発的に行う活動に対する支援，市民後見人等の人材の育成・活用を図るための研修，意思疎通支援を行う者の養成（手話奉仕員の養成を想定）を追加するとしています。また，都道府県地域生活支援事業（表Ⅶ-2）には，意思疎通支援を行う者のうち，専門性の高い者を養成し，または派遣する事業（手話通訳者，要約筆記者，触手話および指点字を行う者の養成または派遣を想定），意思疎通支援を行う者の派遣に係る市町村相互間の連絡調整等広域的な対応が必要な事業を追加しました。このように事業が増えることは，より多くの障害者の社会参加を促進することにつながると考えられます。

一方，これらの事業の追加とともに，先に触れたように事業を実施していない市町村や都道府県などに対する取り組みが必要です。そのためには，まず市町村や都道府県において，事業を実施しているのか把握することが求められます。2015年度時点では，厚生労働省では移動支援事業，意思疎通支援事業，日常生活用具給付等事業，地域活動支援センターの4事業のみ都道府県別の実施率を報告しています。今後，全必須事業の実施率を報告すると共に，実施率が低調な事業があれば，その要因を検討し，実施できている自治体の取り組みなどを広く伝えるなど，様々な角度での検討が必要と言えます。（相馬大祐）

表Ⅶ-1 市町村地域生活事業の一覧

1 理解促進研修・啓発事業
2 自発的活動支援事業
3 相談支援事業
(1) 障害者相談支援事業《交付税》
(2) 基幹相談支援センター等機能強化事業
(3) 住宅入居等支援事業（居住サポート事業）
4 成年後見制度利用支援事業
5 成年後見制度法人後見支援事業
6 意思疎通支援事業
7 日常生活用具給付等事業
8 手話奉仕員養成研修事業
9 移動支援事業
10 地域活動支援センター
(1) 地域活動支援センター基礎的事業《交付税》
(2) 地域活動支援センター機能強化事業
11 任意事業
12 障害支援区分認定等事務

表Ⅶ-2 都道府県地域生活支援事業一覧

1 専門性の高い相談支援事業
(1) 発達障害者支援センター運営事業
(2) 高次脳機能障害及びその関連障害に対する支援普及事業
(3) 障害児等療育支援事業《交付税》
(4) 障害者就業・生活支援センター事業＊
2 専門性の高い意思疎通支援を行う者の養成研修事業
(1) 手話通訳者・要約筆記者養成研修事業
(2) 盲ろう者向け通訳・介助員養成研修事業
3 専門性の高い意思疎通支援を行う者の派遣事業
4 意思疎通支援を行う者の派遣に係る市町村相互間の連絡調整事業
5 広域的な支援事業
(1) 都道府県相談支援体制整備事業
(2) 精神障害者地域生活支援広域調整等事業
6 サービス・相談支援者，指導者育成事業
(1) 障害支援区分認定調査員等研修事業
(2) 相談支援従事者研修事業
(3) サービス管理責任者研修事業
(4) 居宅介護従事者等養成研修事業
(5) 強度行動障害支援者養成研修（基礎研修）事業
(6) 強度行動障害支援者養成研修（実践研修）事業
(7) 身体障害者・知的障害者相談員活動強化事業
(8) 音声機能障害者発声訓練事業
(9) 精神障害者関係従事者養成研修事業
7 任意事業

注：＊障害者総合支援事業費補助金で実施

12 障害者とスポーツ

1 「障害者の権利に関する条約」におけるスポーツ

2006年に国際連合総会で採択された「障害者の権利に関する条約」(日本は2014年に批准）には，スポーツに関する内容についても言及されており，第30条に「文化的な生活，レクリエーション，余暇及びスポーツへの参加」という条項があります。同条では，締約国は「障害者が他の者との平等を基礎としてレクリエーション，余暇及びスポーツの活動に参加すること」ができるようにするために，様々な措置を講じることが定められています。[1]

▶1　障害者の権利に関する条約，第30条の５。

2 日本の法政策における障害者スポーツの位置づけ

日本の障害者スポーツは「障害者の権利に関する条約」と同様の方向性で進められていると言えます。**スポーツ基本法**[2]には，「スポーツは世界共通の人類の文化」であり，「スポーツを通じて幸福で豊かな生活を営むことは，全ての人々の権利」であると宣言され，「全ての国民がその自発性の下に，各々の関心，適性等に応じて，安全かつ公正な環境の下で日常的にスポーツに親しみ，スポーツを楽しみ，又はスポーツを支える活動に参画することのできる機会が確保されなければならない」と規定されています。[3]つまり，年齢，性別，障害の有無などにかかわらず，スポーツに係りたいと思う全ての人々がスポーツに参画できる機会を確保することが定められているのです。

▶2　**スポーツ基本法（平成23年法律第78号）**
1961年に制定されたスポーツ振興法を全部改正するかたちで，2011年に制定された。スポーツに関する基本理念や施策の基本となる事項が定められた。

▶3　スポーツ基本法，前文。

さらに，障害者基本法第25条には，「国及び地方公共団体は，障害者が円滑に文化芸術活動，スポーツ又はレクリエーションを行うことができるようにするため，施設，設備その他の諸条件の整備，文化芸術，スポーツ等に関する活動の助成その他必要な施策を講じなければならない」と定められており，スポーツ基本法第２条第５項では，「スポーツは，障害者が自主的かつ積極的にスポーツを行うことができるよう，障害の種類及び程度に応じ必要な配慮をしつつ推進されなければならない」と規定されています。このように法律で，障害者が差別されることなく，スポーツを楽しむ機会を充実させていかなくてはならないことが定められています。

2014年度から，国の障害者スポーツに関する事業のうち，スポーツ振興の観点から行われるものについては，厚生労働省から文部科学省に移管されました。福祉の観点に加え，スポーツ振興という面からも一層の推進が目指されるようになったからです。基本的にスポーツは文部科学省の所管ですが，それまで障害者スポーツは厚生労働省の担当領域となっていました。そのため，オリンピックに向けた強化は文部科学省が，パラリンピックは厚生労働省が担当し，それぞれ別々に強化・支援策が展開されてきました。パラリンピックを目指す選手はオリンピックを目指す選手が使用する施設を使うことができなかったり，オリンピックを目指す選手と同じようなサポートを受けることができなかったりしていたのです。この移管により，これらの問題は解消され，スポーツ振興の立場から，障害者スポーツを一体的に支援できるようになりました。

3 障害者スポーツの現状と発展に向けた取組み

「障害を理由とする差別の解消の推進に関する法律」や「スポーツ基本法」の制定などを契機として，障害者のスポーツ環境を改善する取組みが行われています。**第2期スポーツ基本計画**[4]では，「障害者スポーツの振興等」という施策が立てられ，「障害者をはじめ配慮が必要な多様な人々が，スポーツを通じて社会参画することができるよう，社会全体で積極的に環境を整備することにより，人々の意識が変わり（心のバリアフリー），共生社会が実現されることを目指す」という施策目標が掲げられました。そして，この施策目標を達成するために，障害者の週1回以上のスポーツ実施率を40％程度（若年層（7～19歳）は50％程度）にするという数値目標が設定されました。

スポーツ庁の委託で笹川スポーツ財団が実施した調査の報告書によると，週1回以上の障害者のスポーツ実施率は，成人は20.8％，7歳から19歳は29.6％でした（2017年）[5]。成人の障害者のスポーツ実施率の方が未成年よりも低いことから，学校卒業後の継続的な余暇支援に課題があることが推察されます。また，健常者の成人の週1回以上のスポーツ実施率は55.1％であり（2018年）[6]，成人の障害者のスポーツ実施率は，成人健常者の半分にも満たない結果となっています。同報告書によると，スポーツの取組みの現状に満足していない障害者は約30％存在していることから[7]，障害者のスポーツニーズはまだまだ満たされていないことがわかります。「金銭的余裕がない」，「体力がない」などの理由がスポーツ実施の障壁として挙げられていますが[8]，今後，このような調査結果を元に阻害要因等を詳細に分析し，エビデンスに基づいた政策形成が求められます。

2020年東京オリンピック・パラリンピック競技大会の開催を機に，障害者スポーツへの関心も高まっています。しかし，一部の競技にばかり興味や関心が集まってしまう傾向があることが指摘できます。障害者のスポーツは障害種や障害の程度に応じてそれぞれ存在し，非常に幅広いものとなっています。全ての障害者が豊かなスポーツライフを送ることができるように環境を整備していく必要があると考えます。

（成瀬和弥）

▶4 **第2期スポーツ基本計画**
2017年3月に，スポーツ基本法の規定に基づいて策定された国のスポーツに関する行政計画である。計画の期間は2017年度から2021年度までの5カ年計画で，スポーツを計画的に推進するための基本的な方策が示されている。

▶5 笹川スポーツ財団『地域における障害者スポーツ普及促進事業（障害者のスポーツ参加促進に関する調査研究）報告書』2018年，20頁（https://www.mext.go.jp/prev_sports/comp/a_menu/sports/micro_detail/__icsFiles/afieldfile/2018/05/16/1404475.pdf）（2020年1月14日最終確認）。

▶6 スポーツ庁『平成30年度「スポーツの実施状況等に関する世論調査」』2019年（https://www.mext.go.jp/sports/content/1415961_001.pdf）（2020年1月14日最終確認）。

▶7 前掲書▶5，40頁。

▶8 同前書，45頁。

参考文献

菊幸一・齋藤健司・真山達志・横山勝彦編『スポーツ政策論』成文堂，2011年。
スポーツ政策に関する事項を体系的かつ網羅的に解説しています。

障害者総合支援法への歩みとその概要

1 社会福祉基礎構造改革について

「社会福祉の基礎構造改革について（中間まとめ）」1998年６月に公表され，1998年12月には「社会福祉基礎構造改革を進めるに当たって（追加意見）」が厚生労働省によって公表されました。この中間まとめと追加意見を受けて，2000年５月に社会福祉事業法を中心とした法改正が行われました。

法改正の対象は，社会福祉事業法（社会福祉法に名称も変更），身体障害者福祉法，知的障害者福祉法，児童福祉法，民生委員法，社会福祉施設職員等退職手当共済法，生活保護法であり，公益質屋法は廃止となりました。

高齢者福祉では，1997年に成立した介護保険法によって，福祉サービスの提供体の多様化（特に在宅サービス部門に民間営利法人の参入を認めた点），措置制度を廃止し契約型の福祉サービス提供を制度化（支援費制度）した点で，すでに社会福祉基礎構造改革の趣旨にそった形での改革を行いました。

障害者福祉では，1997年に「今後の障害者保健福祉施策のあり方について」（中間報告）が公表され，施設の多機能化，利用者選択の原則，民間事業者の参入などの点で，高齢者福祉と同様，障害者福祉分野もこれまでの福祉サービス供給の考え方に大幅な変更が提案されました。

2 社会福祉基礎構造改革のポイント

これらの一連の改革を包括した形での社会福祉基礎構造改革議論とこれを受けた形での2000年５月になされた法改正の中で，社会福祉事業の今後のあり方に影響する特に重要な点は次の３点です。

①個人が自らサービスを選択し提供者との契約により利用する制度を基本とすること（措置による福祉制度から契約による福祉制度への移行）

②社会福祉事業の性格に応じ経営主体の範囲に関する規制の見直し（社会福祉法人の設立要件の緩和，多様な事業主体の参入促進）

③利用者の選択による提供者間競争がサービスの質の向上につながるための基盤整備（サービスの情報公開と第三者によるサービスの評価）

これまでの社会福祉事業の問題点としては，ここにあげた社会福祉事業の今後のあり方で重要な３点に関連することがそのまま問題点としてあげられます。

①に関しては，これまでの障害者福祉がサービス利用者（障害者）と提供者

（サービス事業者）との関係が対等でないことがありました。対等でないことによって質の悪いサービスや障害者の権利侵害が容易に生じました。②に関しては，これまでの障害者福祉における社会福祉事業への参加が制限され，多様な提供主体による利用者のニーズにあわせた柔軟なサービスが開発できないことがありました。③に関しては，これまでの障害者福祉では，利用者である障害者に対してサービス選択に必要な情報公開がされていないことがありました。

特に，サービス利用者（障害者）と提供者（サービス事業者）との対等な関係が重要です。対等の意味は，制度的な関係における対等，実質的なサービスの提供での対等の２つに分けて考える必要があります。

制度的な関係における対等とは，サービス利用者が主体として提供者と対等の関係で契約を結んでサービスを受けることであり，利用者には契約を結ぶ権利，解約する権利，契約違反に対する異議申し立てをする権利が発生します。

3 障害者自立支援法の施行に至るまで

これまでの社会福祉サービス提供制度が利用者にとって対等でなかったということは，行政処分（行政の決定）によるサービス提供制度（いわゆる措置制度）には利用者の選択権，異議申し立ての権利がほとんどなかったことになります。この考えには行政（多くの場合は福祉事務所）の決定には利用者（市民）の権利を代理に擁護する義務（アドボカシー）を基盤にした上での決定という原則が見落とされている点で問題と思われます。しかし，現実の社会福祉行政には，この原則が機能しなくなるほど措置制度に基づいたサービス提供の固定化，形骸化が生じていることは否定できません。

具体的な契約に基づいた制度としては，2003年からは支援費制度によって，障害者福祉サービスを実施することになりました。この制度によるサービス提供の主な流れは，①市町村に利用するサービスの種類ごとに支援費支給申請を行う，②市町村は障害者からのヒアリングによって「**勘案事項整理票**[1]」を作成し，支援費支給の必要性を決定する，③支給する場合は受給者証を交付する，④利用者の所得などによって自己負担額を決定する，⑤都道府県の指定事業者と契約してサービスを利用する，⑥契約成立に基づいて，市町村は指定事業者に対して支援費を支給する（利用者の代理として受領），の６段階になります。

その後，支援費制度は2005年度で終了し，2006年度から障害者自立支援法が施行されました。障害者自立支援法の特徴は，①３分野（身体障害，知的障害，精神障害）の障害施策の一元化，②これまでのサービス体系の再編と新たなサービス体系の創出，③就労支援施策の強化，④市町村によるサービス支給決定の明確化，⑤定率の利用者負担原則の確立，の５点にまとめることができます。

特に，３分野（身体障害，知的障害，精神障害）の障害施策の一元化はこれまでの制度を大きく変えるものになりました。これまで障害者福祉は身体障害，

▶１　**勘案事項整理票**
障害者から申請のあった場合，市町村は支援費支給の審査を行うため障害者本人への聞き取りを実施する。聞き取りのさいに，使用される調査票を勘案事項整理票とよぶ。

知的障害，精神障害の３分野でそれぞれ独自に展開してきました。確かに，1993年の障害者基本法以降，障害の種別を超えた施策もいくつか展開しましたが，いずれも部分的なものに留まっていました。その後，2003年の支援費制度の開始により，身体障害分野，知的障害分野の施策（サービス）の一元化は達成されましたが，精神障害分野は支援費制度の対象にならずに別々の制度のままでした。この理由としては，保健医療制度の位置づけの大きい精神保健福祉分野の制度と他の２障害分野との違いが大きいために一元化されにくかったことが考えられます。３障害分野の一元化は困難であるというこれまでの考えに対して，障害者自立支援法では初めて３障害分野の施策（サービス）体系が一元化されました。３障害分野の一元化施策（サービス）という長年の懸案を一挙に解決しようとした点では評価できますが，反面，あまりにも検討時間のない中での一元化のために，実際には，それぞれの障害分野における専門性の確保など数々の不安が利用者および家族，行政などの関係者の間にみられました。

4 障害者総合支援法の成立とその特徴

障害者自立支援法に代わる新法は，2012年に，障害者の日常生活及び社会生活を総合的に支援するための法律（以下，障害者総合支援法）として成立し，2013年度より施行されました。障害者総合支援法の概要は，障害者自立支援法の名称の変更，対象の拡大（難病を対象にする），介護給付・訓練等給付に分かれていたケアホームとグループホームの一元化，重度訪問介護の利用拡大，障害福祉計画の定期的な見直しによるサービス基盤の整備などの点が示されています。これに加えて，法施行後３年を目途とする検討事項として，常時介護を必要とする者の支援のあり方，障害程度区分（2014年度に障害支援区分に名称変更）を含めた支給決定方法のあり方，意思疎通に支障のある者の支援のあり方などの事項が検討されました。

基本理念では，障害者基本法にある「**共生社会**[2]」実現の理念を掲げて，可能な限りその身近な場所において必要な支援を受けられるとしています。「可能な限り」という表現に関しては批判も多くみられましたが，少なくとも，身近な場所において必要な支援を受けるという（入所施設でない）地域生活に基盤の置いた理念を示したという点では，これまでの法にはない特徴であり，今後の施策の中でも重視しなければならない理念です。

この法の対象としての障害の範囲の見直しでは，制度の谷間のない支援を提供することが総合福祉部会・骨格提言で強調されていることから，難病を対象に含めることになりました。これにより，障害者総合支援法の対象は，障害者自立支援法施行時（2006年）の身体障害，知的障害，精神障害に加えて，障害者自立支援法の改正施行時（2012年）の発達障害[3]，今回（2013年）の難病[4]の計５領域の障害になりました。この対象拡大の過程は，障害者手帳制度のある３障

▶２　**共生社会**
障害者基本法第一条に「相互に人格と個性を尊重し合いながら共生する社会の実現」とあり，「共生社会」の実現を目的とした。「共生社会」は障害のある人もない人もともに支え合う社会を意味し，インクルージョンの理念に近いものとしてとらえることもできる。

▶３　Ⅱ－5 参照。

▶４　Ⅱ－7 参照。

害から障害者手帳制度の適用をしにくい領域への拡大です。別の見方をすれば，障害者手帳制度そのものの見直しにつながっていくことになると思われます。特に，発達障害，難病に関しては，機能障害に焦点をあてても，社会生活の中で生じるさまざまな生活のしづらさは把握しにくいため，医学モデルではなく，社会モデルを重視して支援の必要性をとらえないといけません。この点から考えると，障害の範囲の拡大は，総合福祉部会・骨格提言が指摘した医学モデルから社会モデルへの転換をしていくための大きな契機となると考えます。

5 障害者総合支援法における変更

障害支援区分への変更では，（障害者自立支援法で用いられた）障害程度区分を障害支援区分に（2014年度から）変更し，「障害の程度」ではなく，「標準的な支援の度合を示す区分」に変更することを目的としています。本来，障害者自立支援法が目指したものも「標準的な支援の度合を示す区分」をもとに，支援の必要量を測定することにありました。

ただし，使用された障害程度区分の項目があまりにも機能障害に力点を置いており，本来の目的が達成されなかった経緯があります。特に，知的障害，精神障害に関しては支援の必要性の測定には妥当な項目ではないという批判が多くなされ，障害程度区分の変更は大きな懸案になっていました。そのため，障害者総合支援法では，第1段階として，障害程度区分の項目の見直しを行い，それに代わる障害支援区分を導入することとし，さらに，第2段階として施行後3年かけてさらに支給決定システムも含めて見直すこととなりました。この検討を進めるにあたっては，支援の必要は，環境面（住環境，家族状況，外出環境など）に加えて，自立意欲，社会参加の希望，などの主観的な面によって大きく影響を受けるので，これらの要因を踏まえた支援の必要の把握方法の開発が必要です。

2014年度より，グループホームとケアホームを統合してグループホームに一元化しました。さらに，2016年の障害者総合支援法改正で新たに設けたサービスとしては，①入所の施設やグループホームを利用し，地域で一人暮らしなどをしている障害者に対して，定期的に巡回訪問し相談支援を行うサービス（自立生活援助），②就労定着のために事業所・家庭との連絡調整をする就労定着支援サービス（就労定着支援），③重度障害児に対して居宅訪問を行い発達支援をするサービスの3つです。その他，④重度訪問介護の利用者が医療機関に入院した場合の同サービスの利用，⑤低所得の障害福祉サービス利用者が介護保険サービスに移行した場合の負担軽減，⑥保育所等訪問支援の乳児院・児童養護施設の障害児への適用拡大，⑦医療的ケアを要する障害児に関する保健・医療・福祉等の連携促進などの取り組みについても推進することとしました。

（小澤　温）

参考文献

山縣文治編『社会福祉法の成立と21世紀の社会福祉』（『別冊発達　25』）ミネルヴァ書房，2001年。
社会福祉基礎構造改革に関して深く全体的に理解を進めるには最適の本。改革全体に関わる総論から各分野の各論に至るまで，幅広い執筆者によって書かれている。特に，契約制度に関する権利擁護やアドボカシーについてかなり紙面を割いて論じられている。

坂本洋一『図解　よくわかる　障害者総合支援法』中央法規出版，2013年。
複雑な障害者総合支援法の制度体系について図解を入れながらわかりやすく，説明をしている。また，障害者自立支援法との異同に関しても比較しながら説明がなされている。

『障害福祉サービスの利用について』（各年版）全国社会福祉協議会。
障害者総合支援法における障害福祉サービスの利用手続き，種類，内容について，平易に，パンフレットとしてまとめたものであり，法制度の概要を簡単に把握するには有効である。

介護保険制度と障害者福祉制度の関係

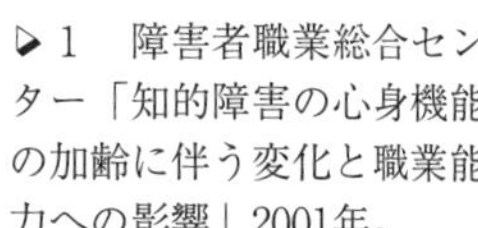

65歳以上の障害者について

高齢期になると誰もが心身機能が低下し，要介護状態になるリスクが高まります。これは障害者も例外ではありません。むしろ，障害種別にもよりますが，障害者は早期に心身機能が低下するといった報告もあります。[1]

このような65歳以上の障害者は，身体障害者が265万５千人（68.7％），知的障害者が５万９千人（9.3％），精神障害者が97万４千人（33.8％）と推計されています。[2] これは65歳までに障害を受傷した人だけでなく，65歳以降に障害を受傷した人も含まれる人数です。

介護保険制度と障害者福祉制度の関係

このように65歳を迎えた障害者が利用する福祉サービスについては，障害者総合支援法の自立支援給付と相当するサービスが介護保険制度にある場合，**介護保険制度**[3]が優先される原則になっています（障害者総合支援法第７条）。一方，画一的な対応による障害者の不利益を防ぐため，厚生労働省は通知文を発行しています。[4] その内容を簡潔に示すと，以下の３点にまとめられます。

①障害者支援施設の入所者は介護保険の被保険者にはならない，②65歳以上の障害者の場合は介護保険を優先する，③介護保険サービスを一律に優先せず，障害者の利用意向を聞き取った上で，市区町村が適切に判断する。

つまり，65歳以上の障害者の利用できる福祉サービスは，原則的には自立支援給付と同様なサービスがある場合，介護保険制度が優先されるとしながらも，一律に介護保険制度を優先するのではなく，市区町村には本人の利用意向を把握した上で，柔軟な対応をするよう求められています。

また，65歳以上の障害者の福祉サービス利用について，先の通知では，①障害者福祉にあって介護保険制度にないサービス（具体的には，同行援護，行動援護，自立訓練（生活訓練），就労移行支援，就労継続支援）については利用できる，②介護保険制度を利用した場合，限度額を超える利用量が必要と認められるのであれば，障害福祉サービスを併せて利用することができると記されています。これらは“併給”と呼ばれ，厚生労働省は①の併給を“横出し”，②の併給を“上乗せ”と表現しています（図Ⅷ-１）。

▷１　障害者職業総合センター「知的障害の心身機能の加齢に伴う変化と職業能力への影響」2001年。

▷２　内閣府『平成26年度障害者白書』2014年。

▷３　**介護保険制度**
65歳以上第１号被保険者，40歳以上を第２号被保険者とする介護に関する社会保険制度。市町村が保険者となっている。

▷４　厚生労働省「障害者の日常生活及び社会生活を総合的に支援するための法律に基づく自立支援給付と介護保険制度との適用関係等について」2007年。

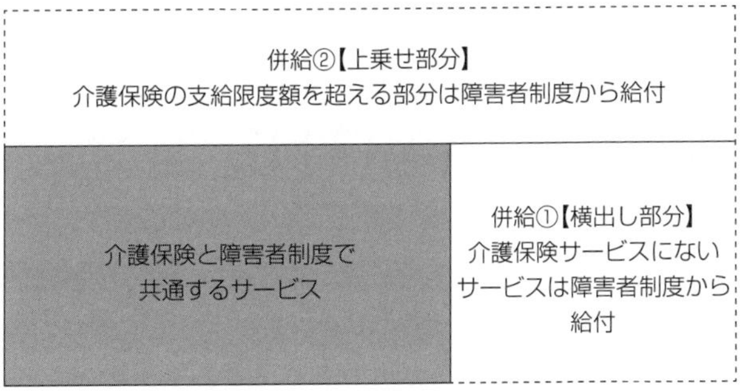

併給②【上乗せ部分】 介護保険の支給限度額を超える部分は障害者制度から給付	
介護保険と障害者制度で 共通するサービス	併給①【横出し部分】 介護保険サービスにない サービスは障害者制度から 給付

図Ⅷ-1 介護保険制度と障害者福祉サービスの併給

出所：社会保障審議会介護保険部会資料（2004）を参考に筆者作成。

3 高齢障害者が利用しているサービスの実態と課題

このように65歳以上の障害者の利用する福祉サービスについては，介護保険制度を一律に優先せず，障害者の利用意向を聞き取った上で，市町村が適切に判断するとされています。その判断の実態としては，50％の市町村が全てのケースで意向を聞き取ると回答していますが，具体的な意向を聞き取らない市町村も１割確認されています[5]。また，併給については，知的障害者に限定されますが，31.8％の市町村が併給事例ありと報告されています[6]。

このように市町村の対応に相違のあることは課題です。このような対応の相違は制度に関する知識不足が原因と考えられますが，それだけでなく，制度上の課題も要因として考えられます。例えば，介護保険制度は自己負担額が発生する，知的障害者，精神障害者は特に要介護状態区分が低く出る，受け入れる介護保険サービスを提供する事業所がないといった課題です。このような課題に対応するため，2018年４月から新たなサービスが開始されました。まず，自己負担額が発生する課題に対しては，一定の条件に該当すれば自己負担分を償還払いすることになりました。またサービスを提供する事業所がない課題に対しては，共生型サービスを創設し，介護保険サービスの事業所，障害福祉サービスの事業所のどちらでも対応できるように事業の指定の特例が設けられることになりました。

高齢期には心身機能が低下するとともに，疾病にも罹患しやすくなります。それは障害があろうがなかろうが皆同じです。そのような時期だからこそ，それぞれの制度を柔軟に利用できるという利点や新たなサービスを生かして，障害者の生活を支えていくことが重要になります。　（相馬大祐）

▶5　厚生労働省「社会保障審議会障害部会第68回高齢の障害者に対する支援の在り方について」2015年。

▶6　相馬大祐・五味洋一・大村美保ほか「高齢知的障害者の福祉サービス利用の実態と制度上の課題」『発達障害研究』36(2)，2014年，109～119頁。

3 社会福祉法が障害者福祉に与えた影響

1 社会福祉法について

この章の[Ⅷ-1]「障害者総合支援法への歩みとその概要」で論じられているように，これまでの社会福祉事業の課題を克服するために，社会福祉基礎構造改革が実施されました。ここでは，この改革による障害者福祉への影響を新しい事業の追加と社会福祉法人の資産要件緩和の2点を中心に考えてみます。

❍新しい事業の追加

2000年の法改正で新たに社会事業として追加された事業は9事業です（表Ⅷ-1）。このうち7事業はすでに実施されている事業ですが，この改正によって**第二種社会福祉事業**[1]として位置づけられています。特に，「福祉サービス利用援助事業」（2007年から「日常生活自立支援事業」に名称変更）「相談支援事業」は，障害者福祉でもっとも注目されているケアマネジメント（[Ⅳ-3]「相談支援事業

▷1　**第二種社会福祉事業**
社会福祉法では，社会福祉事業を第一種社会福祉事業と第二種社会福祉事業の2種類に分けている。第一種社会福祉事業は，主として，入所施設の運営に関する事業が多いのに対して，第二種社会福祉事業は，地域生活支援に関する事業や通所施設の運営に関する事業が多くなっている。

表Ⅷ-1　2000年当時社会福祉事業として法定された9事業

事業名	事業の内容
福祉サービス利用援助事業[注1]	認知症高齢者，知的障害者，精神障害者等に対し，福祉サービス利用の相談・助言，手続き等の支援を行う事業
身体障害者相談支援事業[注2]	それぞれ身体障害者，知的障害者，障害児に対し，福祉に関する相談・指導，関係機関との連絡調整等の支援を行う事業
知的障害者相談支援事業[注3]	
障害児相談支援事業[注3]	
身体障害者生活訓練等事業（平成13年4月施行）	点字や手話の訓練等，身体障害者が日常生活・社会生活を営むために必要な訓練等の援助を行う事業
手話通訳事業	聴覚，言語，音声機能障害者に対し，手話通訳の便宜の供与を行う事業，障害者自立支援法における「コミュニケーション支援事業」として実施。
盲導犬訓練施設（平成13年4月施行）	盲導犬の訓練を行うとともに，視覚障害者に対し，盲導犬の利用に必要な訓練を行う施設
知的障害者デイサービス事業	知的障害者又は介護者に対し，手芸や工作等の創造的活動，社会適応訓練，介護方法の指導等を行う事業，障害者自立支援法では，「生活介護」，「自立訓練」，「地域活動支援」などのサービス類型で実施。
知的障害者デイサービスセンター	知的障害者デイサービス事業に係る便宜の供与を目的とする施設，障害者自立支援法では，「生活介護事業所」，「自立訓練事業所」，「地域活動支援センター」で実施。

注：1　2007年から，「日常生活自立支援事業」として実施。
　　2，3　障害者総合支援法における「相談支援事業」として実施。
出所：厚生省「社会福祉の増進のための社会福祉事業法等の一部を改正する等の法律の概要」2000年。

について（その1）：ケアマネジメントの多様性」参照）と関連の深い事業で，この改正で社会福祉事業として位置づけられたことは意義深いと考えます。

これらの事業の内容は表Ⅷ-1に示されていますが，ケアマネジメントとの関連で考えると，日常生活自立支援事業は，（障害特性のゆえに）自ら意思表明しにくい高齢者や障害者の福祉サービス利用の支援を行うもので，ケアマネジメントにおけるアドボカシー（代理権利擁護）機能として考えることができます。相談支援事業は内容的には，総合相談から始まってサービス調整，総合的なサービス提供に至るケアマネジメント過程と重ねることができます。

課題としては，アドボカシーを含んだケアマネジメントシステムを考える場合，中立的な機関（特にサービス提供機関からの中立）による判断が重要であることが言われています。これまでの障害者，高齢者福祉をみる限り，サービス提供機関にケアマネジメント機能を併設している場合が多くみられます。

これらの事業のうち，もっとも中立性の高い制度として検討されてきたものとしては，日常生活自立支援事業があげられます。この事業に関しては各地の社会福祉協議会を中心に進められています。サービス利用者に対して生活支援員（具体的な業務としては，福祉サービスの情報提供，サービス利用の助言，サービス利用手続の援助，日常的な金銭管理などが考えられている）が配置され，このサービス利用上の苦情・異議申し立てを受けつける専門的な第三者機関の創設（基本的には都道府県社会福祉協議会内におかれる組織）がなされました。このシステムにおいても，サービス提供者から中立的な生活支援員を地域でどのくらい確保できるか，苦情に対する専門的な第三者機関にどのくらい利用者側に立った市民，当事者（障害者自身）が参加するのかといった課題を抱えています。

もう一つの課題としては，意思表明がしづらい高齢者，障害者に対しては，表出されたニーズ（訴え）だけでなく，表出されないニーズを引き出す支援も重要です。これは自己決定を促進する支援としてもきわめて重要な支援です。しかし，このような支援を行う人材養成に関しては課題が多いと思われます。なぜなら，これまでの社会福祉の人材養成がどちらかといえば介護や福祉処遇に関する人材養成中心であり，自己決定などのアドボカシーに関する支援はほとんど考えられなかったからです。なお，2013年度施行の障害者総合支援法では，３年間かけて，意思決定支援と成年後見制度のあり方を検討することとしています。

❍社会福祉法人の設立要件緩和について

社会福祉法人の設立要件の緩和では，障害者の利用する通所授産施設の規模要件の引き下げがなされました。あわせて，このような**小規模授産施設**◁2の運営またはホームヘルプサービスを中心に行う社会福祉法人設立のための資産要件をかなり引き下げました。

この２つの要件の緩和は，障害者福祉で長年大きな問題であった無認可作業

▷2　**小規模授産施設**
2000年の社会福祉法により，障害者の利用する通所授産施設の通所者数要件が「20名以上」から「10名以上」に引き下げられた。また，この小規模授産施設を運営する社会福祉法人設立のための資産要件も，それまでの「１億円以上」から「1千万以上」に引き下げられた。障害者自立支援法では2012年度までの経過措置があったが，障害者総合支援法では，新体系に移行した。

所（社会福祉事業法に基づかない作業所）問題の解決に対して一定の役割を果たしていく点で意義があると考えます。ここで一定の役割と表現したのは，無認可作業所問題にはさまざまな要素が含まれているので，作業所を小規模授産施設に移行しただけでは解決できない問題も潜んでいるからです。

多様な供給主体の参入では，住民参加団体，ボランティア，障害当事者による自立センターなどの地域福祉を担う主体のサービス供給を促進することが今後必要です。これらの要件の緩和によって参加しやすくなることは重要です。ただし，これらの組織によるサービス提供に関しては財政面での公的な支援も必要です。特に，障害者福祉では，介護保険制度で認められた民間営利事業者の参入が経営コスト面を考えると期待できないので，これらの多様な地域福祉の担い手の参入を促進する政策が重要です。

2　障害者福祉の向上のための条件

❍社会資源の基盤整備

措置による福祉制度への批判の背景には，これまでの福祉行政によるサービス提供の判断が利用者不在であったことは否定できません。しかし，契約型制度になったからといって，すぐに，サービスの選択の幅がひろがるものではありません。大都市部の障害者支援施設にみられるように，契約による福祉制度でも提供されるサービス量がきわめて乏しい場合に利用者の選択の可能性は実質的に生じません。したがって，社会資源の量の充実は利用者の選択が生じる上で重要な条件です。

また，契約制度を前提とした場合では，社会資源の整備は行政は指導して進めるものではなく，利用者のニーズ（必要性）によって生み出されることを前提とするので，行政責任による社会資源整備をしていく行政計画における目標値の意味はこれまでに比べて実施の主体が不明確になっていることが考えられます。

高齢者福祉でのゴールドプラン，新ゴールドプラン，介護保険事業計画，障害者福祉での障害者プラン，障害者基本計画，障害福祉計画など，これまで多くの行政計画が作成されてきましたが，目標達成に至っていない計画も多いのです。障害者基本計画と障害福祉計画に関してはⅧ-5「障害者プラン以降の展開」でふれています。

社会福祉基礎構造改革では，これまでの高齢者福祉，障害者福祉，児童福祉といった領域別の縦割りの計画ではなく，地域福祉計画（市町村地域福祉計画，都道府県地域福祉支援計画）の策定が社会福祉法の中で位置づけられました。社会資源の基盤整備としては当面この計画の策定と実施が急務です。特に，計画実施の担い手としての行政の新たな役割を位置づける必要があります。

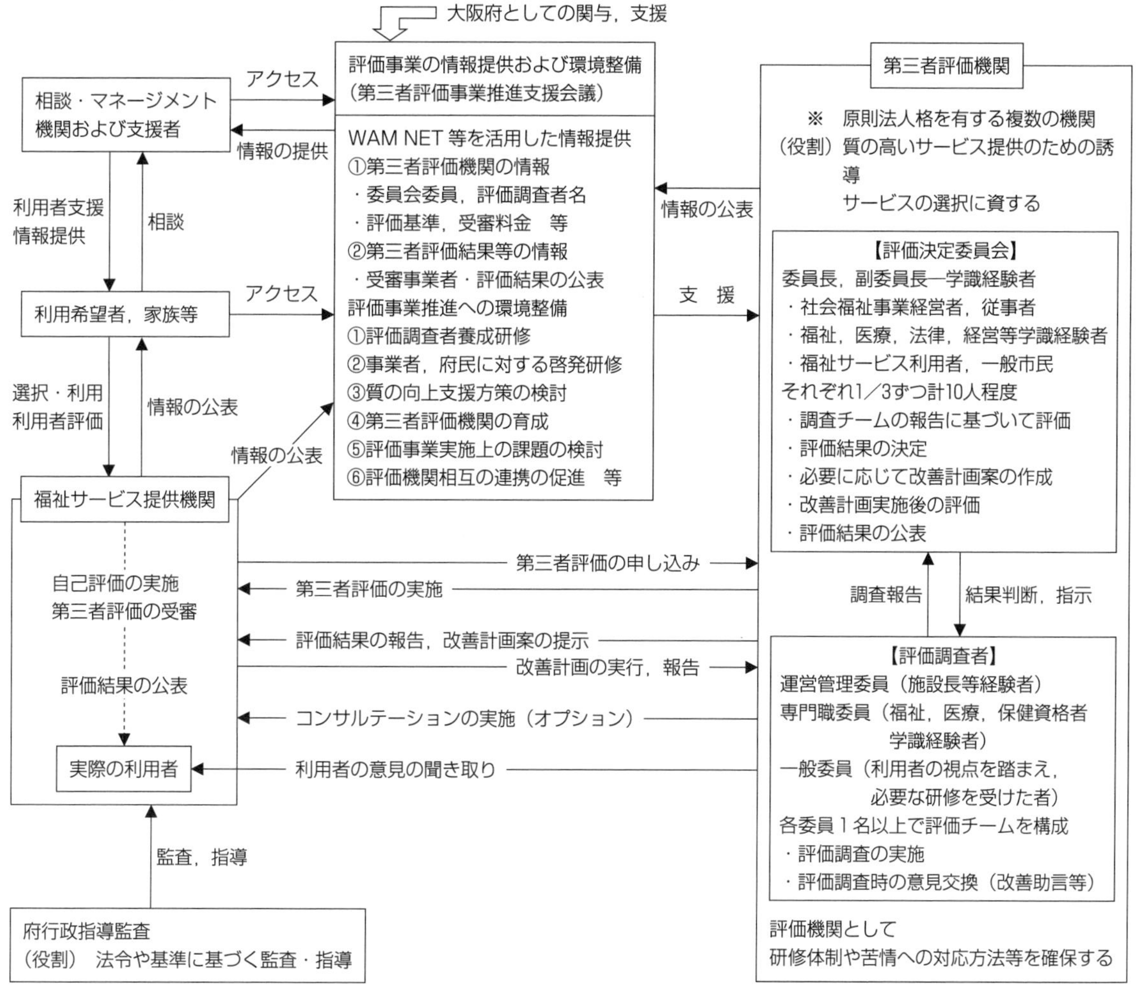

図Ⅷ-２　大阪府における第三者評価システムの全体像

出所：福祉サービスの第三者評価に関する調査検討会「大阪府における福祉サービス第三者評価システムに関する報告書」2002年，16頁。

❍情報公開とサービスの質の評価

サービスの情報公開に関しては，改正された社会福祉法の中で定められましたが，どの情報をどこまで公開するのか，国・地方自治体は公開された情報をいかに利用者にアクセスしやすい形で提供するのかといった内容に関しては，利用者の選択権を保障する点で重要です。サービスの質の評価に関しては，社会福祉法では社会福祉事業の経営者自身による自己評価が位置づけられましたが，自己評価によってサービスの質を評価することは困難です。このことに関しては，社会福祉法の運用事項として，サービスの質を評価する第三者機関を育成する方向が示されています。

一例として，大阪府における第三者評価システムの全体像について示します（図Ⅷ-２）。このシステムでは，行政（府）は，評価事業の情報提供および環境整備への間接的な支援が中心になります。（小澤　温）

障害者基本法：その意義と課題

障害者基本法までの歩み

1949年に身体障害者福祉法が制定され，1960年に知的障害者福祉法が制定されたことによって，身体障害と知的障害に関する障害別の福祉法ができました。その後の，関連する障害者施策も数多くなり，これらの施策の総合的な対応が必要になってきたために，1970年に心身障害者対策基本法が制定されました。

心身障害者対策基本法は理念法であり，障害者対策の具体的なサービスを定めたものではありませんが，障害者対策における国，地方公共団体の責任を明確にしたこと，心身障害者の定義づけをしたこと，調整機関として，国（厚生省）に中央心身障害者対策協議会，都道府県・指定都市に地方心身障害者対策協議会を設置したこと，などの点で重要です。

心身障害者基本法の制定された1970年以降，国連で「障害者の権利宣言」（1975年）が採択されました。さらに，この権利宣言を実現するために，「国際障害者年」（1981年）が定められ，さらに，「国連障害者の十年」（1983～1992年）が定められました。国際障害者年の目的は，障害者の「完全参加」と「平等」であり，社会生活および社会の発展への完全参加，社会・経済の発展によって生み出された成果の平等な配分を意味しています。

「**国連障害者の十年**[◁1]」は，わが国に大きな影響を与え，身体障害者福祉法をはじめ数々の法律の改正に影響を与えました。この「国連障害者の十年」が終了した翌年（1993年）に障害者基本法（心身障害者基本法の改正）が成立しました。「国連障害者の十年」終了後，日本などのアジア，太平洋諸国で構成されている国連・アジア太平洋経済社会委員会（ESCAP）によって，1993年～2002年を「**アジア・太平洋障害者の十年**[◁2]」として定められました。また，2004年には，「障害者基本法」の改正がなされました。さらに，2006年に国連総会で「障害者の権利に関する条約」が可決され，わが国でも条約批准の準備として，2011年に障害者基本法の改正がなされました。その後，2014年には，日本も障害者の権利に関する条約（以下，障害者権利条約）に批准しました。

▷1　**国連障害者の十年**
1981年の国際障害者年以降も，国際的な啓発活動，国際的な行動が必要と認識され，1982年の国連総会で決議された。1983年から1992年までの10年間を，「国連障害者の十年」とした。

▷2　**アジア・太平洋障害者の十年**
1992年に北京で開催された，国連・アジア太平洋経済社会委員会総会で決議された。この決議によって，1992年以降もアジア・太平洋地域で，障害者の10年を続けることになった。

2　障害者基本法の内容

障害者基本法は国際障害者年との概念を具体化し，その後の法改正を経て障害者権利条約の理念を具体化した点で重要です。この法律の内容は，第４章

（総則，障害者の自立及び社会参加の支援等のための基本的施策，障害の原因となる傷病の予防に関する基本的施策，障害者政策委員会等）および附則から構成されています。

2004年の障害者基本法改正の重要な特徴点（旧法・心身障害者対策基本法との大きな違い）としては，①目的・基本理念，②障害者の定義，③障害者の日（2004年の改正では「障害者週間」）の制定，④障害者基本計画，⑤年次報告，⑥雇用促進，⑦公共的施設のバリアフリー化，⑧情報の利用のバリアフリー化，⑨障害者施策推進協議会，があげられます。

2011年の改正では，以下の点が2004年改正とは異なります。

①目的・理念では，基本的人権の尊重と共生社会の実現に関する理念が明記されました。第４条に差別禁止と社会的障壁の除去の文言が入りました。

②障害者の定義では，これまでの身体障害者，知的障害者に加えて，精神障害者（発達障害を含む）が明記されました。また，障害者の定義として，「障害及び社会的障壁により継続的に日常生活又は社会生活に相当な制限を受ける者」という記載によって，活動制限や参加制約（Ⅱ-2「国際生活機能分類」参照）を意識したものになりました。

その他，療育，防災，消費者としての障害者の保護，選挙への配慮，司法手続きにおける配慮，などの事項が新たに設けられました。⑨は，当事者参加をより強く意識した，障害者政策委員会と改組されました。

3　障害者基本法の課題

このような特徴のある法律ですが，問題点も指摘されています。それは，障害者差別に関する禁止の文言は2004年改正により入りましたが，禁止規定が明記されていないことです。この法律とよく比較されるのが，**ADA（障害をもつアメリカ人法）**[3]ですが，ADAは明らかに障害者差別禁止の理念と具体的な禁止規定および罰則をもっていますから，わが国の障害者基本法とはかなり異なった法律になっています。このことに関して障害者差別禁止の立法化に関する検討が国においてなされ，2013年に，障害者差別解消法（Ⅷ-2「障害者差別解消法の意義」参照）が成立し，2016年度から施行されました。

また，障害者基本計画は，改正前の「心身障害者対策基本法」には全くなかった新規項目で，障害者プランや市町村障害者計画策定の根拠として非常に重要な事項です。障害者プランの場合は，国の障害者基本計画として策定が義務化されているので，1995年に初めて策定されました。

2004年の改正により，都道府県や市町村の障害者基本計画の策定が義務化されましたが，市町村の義務化実施は2007年から行なわれました。障害者基本法自体は理念法としてとらえることもできますが，障害者基本計画策定は，具体性の伴う重要な事項のため，自治体の義務規定としたことは重要です。（小澤　温）

▶3　**ADA（障害をもつアメリカ人法）**
1990年に成立した法律。目的としては，障害者に対する差別を禁止することが重視されている。差別禁止規定の範囲は，公共施設の利用，移動，交通，教育，雇用，住宅，コミュニケーションなど，社会参加に関する活動について幅広く対象にしている。これらの対象領域における具体的な条件の整備を，国，自治体，民間企業に義務づけたことも特徴的である。
詳しくは，⇨Ⅰ-13参照。

障害者プラン以降の展開

障害者プランとは

1990年の福祉関連八法の改正以来，障害者福祉領域においても在宅福祉サービスに施策の重点が移されてきました。わが国でもノーマライゼーションの理念だけでなく，地域福祉を中心とした施策としても始まったことが重要です。1993年には，心身障害者対策基本法の改正として障害者基本法が成立しました。この法律によって，すべての市町村は障害者計画を策定するように努めなければならないとされました。しかし，努力義務なので，障害者計画を策定する市町村はほとんどありませんでした。1995年5月には，総理府（現在の内閣府）から**市町村障害者計画策定指針**[1]が公表され，市町村における具体的な策定の進め方が提示されました。さらに，1995年12月の国（当時の総理府・障害者対策推進本部）の公表した「障害者プラン――ノーマライゼーション7か年戦略」では，国として障害者福祉施策推進の重点施策課題を7点掲げました。

7点は，①地域で生活するために，②社会的自立の促進，③バリアフリー化，④QOLの向上，⑤安全な暮らし，⑥心のバリアの除去，⑦国際交流，です。そして，障害者施策関連の具体的なサービスや社会資源に関して2003年3月までに達成すべき数値目標を明示しました。

障害者プランの特徴は，①具体的な数値目標を設定したこと，②障害の種別を越えた施策化（身体障害，知的障害，精神障害，難病対策の一元化），③市町村への権限委譲，の3点にまとめることができます。

2002年12月には，これまでの計画に代わる**新しい「障害者基本計画」**[2]が策定，公表されました。さらに，2013年度からの障害者基本計画（第3次障害者基本計画）は，内閣府障害者政策委員会の提言に基づいて，2013年に公表され，2018年3月には，2018年度からの障害者基本計画（第4次障害者基本計画[3]）が公表されました。

▶1　**市町村障害者計画策定指針**
1995年5月に総理府（現，内閣府）障害者対策推進本部より公表されたものである。市町村障害者計画策定にあたっての事項，留意点を記し，市町村の障害者計画策定の指針を示したものである。

▶2　**新「障害者基本計画」**
2003年度から2012年度までの計画である。「社会のバリアフリー化」，「利用者本位の支援」，「障害の特性をふまえた施策の展開」，「総合的かつ効果的な施策の推進」の4つの視点，および「活動し，参加する力の向上」，「活動し参加する基盤の整備」，「精神障害者施策の総合的な取り組み」，「アジア太平洋地域における域内強力の強化」の4つの重点話題からなっている。「障害者プラン」を第1期障害者基本計画とすると，第2次障害者基本計画ともいう。

2　障害者プラン以降の展開

障害者プラン（1996～2002年度の7か年），2002年12月に公表された障害者基本計画（2003～2012年度の10か年），重点施策実施5か年計画（前期）（2003～2007年度の5年間），さらに，2007年12月に公表された重点施策実施5か年計画（後期）（2008～2012年度の5年間）という国の計画づくりの流れをふまえて，都道府県，市町村においても障害者計画が策定されてきました。

2013年に，第3次障害者基本計画（2013～2017年度）が公表されました。この計画は，これまで2回策定された障害者基本計画と異なり，障害者権利条約を十分意識した内容になっている点で特徴的です。基本理念は障害者基本法の理念を踏襲し，共生社会の実現を目指すこととしています。基本原則は，地域社会における共生，差別の禁止，国際的協調をあげ，分野横断的な視点では，障害者の自己決定の尊重及び意思決定の支援，当事者本位の総合的な支援，障害特性等に配慮した支援，アクセシビリティの向上，総合的かつ計画的な取り組みの推進，の5点をあげています。分野別施策の基本的方向としては，①生活支援，②保健・医療，③教育，文化芸術活動・スポーツ等，④雇用・就業，経済的自立の支援，⑤生活環境，⑥情報アクセシビリティ，⑦安全・安心，⑧差別の解消及び権利擁護の推進，⑨行政サービス等における配慮，⑩国際協力，があげられています。

▶3　第4次障害者基本計画（2018～2022年度）では基本的方向として以下の4つの柱をたてています。①社会的バリアの除去の強力な推進，②障害者権利条約の理念の尊重と整合性の確保，③障害者差別解消に向けた取組の推進，④着実かつ効果的な成果目標の充実。

3 「障害福祉計画」について

2006年に施行された障害者自立支援法の障害福祉計画策定に関して重要な点としては，市町村による障害福祉計画の策定の義務化と「地域自立支援協議会」の設置促進の2点をあげることができます。

障害者計画と障害福祉計画とは混同しやすいのですが，この2つの計画は法律的な根拠が異なっています。障害者計画は障害者基本法に定められた総合的な障害者施策に関する計画ですが，障害福祉計画は障害者自立支援法に定められた障害者自立支援法の規定するサービスに関する計画です。ただし，この2つの計画を内容的に厳密に区別することは困難なため，この2つの計画を合わせて策定する自治体も少なくありません。

2013年度から施行された障害者総合支援法では，それ以前の障害者自立支援法と同様に，3年ごとに都道府県・市町村による障害福祉計画の策定を義務づけています。2015年度から2017年度は第4期障害福祉計画が実施されています[4]。この計画は，障害者総合支援法における初めての障害福祉計画の策定であり，厚生労働省からは新しい計画の策定指針が示されました。この指針によれば，これまでの計画策定にない特徴として，計画の作成および遂行プロセスに**PDCAサイクル**[5]を導入し，成果目標，活動指標を明確化し，各年度の中間評価の実施とそれに基づく目標の見直しのサイクルによる計画遂行を行う点です。個別施策分野では，福祉施設からの地域移行（従来の計画の継続分野），精神科病院からの地域移行（成果目標の変更），地域生活支援拠点などの整備（新規目標），福祉から一般就労への移行促進（従来の計画の継続分野）が大きな柱になっています。

（小澤　温）

▶4　2018～2020年度は第5期障害福祉計画・第1期障害児福祉計画が策定され，2021～2023年度は第6期障害福祉計画・第2期障害児福祉計画が策定された。第6期障害福祉計画では，これまでの成果目標に加えて，障害児支援の提供体制の整備，相談支援体制の充実・強化，障害福祉サービス等の質の向上の取り組み体制の構築が加えられた。

▶5　**PDCAサイクル**
Plan（計画）・Do（実行）・Check（点検・評価）・Action（行動）の4つのサイクルを繰り返すことによって計画を効果的に推進することを目的としている。

6 障害基礎年金・厚生年金，無年金障害者問題

1 障害者にとっての公的年金とは

現代社会では，障害者にとって，雇用・労働の機会が一般の人々と同等程度にあるとはいえない現状があり，勤労所得による生計の維持が困難な場合が少なくありません。また，障害を負うまでに資産を形成できる期間が短く，個人の資産を活用するだけでは生活が成り立たない可能性があります。さらに，障害に伴う特別の経費が発生するという事情もあります。こうした意味で，**所得保障**[1]は障害者の生活にとって重要なものです。そして，社会保険の一つである**公的年金制度**[2]は，所得保障のなかでも中心的な役割を担っています。

> ▶1　**所得保障**
> 所得を保障するための現金給付のこと。社会年金，社会手当，公的扶助を通じて行われる。障害者基本法第15条では，年金，手当等の制度に関して，障害者の自立及び生活の安定に資するため，必要な施策を講ずるよう規定している。

> ▶2　**公的年金制度**
> 社会保険料を主な財源とし，社会保険のしくみによって高齢者や障害者等の生活を支える制度。

2 障害年金の種類

障害者向けの公的年金は，障害基礎年金，障害厚生年金の２種類です（図Ⅷ-3）。

❍障害基礎年金

障害基礎年金は，原則的に20歳以上60歳未満のすべての国民が加入する国民年金の被保険者が，病気やけがによって年金の障害要件に合致した場合に支給されます。第一の要件は，障害の原因となった疾病・負傷についての初診日に国民年金の被保険者である（または，被保険者であった者で日本国内に住所を有し，かつ60歳以上65歳未満である）ことです。第二の要件は，初診日から１年６か月を経過した日あるいは傷病が治癒または固定化した日（障害認定日）において，国民年金法が定める障害状態にあることです。第三の要件は，加入期間のうち３分の１以上保険料の滞納がないことです。

なお，20歳前に障害を負った人については，20歳未満に初診日があって20歳に達した日に障害状態である場合にも障害基礎年金が支給されます。

障害基礎年金の等級[3]はその障害程度に応じて１級と２級があります。年金額は，２級が老齢基礎年金と同額で，１級は２級の1.25倍です。**障害基礎年金の支給額**[4]は，物価の変動率に応じて年度ごとに改定されます（物価スライド）。また，18歳到達年度の末日までにある子がいる場合，子の人数によって加算があります。

> ▶3　**障害基礎年金の等級**
> 国民年金法に基づく障害等級である。各種障害者手帳の等級とは異なる資格審査であることに注意が必要。

> ▶4　**障害基礎年金の支給額**
> 2019年度の年額は，１級97万5125円（月額８万1260円），２級78万100円（月額６万5008円）である。

❍障害厚生年金

障害厚生年金は，厚生年金に加入している間に初診日のある病気やけがで障

〔1級〕

配偶者加給年金
18,708円

障害厚生年金
［障害厚生年金（2級）×1.25］

子の加算額
（第1子，第2子　18,708円
第3子以降　6,233円）

障害基礎年金
65,008円×1.25

〔2級〕

配偶者加給年金
（1級に同じ）

障害厚生年金
①総報酬制導入前の被保険者期間分＋
②総報酬制導入以後の被保険者期間分

①平均標準報酬月額 × $\frac{7.125}{1000}$ × 被保険者期間の月数（平成15年3月まで）
②平均標準報酬額 × $\frac{5.481}{1000}$ × 被保険者期間の月数（平成15年4月以降）

子の加算額
（1級に同じ）

障害基礎年金
65,008円

〔3級〕

障害厚生年金
（障害厚生年金（2級）に同じ
ただし，最低保障額48,758円）

図Ⅷ-3　障害年金のあらまし

出所：内閣府『障害者白書（令和元年版）』2019年より抜粋。

害基礎年金に該当する障害の状態になったとき支給されます。

障害厚生年金は，障害基礎年金に上乗せして支給されます。障害基礎年金が障害等級ごとに一定額であるのに対し，障害厚生年金は**所得比例給付**[5]です。障害厚生年金も，障害の状態が障害基礎年金2級に該当しない軽い程度の障害のときは3級の障害厚生年金が支給されます。3級よりも軽い障害が残ったときには障害手当金（一時金）を受け取ることができます。

なお，2015年9月以前の公務員等の共済組合に加入している期間に初診日がある場合，障害共済年金が支給されます。

3 無年金障害者問題

わが国では1961年より国民皆年金となり，その後も制度改正を重ねていますが，年金制度の発展過程において，加入が任意であった人や加入できない人などで，障害を負ったにもかかわらず障害基礎年金の支給対象から除外されている，いわゆる無年金障害者が存在していましたが，違憲訴訟を経て，2005年4月より**特別障害者給付金**[6]が支給されるようになりました。

ただし，20歳以前の初診日認定ができない者や国籍条項廃止時（1982年）に20歳以上の在日外国人障害者，障害状態が軽いとされたために無年金となっている者は，今も救済措置の対象外です。

なお，障害年金の申請時には医療機関の診断書など初診日を明らかにする書類での受給要件の確認が必要ですが，障害共済年金のみ異なる取扱いがあったことを解消するため，2015年10月からは初診日を推定できるような一定の書類により本人が申し立てた日を初診日と認めることができるよう変更されました。

（大村美保）

▶5　**所得比例給付**
それまで営んできた生活水準をある程度維持していくことができるような所得を保障するという従前所得保障の考え方を反映してした給付のしくみ。

▶6　**特別障害者給付金**
「特定障害者に対する特別障害者給付金の支給に関する法律」によるもので，①平成3年度前に任意加入としていた学生，②昭和61年度前に任意加入としていた被用者の妻を救済する措置。2019年度で，障害基礎年金1級相当の場合は月額5万2150円，障害基礎年金2級相当の場合は4万1720円で，障害基礎年金よりも低い水準にとどまっている。

7 ソーシャルプランニング：計画を評価するには

1 ソーシャルプランニングとは何か

ソーシャルワークは，ケースワーク，グループワーク，コミュニティワークの3つに分けて考えます。さらに，コミュニティワークは，コミュニティ・オーガナイゼーション（地域の組織化）とソーシャルプランニング（社会（福祉）計画）の2つに分けられます。

ソーシャルプランニングは，コミュニティワークの一部としても考えられますが，担い手が直接ケースに関わるソーシャルワーカーよりも行政などの政策立案者に関わる課題が多いので，ここでは独立した実践として考えました。

ソーシャルプランニングは，国レベルから都道府県や市町村レベルまで幅広くありますが，国民（自治体の場合は地域住民）のニード解決のために，社会福祉制度の改革や社会資源の開発などを個々バラバラではなく，関連のある全体として把握し，計画策定によって，計画的に制度改革や社会資源の開発を効率的に実施をしていく取り組みです。

障害者福祉では，障害者プラン（国レベル），市町村障害者計画（市町村レベル），障害福祉計画などが重要です。いずれもⅧ-5「障害者プラン以降の展開」で論じています。また，2000年に社会福祉事業法の改正によって成立した社会福祉法では，市町村地域福祉計画と都道府県地域福祉支援計画の策定が定められました。これまでの高齢者，障害者，児童といった対象別の計画に対して，地域福祉という横断的な視点での計画づくりは重要です。

グレンナスターの定義によると，ソーシャルプランニングとは，「社会政策の高度に一般的な方針決定と日々の行政実務との中間における意志決定段階であり，社会政策を実行するために必要となる優先順位の決定，資源の配分，サービス供給体制の設計を行うもの」としています[1]。この定義では，①サービスの優先順位の決定，②社会資源の配分，③サービス供給体制の設計の3点がその特徴としてあげられています。

▶1　定藤丈弘・坂田周一・小林良二編『社会福祉計画論』有斐閣，1996年，7頁。

2 ソーシャルプランニングの内容

サービスの優先順位の決定では，利用者のニーズの充足からみたサービスの必要性の高いか低いかが重要な判断基準になります。たとえば，在宅の重度障害者の場合，健康維持のニーズに対して，医療的なサービス（訪問医療，訪問看護など）の提供，家族などの介護負担の軽減のニーズに対しては，ホームヘルパーの派遣，障害者の外出機会の保障と外出環境の整備など多くのニーズとそれに対応するサービスが必要とされます。いずれも必要性の高いニーズですが，医療的なサービスは生命維持というもっとも基本的なニーズに関わることなので，優先順位が高くなります。

社会資源の配分では，社会資源種別の適切な配分という意味と社会資源の地域性に応じた配分の意味，の２種類含まれています。社会資源の種類は，施設サービス，在宅サービス，いずれにしても多種存在しており，それぞれ社会資源の特性を分析して配分することが重要です。

地域性は，地域の範囲を考える必要性があります。地域性として，都道府県，市町村，保健福祉圏域といった行政区分によるものも多いですが，都市部，農山魚村部，人口密集地，人口過疎地などの地域の人口分布や社会資源の違いによる地域性を考慮することも重要です。たとえば，大都市の場合，障害者の入所施設は少なく，代わりに通所施設の多い傾向があります。入所施設の整備が遅れているからといって，大都市部では土地確保や地域の受け入れなどの問題によって簡単に整備できない現状があります。この場合は，通所施設を中心に整備していく方が現実的な政策として意味をもちやすいことが考えられます。

サービス供給体制の設計は，サービスの優先順位を決定し，社会資源の配分を決定した後で，必要なサービス供給体制を地域の中で構築する取り組みです。この場合，必要に応じて，既存のサービス提供組織，施設，行政組織の変革を行うことが重要ですが，ソーシャルプランニングではもっともむずかしい課題です。

3 ソーシャルプランニングの評価

ソーシャルプランニングの評価は簡単ではありませんが，おおよそ，次の４点が重要です。計画の数値目標からみた評価，障害者のニーズの充足からみた評価，計画の理念・目的からみた評価，計画策定に障害者がどのくらい参画したかの評価，です。特に，計画の理念・目的の評価や計画への参画の評価は数量として表しにくいので見落とされがちですが，計画の質を検討する上で重要な評価になります。

これまで，障害者基本計画，障害者福祉計画を始め，**老人保健福祉計画**[2]，**介護保険事業計画**[3]，**エンゼルプラン**[4]など多くの分野でソーシャルプランニングがなされてきましたが，計画の評価に至るまできちんとなされてきたプランニングはほとんどありませんでした。計画を評価することによって，次の計画づくりの精度を向上することができるので，ソーシャルプランニングにとって大変重要な作業です。また，評価手法を開発していくことも計画策定に加えて重要な作業です。

（小澤　温）

▷2　**老人保健福祉計画**
1990年の老人福祉法と老人保健法の改正により，都道府県，市町村に策定が義務づけられた。高齢者の保健福祉とサービス利用体制づくりを目的として要介護高齢者数の推計と必要なサービス量の目標設定がなされた。

▷3　**介護保険事業計画**
介護保険制度の基盤となるサービス整備のために，介護保険法により市町村に計画策定が義務づけられた。介護給付サービスの必要量，必要量確保のための方策，サービス事業者のネットワークと確保のための方策，の記載が要求されている。老人保健福祉計画との一体的策定が望ましいとされている。

▷4　**エンゼルプラン**
1994年に公表された，国の子育て支援に関する10年プランである。少子化対策のための子育て支援プランであり，子育てと仕事の両立，子育て環境の整備，教育と健全育成の推進，などの目標がたてられた。

8 ニーズ調査の意味と限界

1 ニーズ調査の方法

ソーシャルプランニングを行う場合，計画策定の流として，問題分析（地域の保健福祉ニーズの把握が多い），計画の策定，計画の実施，計画の評価，があります。

問題分析で，もっともよく使われる手法がニーズの推計と分析です。ニーズの分析には，**社会福祉調査法**[1]によるニーズ把握がもっともよく用いられます。福祉ニーズは要介護問題で発生することが多くみられます。介護状況×障害の程度（あるいは日常生活動作の程度）の２次元で把握することが多いのです。障害者計画では，この２次元に，社会参加の程度を入れて，「介護状況」×「障害の程度（あるいは日常生活動作の程度）」×「社会参加の程度」，の３次元で類型化する方法もみられます。障害者計画を３次元で把握する方法で，ニーズ推計を行っている大阪府の策定した市町村障害者計画策定マニュアル（1996年）によれば，「援助ニーズ」×「介護力」×「社会参加」ニーズの３次元で把握しています。

▷1　**社会福祉調査法**
社会福祉学で用いられる社会調査のことを意味する場合が多い。統計的な手法を使う統計調査法と事例分析を中心とした事例調査法とに大別される。社会福祉学ではニーズ（サービスの必要性）の解明に用いられることが多い。

把握されたニーズ量を必要なサービス量に換算する作業が行われます。在宅での介護ニーズに対しては，ホームヘルプサービス，ショートステイ，デイサービスといった在宅サービスの必要量に換算されることが多くみられます。また，介護者の高齢化や介護力の不足による介護ニーズに対しては，入所施設の必要量に換算されることが多いのです。

計画策定では，在宅，入所施設といった単純な区分だけでなく，グループホーム，福祉ホームなどの，施設とも在宅サービスともつかない中間類型も存在しており，在宅サービス，入所施設，通所施設，グループホームなどケア付き住宅，などの施策の力点によって，必要なサービス量が異なることがよくみられます。

2 数量的な把握と質的な把握

ここで述べた問題分析，ニーズの推計は，あくまで，数量的なニーズ把握ですので，数量的に把握可能なニーズしかとらえることができないこと，障害者の意欲，QOL，自立志向といった数量的に把握しにくいニーズ（この場合は要望，希望に近い）を考慮しないこと，などの問題があります。また，ニーズを既存の社会資源（サービス）に置き換えて推計するので，新たな社会資源開発への提案がしにくいことなどの限界があります。

Ⅳ-3「ケアマネジメントの多様性」で論じているケアマネジメントにおけるニーズ把握は，個別的なので，個々のニーズをばらばらに分解することをせずに，構造的な把握が可能なので，障害者のケアマネジメント実践が進むことによって，ニーズを把握し分析する方法を，今後はさらに検討する必要があります。

介護ニーズに関しては，多くの障害者調査から考えると，身体障害者では主な介護者として配偶者が多く，知的障害者では両親が多くなっています。これまで，障害の種別によって福祉施策が縦割りになっており，それに基づいて福祉サービスを障害の種別に応じて提供することが多くなされてきました。しかし，このように，障害の種別によって，対象者の年齢構成が大幅に異なり，それに伴って，家族構成，主な介護者が異なっている状況があるときには，サービス対象者の区分を障害の種別だけでなく，年齢などの要因を組み合わせた複合的な対象者の区分を検討する必要があります。

在宅の障害者のニーズ調査におけるサービスの必要量は，ホームヘルプサービス，グループホーム，福祉ホームの項目でとることが多いのですが，これらの回答には，回答者のサービスに関する具体的な知識によって左右されやすい問題（知らない場合は，要望がないという回答をしやすい傾向）があるので，福祉サービスへの要望をとる回答の**信頼性**[◁2]を十分検討する必要があります。

3 ニーズ調査の課題

ニーズ調査において，もっとも困難な課題としては，実態（実態からみた必要性）と希望（希望していること，感じていること）との関係があります。実態からみた必要性を「ノーマティブニーズ」（あるいは「規範的なニーズ」），「希望していること，感じていること」を「フェルトニーズ」（あるいは「主観的ニーズ」）と呼ぶことがあります。

具体的には，「グループホームの利用を希望しますか」という設問に対して，そのサービスがなければ生活が成立しない状況から，「あったほうがよい」「将来的に必要がある」に至るまでの幅広さがあり，単に，「希望する」「希望しない」では把握しにくいことがあります。

また，通常のサービス水準を大幅に上回る状況があっても，その利用者の社会参加水準が向上したり，社会参加の広がりが生じたりすることによって，さらに必要性を要望している場合も調査ではその是非を判断しにくいと思います。

これらの問題は，ニーズ調査を実施する前に十分検討し，一定の考え方を決めた上で，調査を実施することが重要です。その点では，純粋客観的な調査とは異なり，調査企画者の考え方が問われることがあります。　（小澤　温）

▷2　**信頼性**
調査によって得られた値は，真の値と誤差によって構成されている。調査によって得られた値のうち真の値の占める割合を信頼性という。信頼性の程度をあらわす係数を信頼性係数といい，信頼性係数を算出するさまざまな方法が考案されている。

参考文献

武川正吾『福祉社会——包摂の社会政策』有斐閣，2011年。
社会福祉と社会政策の基本的な概念が説明されており，全体を理解するにはよい本。特に，「必要」（ニーズ）の考えは社会福祉の根本的に関わる重要な課題である。この本では「必要」（ニーズ）に関して深く考察されている。

9 障害者手帳制度の転換点

1 障害者手帳の内容

❍身体障害

わが国で最初の障害者手帳制度は，1949年の身体障害者福祉法です。身体障害者手帳の対象と障害等級は，この法律の別表に定められています。この法律の制定時は，障害の種類が，視覚障害，聴覚障害，肢体不自由に限定されていましたが，その後，内部障害（心臓，じん臓，ぼうこう，直腸，小腸，呼吸器）などが付け加えられ，1998年には，ヒト免疫不全（エイズ）ウイルスによる免疫機能障害，2010年には肝機能障害が対象に加えられました。

❍知的障害

知的障害者福祉法では，知的障害の定義はありません。1973年に厚生省（現，厚生労働省）の通知によって都道府県が療育手帳を発行することになりました。この通知では，重度障害の定義をしており，その他の障害程度については明らかにしませんでした。都道府県によっては，重度・中度・軽度の３区分のところもありますし，最重度，重度，中度，軽度の４区分のところもあり，都道府県によって障害程度区分が異なっています。

❍精神障害

「精神保健及び精神障害者福祉に関する法律」（精神保健福祉法）では，精神障害者保健福祉手帳を定めています。この手帳では，精神障害者の日常生活や社会生活の遂行によって，障害の程度を３区分（１級，２級，３級）に分けています。１級から３級にむかって，障害の程度が軽度になります。

このように，それぞれ障害者手帳制度がありますが，手帳制度が成立した背景や根拠となっている基準が異なっているため，障害種類を超えた障害者福祉施策を推進する上で大きな課題になっています。そのため，2003年から導入された支援費制度では，これまでの障害者手帳制度とは異なった考え方で必要なサービス量や障害区分を決めることになりました。さらに2006年からは障害者自立支援法では，障害程度区分とそれに基づいた支給決定が行われます。2013年施行の障害者総合支援法では，１年間程度かけて新しい区分に変更し，2014年に「障害支援区分」に名称を変更しました。

2 障害者手帳制度の問題点

もう一つの問題は，サービスの対象者になることの中に，サービスの受給資格を得るプラス面だけでなく，サービスを必要とする特別な障害者になるという**スティグマ**[▷1]が発生するマイナス面のあることです。ヒト免疫不全（エイズ）ウイルス感染症による障害では，特別に社会からの偏見の受けやすさを抱えており，プラス面よりも，マイナス面の方がより大きいことが考えられます。同様なことは精神障害者にもいえます。したがって，障害者福祉対策に本質的になじむかどうかについてはより慎重に検討しなければなりません。

障害者手帳の対象の障害範囲を広げるにあたってどうしても必要なことは，障害者への差別禁止を法律の理念にいれることです。身体障害者福祉法，知的障害者福祉法，精神保健福祉法，また，障害者福祉の基本を定める障害者基本法に，自立と社会参加の理念しか入っていないのは，障害におけるもっとも重要な障害（国際生活機能分類では，参加制約といわれる３次元目の障害）である社会からの差別・偏見に対する対策が取りにくいことがいわれています。2013年に成立し，2016年度から施行される障害者差別禁止法はその点で重要です。

3 新たな障害認定方法について

障害認定の必要性は，ある一定の区分に基づいたサービス必要量の把握にあります。障害者手帳に代わって，サービス必要量を決めるために，身体障害，知的障害，精神障害，それぞれのケアマネジメント方法が重視されています。特に，これら３つの障害のケアアセスメントに用いるアセスメント票は，これまでの障害者手帳の判断方法と異なり，新たな障害認定方法を考える上で大きな示唆を与えます。

ここで，検討したアセスメント票は，わが国の都道府県による障害者相談支援従事者研修で使用されているものを対象にしました。このアセスメント票をもとにサービス等利用計画（Ⅳ-4「相談支援事業について（その２）：基本相談・計画相談を中心として」参照）の作成が行われています。

全体的に，実態把握だけでなく，援助の必要性を項目ごとにきいていることは共通しています。また，利用者自身の希望，夢を中心にとっている点で共通していました。国際生活機能分類の新しい考え方（活動制限と参加制約）を導入して，障害者と環境との相互作用の視点で構成されています。

アセスメント票によっては，障害者自身の認識，現状評価とそれに対する担当者の認識・問題把握，の２つの視点を複合するような形で構成されています。いずれも，総合的な視点でアセスメント項目が構成されており，これを用いた後の検討でどのくらい真のニードに迫れるかが重要です。　（小澤　温）

▷1　**スティグマ**
⇨Ⅶ-3参照。

参考文献

秋元波留夫・調一興・藤井克徳編『精神障害者のリハビリテーションと福祉』中央法規出版，1999年。
３部（精神障害者の医療と保健，精神障害者の福祉，医療・保健と福祉はどうあるべきか）から構成されている。わが国の精神障害者対策の問題点・不備を多角的に論じており，それをふまえた上で今後のあり方を展望している。精神障害領域における障害のものの見方，考え方を理解するのに最適な本である。

小澤温監『相談支援専門員のためのストレングスモデルに基づく障害者ケアマネジメントマニュアル―サービス等利用計画の質を高める』中央法規出版，2015年。
障害者のストレングスに基づいたケアマネジメントを通して，個別支援，地域資源開発などを生み出す研修を各地で行ってきた内容を整理した本である。障害者の希望，願望を中心にケアマネジメントを実施する上で参考になる本である。

 オンブズパーソン：障害者施設での人権侵害は防止できるのか

▷1　**オンブズマンからオンブズパーソン**
「オンブズマン」の単語にある「マン」が男性を指すものであるため，最近ではジェンダー・フリーの視点から「オンブズパーソン」という言葉が使われる。また，「オンブット」という言葉が使われることもある。

1　オンブズパーソンとは

オンブズパーソン[▷1]とは，以前は「オンブズマン」と呼ばれていました。語源はスウェーデン語で「代理人」や「護民官」という意味があります。日本では，行政機関などの不正行為に対する市民オンブズパーソン活動が有名で「行政の監視役」として意味が知られています。福祉分野では，社会福祉基礎構造改革の中でサービスの質の向上や利用者の権利擁護が取り上げられたことから，オンブズパーソン活動が活発になってきました。福祉専門職や福祉に関心のある市民が施設を訪問し，利用者から苦情を聞き相談に応じ，また施設で提供されているサービスのチェックを実施しています。このように福祉サービス利用者を対象に，福祉領域で活動するオンブズパーソンのことを「福祉オンブズパーソン」といいます。

2　福祉オンブズパーソンがもとめられる背景：障害者福祉施設における人権侵害

福祉オンブズパーソンは，社会福祉基礎構造改革を契機に活発に議論されてきましたが，その背景には戦後50年間続いてきた措置制度のもとで，福祉施設利用者の人権に対する意識がうすくなり，人権侵害が数多く行われてきたことがあげられます。たとえば，利用者への職員の暴力行為，無視，罵声をあびせること，年金や労働賃金の搾取，寄付の強要，女性利用者に対する性的暴行などさまざまなものがありました。施設においてこのような人権侵害が続いてきた理由には，日本の社会福祉施設は郊外に建設されることが多く，周辺地域住民との交流も少ないために外部からの目が届きにくいという閉鎖性をもっていた点があげられます。また，福祉サービスの利用方法が行政側にサービス決定権のある措置制度であること，また利用者側のニーズに対して，施設の絶対数が不足しているといった需給関係のアンバランスさは，利用者側に「世話してもらっている」，施設職員側に「世話してやっている」という意識を生じさせました。その結果，利用者と福祉施設職員の間に上下関係や支配関係をもたらし，利用者の人権侵害が日常的に行われるようになったと考えられます。同時に，施設において虐待等の不適切な支援が実施されていたとしても，利用者やその家族は先にあげた理由から施設側へ改善を訴えるということがなかなかできませんでした。

3 福祉オンブズパーソンの具体的な活動

福祉オンブズパーソンの活動内容は，**オンブズパーソンのタイプ**[2]によって多少の違いが見られますが，主な活動内容については以下の３点にまとめることができます。１点目として，福祉サービス利用者のもつ不満や苦情をオンブズパーソンが受け調査を行い，問題がある場合には，施設側にサービス改善を求める苦情相談対応があげられます。弁護士や社会福祉専門職，市民がオンブズパーソンを結成し，苦情相談対応を行う場合や，福祉施設自体に苦情相談対応部門を設置している場合もあります。２点目は，施設で実施されているサービス内容のチェックがあげられます。自治体によってはサービス評価基準が設定されており，この基準にそってオンブズパーソンが，各施設のサービスが基準に該当しているかどうかチェックを行っています。３点目としては，情報公開をあげることができます。情報公開制度を活用し，施設の設備や職員の処遇，経理内容等の運営状況に関する情報の公開を各福祉施設に対して要請し，得られた情報について分析・評価を行い，その結果を市民に公開しています。入所者の年間死亡率や褥瘡の発症率など，詳細な情報収集が可能であり，施設における人権侵害の要因となっていた閉鎖的・密室的な処遇を予防する一つの方法として評価されています。また，得られた情報の分析結果を公開することによって，サービス利用者の適切な施設選択を保障することになります。

4 福祉オンブズパーソンの課題

障害者虐待防止法や障害者差別解消法の施行によって，福祉オンブズパーソン活動が今後ますます期待されますが，わが国での実践活動は未成熟な状態です。その結果，社会福祉基礎構造改革以前から独自に福祉オンブズパーソン制度を取り入れ，自機関のサービス点検や利用者の苦情に耳を傾けてきた先進的な福祉施設がある一方で，施設のイメージアップのために福祉オンブズパーソンを設置し，サービス利用者に対する権利侵害や不適切なケアの「隠れ蓑」として福祉オンブズパーソンを利用している倫理観の欠如した施設もみられます。今後福祉オンブズパーソンの質をいかに向上させていくかが課題であると考えられます。先にあげた施設主導型の福祉オンブズパーソンでは，中立性の問題や身内への甘さといった点から，サービスと同様に閉鎖的になる可能性があり，利用者の権利擁護機能を果たすには限界があると考えられます。今後は利用者の権利擁護を施設レベルでとらえるのではなく，地域レベルでとらえ，地域住民を巻き込んだ福祉オンブズパーソンが必要であると考えられます。また，中立性や独立性が保障され，活動基盤も安定した福祉オンブズパーソン活動が実施されるためにも福祉**オンブズパーソンを制度化**[3]する必要があると考えられます。

（榎本悠孝）

▷2 福祉オンブズパーソンの類型
福祉オンブズパーソンは，おおむね以下の４つのタイプに分類される。
「行政型」…自治体の福祉行政活動に対する住民・利用者の不服・苦情対応を専門家であるオンブズパーソンが行う。
「施設単独型」…施設サービスの改善を目的とし，サービスに対する利用者の苦情や不満について施設から委嘱されたオンブズパーソンが対応する。
「地域ネットワーク型」…施設単独ではなく，地域全体の福祉水準の発展や利用者の権利擁護を図ることを目的として，地域の複数の施設が協力しあってオンブズマン制度を導入する。
「市民運動型」…地域内の福祉サービスの水準向上を目的として，情報公開制度の手法等を取り入れながら，市民運動としてオンブズパーソン活動を実施する。

▷3 オンブズパーソンの制度化
2011年に出された「障害者総合福祉法の骨格に関する総合福祉部会の提言（いわゆる骨格提言）」では「権利擁護」の項目において第三者の訪問による権利擁護（オンブズパーソン）制度の必要性について言及している。また，精神科病院への入院患者を対象とした権利擁護や児童福祉施設における権利擁護においても，オンブズパーソン制度について言及している。

 成年後見制度の概要と課題

 成年後見制度とは

成年後見制度（表Ⅷ-２）は，判断能力が十分ではない状態にある人（認知症，知的障害，精神障害，高次脳機能障害など）の財産を守ること，生活の質の担保や向上を図ることの２つを目的とした制度です。財産を守ることを財産管理，生活の質の担保や向上を図ることを身上監護といいます。

財産管理は，成年被後見人等が所有している財産を適切に管理・処分することです。例えば本人に，所有している不動産や預貯金などが合った場合，判断能力が十分ではないことにより，本人が意図しなかったり，不利益や損益が生じるような売買契約が結ばれてしまったりすることを防ぐということがあげられます。その他にも遺産の相続や分割が生じた場合にその内容を自分で決定したりすることが難しい場合などは，本人の意思を尊重しながらその手続きを成年後見人等が代行したりします。また**日常生活における金銭管理**[◁1]なども財産管理の範囲に含まれます。

一方**身上監護**[◁2]は，成年被後見人等の生活の質を維持したり，向上するための関わりのことを言います。例えば，生活環境が整っていなかったらそれを整備するような手続きをしたり，入院の必要があれば入院の手配や手続きをしたり，また支援が必要になってきたため，自宅での生活が困難になった場合などは，施設等への入所契約や，また施設から退所して自宅に戻る場合などは退所の契約を代行したりします。

▷１　**日常生活における金銭管理**
その主な内容は，以下である。
①成年被後見人等の財産や収入等を調査把握し管理，②成年被後見人の生活や療養などに必要な費用を計算し財産管理計画立案，③成年被後見人の財産を管理④家庭裁判所に定期的に財産の状況を報告。

▷２　**身上監護**
その主な内容は，以下である。
①病院に関する手続き，②介護保険に関する手続き，③施設入所や施設退所に関する手続き，④教育やリハビリに関する手続き，⑤住居の確保に関する手続き。なお，身上監護，という言葉の響きからよく，本人の直接的な身体介護や住居の掃除や洗濯といったことを行うことと捉えられがちですが，契約などの法的事項や手続きに関連する範囲の内容に限られます。

２ 成年後見制度の成立背景

成年後見制度は2000（平成12）年に，禁治産制度・準禁治産制度に変わって成立しました。この改正の背景には禁治産・準禁治産制度のあり方について以前から指摘されていた課題と，1997年社会福祉基礎構造改革に伴って新たに課題が生じたことがあげられます。

以前から指摘されていた課題は，⑴制度を利用できる人は，重い障害がある人に限定されており，軽度の人が制度を利用する場合でも行為に多くの制限を受けることになっていたこと，⑵禁治産・準禁治産宣告を受けると制度を利用すると禁治産・準禁治産が戸籍に記載されることまたその抵抗感から制度利用が抑制されてしまっていたこと，⑶制度利用者に配偶者がいる場合は，保護者

は必ず配偶者と決められていて，複数人での保護は認められていなかったこと，などがあげられていました。

また，1997年の社会福祉基礎構造改革に伴って生じた課題は，それまでの行政処分で行われていた措置制度から，自分で選択しサービス提供者と契約をして福祉サービスを受ける契約制度に移行することにありました。つまり，福祉サービスを利用する人の中には，自分で選択・契約することが難しい人も多くいることが想定され，新しい制度を運用していくに当たり，法律行為や意思決定をすることが難しい人に代わって，その人にとって良いとされる判断をする者が求められました。そこで禁治産制度の課題を克服し，かつ新しい福祉施策への対応する制度として，2000（平成12）年に成年後見制度が創設されました。

3 成年後見制度の種類

成年後見制度は大別すると，法定後見制度と任意後見制度の２種類に分かれます。法定後見制度は，法律による後見制度で，本人の判断能力が十分ではなくなった際に，親族等が家庭裁判所に成年後見人等の選定を申し立て，家庭裁判所が成年後見人等を選任する制度です。成年後見人「等」としているのは，成年後見制度には本人の判断能力の程度に合わせて**「後見」「保佐」「補助」**◁3の３種のいずれかから決定されるためです。自己財産の管理・処分を目安にした場合，後見は，管理・処分ができない状態，保佐は常に援助が必要な状態，補助は援助が必要な状態とに峻別されます。なお，本人がどれに該当するかは，事前の医師の診断に基づいて家庭裁判所が最終的に決定します。

▷3　**後見，保佐，補助の決定の目安**
①自己の財産を管理・処分することができない（後見相当），②自己の財産を管理・処分するには，常に援助が必要である（保佐相当），③自己の財産を管理・処分するには，援助が必要な場合がある（補助相当），④自己の財産を単独で管理・処分することができる（申し立て却下）。

任意後見制度は，契約による後見制度で，自分の判断能力が不十分になった際のことを想定して，本人があらかじめ選択・指名した任意の代理人に，自分の財産管理や身上監護などの事務の代理権を付与する委任契約を結んでおくことをいいます。それにより，本人の判断能力が低下した際に，任意後見人が，本人と事前に決定しておいた契約（任意後見契約といいます）の内容について，家庭裁判所が選任する任意後見監督人の監督を受けながら，本人を代理して財産管理や身上監護を行っていくものです。

4 法定後見人選任方法と要件

以上みたように，成年後見制度には，法定後見制度と任意後見制度の２種類の制度があります。任意後見制度は，本人が自分であらかじめ指名した人がなりますが，法定後見人は家庭裁判所が本人の家族や第三者など，本人の成年後見人等に最もふさわしい人を選任します。

選任する際は，候補者の健康状態，生活状況，本人との利害関係などから適任者を決定していきます。また第三者が成年後見人等に選定される場合は，本人に家族がいない，いるが引き受けの意思がない，引き受けの意思はあるが家

表Ⅷ-2　成年後見人制度の概要

	後　見	保　佐	補　助
対象となる人（本人）	判断能力が全くない人	判断能力が著しく不十分な人	判断能力が不十分な人
申立ができる人（申立人）	本人，配偶者，四親等以内の親族，検察官，市町村長*1		
申立への本人の同意	不　要	不　要	必　要
医師による鑑定	原則として必要	原則として必要	原則として不要
成年後見人等が同意又は取り消すことができる行為	日常の買い物などの生活に関する行為以外の行為	重要な財産官益の権利を得喪する好意等（民法第13条１項記載の行為）	申立の範囲内で裁判所が定める行為（民法第13条１項記載の行為の一部に限る）（本人の同意が必要）
成年後見人等に与えられる代理権	財産に関する全ての法律行為	申立の範囲内で裁判所が定める特定の行為（本人の同意が必要）	申立の範囲内で裁判所が定める特定の行為（本人の同意が必要）
制度を利用した場合の資格などの制限	医師，税理士等の資格や会社役員，公務員等の地位を失うなど	医師，税理士等の資格や会社役員，公務員等の地位を失うなど	

注：＊１　本人以外の者の請求により，保佐人に代理権を与える審判をする場合，本人の同意が必要になります。補助開始の審判や補助人に同意権・代理権を与える審判をする場合も同じです。

出所：東京都家庭裁判所東京家庭裁判所立川支部『成年後見申立の手引き〜東京家庭裁判所に申立をする方のために〜』2014年，４頁を一部改変。

族間に財産管理や療養看護において大きな意見の隔たりがある時等の状況時があげられます。なお，第三者成年後見人等は，社会的に信用がある資格職として，弁護士，司法書士，社会福祉士がもっとも多く選任されています。

成年後見人等は，必ずしも１人であることや人である必要もありません。すなわち，複数人で成年後見人等に選任されることもあるし，特定の人ではなく公益法人（例えば社会福祉法人や財団法人など）の機関や施設が成年後見人等になることもできます。複数人で成年後見等事務を行う場合の組み合わせは，親族同士や親族と第三者後見人という組み合わせもあります（**成年後見人等受任者**[4]について）。いずれにしろ，成年後見人等は本人にとって最も安心／安全であり，本人の最大限の利益を考えて行動ができる人や法人，あるいはその組み合わせが家庭裁判所の判断によって選定されるのです。

▶４　**成年後見人等受任者**
成年後見人等受任者の親族（配偶者，親，子，兄，兄弟姉妹，その他の親族）と第三者（弁護士，司法書士，社会福祉士など）比率は，制度開始当初は親族が９割と圧倒的に多かったが，2015年より第三者後見人が51.5％と親族を上回っている。

5　成年後見制度の手続きの実際

成年後見制度を利用する場合は，成年後見制度を利用したい本人の住所地を管轄する家庭裁判所に，「後見（保佐・補助）開始申立」（任意後見契約を開始する場合は「任意後見監督選任の申立）をします。申立をすることができる人は，本人，配偶者，四親等以内の親族，親族がいない場合は検察官や市町村長が申立をすることが可能です。また申立をするにあたり事前に申立書や成年後見用の医師の診断書等の書類の準備が必要になります。

その後，審判の手続き，審判，告知・通知，審判の確定と進みます。審判の手続きでは，家庭裁判所が本人の状況を調査，問い合わせ等を行います。また必要に応じて判断能力について鑑定が行われます。これらの情報に基づき，家庭裁判所から審判が下り，その結果が本人に告知，通知され，同時に成年後見人等として選任された人にも告知されます。なお，この一連の手続きはおおむね３～４か月かかるとされています。

6 当事者の訴えによって克服された課題―成年被後見人の選挙権問題

成年後見制度では，成年被後見人は公職選挙法第11条１項１号（以下，公職選挙法）において，選挙権が認められていませんでした（被保佐人，被補助人には制約はありませんでした）。しかし，基本的人権の一つである選挙権を能力によって制限することは憲法違反であり認められるべきではないとして，当事者が2011年２月１日に東京地方裁判所に訴訟を起こしました。また，一部の職業において，成年被後見人等の就労等が制限されていた状況が問題視され，200近くの法律において規定されていた欠格条項の見直しも行われました[5]。その結果，2013年東京地方裁判所において，公職選挙法を違憲とし，成年被後見人の選挙権の回復等のための公職選挙法等の一部を改正する法律が成立，公布され，成年被後見人の選挙権が回復しました。

▶５ 「成年被後見人等の権利の制限に係る措置の適正化等を図るための関係法律の整備に関する法律」が2019年６月14日に公布されました。

成年後見制度の現在の課題――代理権と意思決定支援

日本は2014年に障害者の権利条約を批准をしました。これにより，国内法に障害者の権利条約との整合性を持たせる義務が生じました。そこで現在，障害者に関連する法律の見直しが行われているところですが，成年後見制度にも改正の必要性についての主張がされています。

障害者の権利条約第12条第２項では，「締約国は，障害者が生活のあらゆる側面において他の者との平等を基礎として法的能力を享有することを認める」としています。これは，成年被後見人等は，法律行為について決定ができる人であることを前提とする考え方に立っています。

一方日本の成年後見制度は，成年被後見人は制限行為能力者と位置づけられ，法律に関する判断に制限がある人，という捉え方が前提となっています。この制度の前提が障害者の権利条約に違反するのではないか，ということです。

また，第12条３項では「締約国は，障害者がその法的能力の行使に当たって必要とする支援を利用する機会を提供するための適当な措置をとる」とされています。ここで，自身の意思表出などが困難な人に対しては，家族や支援者がその人が意思を決定するための支援を行うこと[6]とされていますが，この具体的な方法についてはまだ検討の段階にあります。今後，法律行為の決定について自身の意思表出や決定の支援がないと困難な人の支援方法の構築が求められているところです。

（木下大生）

▶６ 英国では，2005年に「意思決定能力法（Mental Capacity Act.）」が制定され，成年被後見人の意思決定についての５原則とともに，支援の指針も示されています。

さくいん

た行

な行

は行

ま・や行

ら行

欧文

執筆者紹介（氏名／よみがな／生年／現職／主著／障害者福祉を学ぶ読者へのメッセージ）＊執筆担当は本文末に明記

小澤　温（おざわ　あつし/1960年生まれ）

筑波大学　教授

『障害者福祉論』（編著，ミネルヴァ書房）
『障害者福祉の世界』（共編著，有斐閣）
『障害の理解』（編著，ミネルヴァ書房）
この本は障害者福祉の基礎知識の理解と問題意識を高めることを目的に書かれています。この本を通して学ぶことの楽しさを身につけてください。

和泉とみ代（いずみ　とみよ/1953年生まれ）

NPO 法人自立ケアシステム香川

『ノーマライゼーションの原理』（共訳編，現代書館）
障害のあるなしにかかわらず，いつも夢を持ち，自分らしく生きたい。そんな願いをかなえられるように共に学んでいきませんか。

八巻知香子（やまき　ちかこ/1974年生まれ）

国立がん研究センターがん対策情報センターがん情報提供部　室長

『ＨＩＶ感染被害者の生存・生活・人生』（共著，有信堂）
『心の病へのまなざしとスティグマ――全国意識調査』（共著，明石書店）
大学二年生の春から，自立生活をする人の介助者になったことが，障害者の生活をテーマに研究することになったきっかけです。

大村美保（おおむら　みほ/1973年生まれ）

筑波大学　助教

『一般就労する知的障害者の経済的自立と地域生活』（久美出版）
社会で周辺化した人たちがメインストリームで活躍できる社会が実現するよう一緒に実践と学びを深めていきましょう。

相馬大祐（そうま　だいすけ/1981年生まれ）

福井県立大学　准教授

約10年障害のある人と関わっていますが，分からないことがまだまだたくさんあります。それが障害者福祉の魅力の一つかもしれません。

清水由香（しみず　ゆか/1966年生まれ）

大阪市立大学大学院　助教

『病いと障害の語り』（共著，日本地域社会研究所）
制度は社会の事情によりベストなものではないことが多いかもしれません。しかし支援を考える土台をねりこみ，ベストをつくせる人でありたいですね。

榎本悠孝（えのもと　ひろたか/1976年生まれ）

皇學館大学　准教授

私の地元では，秋祭りに地域が一体となって巨大な神輿を天高く練り上げます。目標に向かい，一人ひとり，それぞれの役割を尊重し協力する，福祉もそうだと思います。

茂木成友（もてぎ　まさとも/1986年生まれ）

東北福祉大学　講師

障害のある子どもたちの発達について研究をしています。本書で学んだ知識をもとに，障害のある方，一人ひとりと真摯に向き合うことで，さらなる学びへとつなげてください。

森地　徹（もりち　とおる/1977年生まれ）

筑波大学　助教

『発達障害支援ハンドブック――医療，療育・教育，心理，福祉，労働からのアプローチ』（共著，金子書房）
『介護福祉学辞典』（共著，ミネルヴァ書房）
学ぶことに終わりはありません。学び続けることが大切になります。まずはその一歩を踏み出しましょう。

栄セツコ（さかえ　せつこ/1962年生まれ）

桃山学院大学　教授

『精神保健福祉論』（共著，ミネルヴァ書房）
『ソーシャルワーク論』（岡村理論の継承と展開）（共著，ミネルヴァ書房）
知識はものごとを柔軟にみる力となります。時には鳥の目のように…時には虫の目のように…。実践ではまさにその力が求められます。

執筆者紹介（氏名／よみがな／生年／現職／主著／障害者福祉を学ぶ読者へのメッセージ）＊執筆担当は本文末に明記

加藤裕子（かとう　ゆうこ/1975年生まれ）

東京医科大学茨城医療センター　言語聴覚士

病院で障害のある方へのリハビリテーションを行っています。興味を持って下さる方が増え，支援の輪が広がることを願っています。

松井優子（まつい　ゆうこ/1974年生まれ）

障害者雇用ドットコム，東京情報大学　非常勤講師

「特例子会社の設立を考えたら必ず読む本」(Amazon Services International) ほか

障害者雇用の情報発信やコンサルティングに携わっています。障害者雇用を成功させるためには，障害者本人のがんばりも必要ですが，周囲が働く環境を整えたり，配慮を示すことがもっと大切だと感じています。

成瀬和弥（なるせ　かずや/1979年生まれ）

筑波大学　助教

『スポーツ政策論』（共著，成文堂）

スポーツは我々の生活をより豊かにしてくれます。すべての人がより気軽にスポーツを楽しむことができる社会をつくっていきましょう。

赤松　昭（あかまつ　あきら/1962年生まれ）

元種智院大学　講師

『知っていますか？　セルフヘルプグループ1問1答』（共著，解放出版社）

障害者福祉は難しい。でも，当事者の人たちの人生を豊かにすることは，あなたの人生を豊かにすることにもつながるのです。

古山周太郎（こやま　しゅうたろう/1974年生まれ）

早稲田大学人間科学学術院　准教授

障害をもつひとの住まいについて，調査研究をしています。障害者が安心して暮らせる地域づくりには，みなさんの協力も必要だと思っています。

木下大生（きのした　だいせい/1972年生まれ）

武蔵野大学　教授

『知りたい！　ソーシャルワーカーの仕事』（共著，岩波書店）

『ソーシャルアクション！　あなたが社会を変えよう』（共編著，ミネルヴァ書房）ほか

「認知症の知的障害者」「罪を犯した知的障害者」それぞれの支援のあり方をテーマに研究をしています。支援の方法やあり方を考えてくださる仲間を探しています。

やわらかアカデミズム・〈わかる〉シリーズ
よくわかる障害者福祉［第7版］

2003年1月30日　初　版第1刷発行
2006年3月20日　第2版第1刷発行
2007年3月20日　第3版第1刷発行
2008年3月30日　第4版第1刷発行
2013年4月20日　第5版第1刷発行
2016年3月31日　第6版第1刷発行
2020年4月20日　第7版第1刷発行
2021年11月20日　第7版第3刷発行

〈検印省略〉

定価はカバーに
表示しています

編　者　小　澤　　温
発行者　杉　田　啓　三
印刷者　田　中　雅　博

発行所　株式会社　ミネルヴァ書房
607-8494　京都市山科区日ノ岡堤谷町1
電話代表　(075) 581-5191
振替口座　01020-0-8076

創栄図書印刷・新生製本

ISBN978-4-623-08972-7
Printed in Japan

やわらかアカデミズム・〈わかる〉シリーズ

教育・保育

よくわかる学びの技法
田中共子編　本体　2200円

よくわかる卒論の書き方
白井利明・高橋一郎著　本体　2500円

よくわかる教育評価
田中耕治編　本体　2600円

よくわかる授業論
田中耕治編　本体　2600円

よくわかる教育課程
田中耕治編　本体　2600円

よくわかる教育原理
汐見稔幸・伊東　毅・髙田文子
東　宏行・増田修治編著　本体　2800円

新版　よくわかる教育学原論
安彦忠彦・藤井千春・田中博之編著　本体　2800円

よくわかる生徒指導・キャリア教育
小泉令三編著　本体　2400円

よくわかる教育相談
春日井敏之・伊藤美奈子編　本体　2400円

よくわかる障害児教育
石部元雄・上田征三・高橋　実・柳本雄次編　本体　2400円

よくわかる特別支援教育
湯浅恭正編　本体　2500円

よくわかるインクルーシブ教育
湯浅恭正・新井英靖・吉田茂孝編著　本体　2500円

よくわかる肢体不自由教育
安藤隆男・藤田継道編著　本体　2500円

よくわかる障害児保育
尾崎康子・小林　真・水内豊和・阿部美穂子編　本体　2500円

よくわかるインクルーシブ保育
尾崎康子・阿部美穂子・水内豊和編著　本体　2500円

よくわかる保育原理
子どもと保育総合研究所
森上史朗・大豆生田啓友編　本体　2200円

よくわかる家庭支援論
橋本真紀・山縣文治編　本体　2400円

よくわかる社会的養護
山縣文治・林　浩康編　本体　2500円

よくわかる社会的養護内容
小木曽宏・宮本秀樹・鈴木崇之編　本体　2400円

新版　よくわかる子どもの保健
丸尾良浩・竹内義博編著　本体　2200円

よくわかる子どもの健康と安全
丸尾良浩・竹内義博編著　本体　2200円

よくわかる発達障害
小野次朗・上野一彦・藤田継道編　本体　2200円

よくわかる子どもの精神保健
本城秀次編　本体　2400円

よくわかる環境教育
水山光春編著　本体　2800円

福祉

よくわかる社会保障
坂口正之・岡田忠克編　本体　2600円

よくわかる社会福祉
山縣文治・岡田忠克編　本体　2500円

よくわかる社会福祉の歴史
清水教惠・朴　光駿編著　本体　2600円

新版　よくわかる子ども家庭福祉
吉田幸恵・山縣文治編著　本体　2400円

新版　よくわかる地域福祉
上野谷加代子・松端克文・永田祐編著　本体　2400円

よくわかる家族福祉
畠中宗一編　本体　2200円

よくわかるスクールソーシャルワーク
山野則子・野田正人・半羽利美佳編著　本体　2800円

よくわかる高齢者福祉
直井道子・中野いく子編　本体　2500円

よくわかる障害者福祉
小澤　温編　本体　2500円

よくわかるリハビリテーション
江藤文夫編　本体　2500円

よくわかる障害学
小川喜道・杉野昭博編著　本体　2400円

心理

よくわかる心理学実験実習
村上香奈・山崎浩一編著　本体　2400円

よくわかる心理学
無藤　隆・森　敏昭・池上知子・福丸由佳編　本体　3000円

よくわかる心理統計
山田剛史・村井潤一郎著　本体　2800円

よくわかる保育心理学
鯨岡　峻・鯨岡和子著　本体　2400円

よくわかる臨床心理学　改訂新版
下山晴彦編　本体　3000円

よくわかる臨床発達心理学
麻生　武・浜田寿美男編　本体　2800円

よくわかるコミュニティ心理学
植村勝彦・高畠克子・箕口雅博
原　裕視・久田　満編　本体　2500円

よくわかる発達心理学
無藤　隆・岡本祐子・大坪治彦編　本体　2500円

よくわかる乳幼児心理学
内田伸子編　本体　2400円

よくわかる青年心理学
白井利明編　本体　2500円

よくわかる高齢者心理学
佐藤眞一・権藤恭之編著　本体　2500円

よくわかるパーソナリティ心理学
吉川眞理編著　本体　2600円

よくわかる教育心理学
中澤　潤編　本体　2500円

よくわかる学校教育心理学
森　敏昭・青木多寿子・淵上克義編　本体　2600円

よくわかる学校心理学
水野治久・石隈利紀・田村節子
田村修一・飯田順子編著　本体　2400円

よくわかる社会心理学
山田一成・北村英哉・結城雅樹編著　本体　2500円

よくわかる家族心理学
柏木惠子編著　本体　2600円

よくわかる言語発達　改訂新版
岩立志津夫・小椋たみ子編　本体　2400円

よくわかる認知科学
乾　敏郎・吉川左紀子・川口　潤編　本体　2500円

よくわかる認知発達とその支援
子安増生編　本体　2400円

よくわかる情動発達
遠藤利彦・石井佑可子・佐久間路子編著　本体　2500円

よくわかるスポーツ心理学
中込四郎・伊藤豊彦・山本裕二編著　本体　2400円

よくわかる健康心理学
森　和代・石川利江・茂木俊彦編　本体　2400円